JN064801

日本企業は老いたのか

失われた30年を振り返り、未来を展望する

Iwasaki Naoto
岩﨑尚人◉著

日本能率協会マネジメントセンター

はしがき

２０１９年５月１日、１２６代天皇に徳仁親王が即位して、令和時代がスタートした。

新千年紀を迎えて最初の改元である。天皇譲位による改元は、実に２０２年ぶりのことであった。高齢を理由に皇位を譲りたいとの趣旨の叡慮による退位は、憲政史上初めてのことであった。また、高度情報化が進む中では事前対応が必要だという理由で、改元日の１ヶ月前の４月１日に事前公表された。

こうして異例づくめで始まった令和時代は、どことなく、それまでの改元とは異質で、その新鮮さが新しい時代の幕開けを期待させた。少なくとも、１９８９年１月７日の昭和天皇崩御によって誕生した平成時代のそれとは異なっていた。長く闘病していた昭和天皇を引き継いだ平成の天皇（現上皇）への譲位も昭和の継承を感じさせたし、世間が時代の変わり目にさほど敏感でなかったのも事実である。

昭和と平成の繋ぎ目は、連続的で平坦で、時代の移ろいもスムースで自然であった。その背景に、バブル経済最盛期で日本全体が絶好調で、何ら変化を求めていなかったという事情があったことは否定できない。

ところが30年を経て振り返ると、平成時代の入り口と出口の景色には、途方もなく大きな違いがあったことに気がつく。平成がスタートして間もなくバブル経済が崩壊した時から、それまでかみ合っていた歯車が次第にかみ合わなくなった。時を経るにつれて、かみ合わせの悪さはさらに悪化し、あの手この手を講じても改善する様子は見られなかった。すべてが徒労に終わったというわけではないが、日本企業や日本社会全体を俯瞰していうなら、残念ながら、講じた策の多くは成果を上げることができなかったといわざるを得ない。

なぜ、平成時代の30年間、日本企業や日本社会は、昭和時代のような力強さを再現することができなかったのであろうか。なぜ、平成時代の30年間、日本企業や日本社会は、右肩下がりの下降線を辿らざるを得なかったのであろうか。それに対する解が見つかっていれば、今に至る状況を回避できたはずである。確かなことは、いかなる問題も一つの解ですべてを解決することができないし、それがすべての企業や社会に通用するはずはないということである。

元来、平成には、「内平外成」、あるいは「地平天成」を典拠にした「国の内外、天地とも平和が達成される」という意味がこめられていた。ところが、平成時代の現実は、その語源と大きくかけ離れた五里霧中、暗中模索の時代であったといわざるを得ない。その時代にあって、日本企業や日本社会の姿、そしてそれを取り巻く状況は、時に驚くほど大きく、時に気付かぬほど小さく、常に不安定で変化に満ちていた。変化のベクトルもスピードも一律一様ではなく、把握すべき状況を明確にすることも容易でなかった。

言い換えると、平成時代は、起伏の激しい長い過渡期であった。つまり、昭和と令和との間を繋ぐ、時代の遷移の間に生じる矛盾や相克を緩和・調整するための期間であったといえるのではないだろうか。そのため、その最中に探したとしても解を見つけることはできず、解を得るには、令和を待たなければならなかったのである。

もっとも、本書は「失われた数十年」の原因を探索したり、「令和になって何ができるか、あるいは何をすべきか」を示唆することを目的としているわけではない。本書の目的は、平成の30年間に、日本社会や日本企業の何が変わり、何が変わっていないのかを振り返るとともに、それを追憶し確認することにある。いうまでもなく、振り返るタイミングや観察者の立場や属性によって記憶や視点の濃淡は異なるから、「これが正解、これしかない」という視点があるわけではない。しかし、次の打ち手を考え出すためには、何が何に変わって、どうなったのかという事実を知ることが必要なはずである。

そこで、本書の1章では企業や社会を取り巻く社会環境が、2章では経営環境と経営の仕組みが、3章では企業活動の国際化・グローバル化が、4章では日本的経営がどのように変わってきたのかについて、平成時代をリアルで体験してきた筆者の先入観と偏見も交えて回想していくことにする。また、5章では長期存続企業の経営を通して時間軸の変化について検討し、最後の6章では平成時代の存在意義と令和時代の展望を考えていくことにしたい。

本書を通じて、時代を共有してきた昭和同世代の読者諸氏の共感を得ることができれば、著者として此の上ない喜びである。また、現在、血気盛んで働き盛りの壮年期の諸兄には、「昭和の新人類」が踏んできた轍を再び踏まぬための提灯代わりになれれば、本望である。そして、今後の日本や世界を支えてくれる若き教え子や学生諸君には、期待を込めた声援・応援歌の一つくらいに感じてもらえることを期待している。

「日本企業は老いたのか」目次

第2章 コーポレートデザイン再設計のエッセンス

第3章 グローバリゼーションの進化と日本企業

第4章 日本的経営を再考する

第5章 老舗の新時代

第6章 ニュー・ノーマル時代のリーダーシップ

第1章

社会の地殻変動を引き起こす3つのエネルギー

1．昭和から平成へ

２０１９年春、天皇の崩御を伴うことなく、元号が平成から令和に変わった。１週間を超える服喪期間とともに、昭和から平成へ移行したことを知っている世代にとっては、何とも厳かさを感じられない時代の転換であった。しかし、重厚さがないことを我慢すれば２０２０年、令和初の年始は、「オリンピック・イヤー」と騒がれ、明るく賑やかで、順調な滑り出しであった。

ところが、旧正月のスタートとともに新型コロナ感染症が世界規模で広がり始めて、騒がしさだけがいっそう激しくなった。感染源である中国武漢市で拡大した感染症は国境を越えて海や山を越えると、瞬く間に世界中に広がった。わずか5週間後の3月11日には、ＷＨＯ（世界保健機構）が「感染症の世界的な大流行（パンデミック）」を宣言することになった（**図表1-1**）。

そして、世界中の国々の首都やそれに準ずる大都市が次々とロックダウン（都市封鎖）され、ほぼ4年に一度開催されてきたオリンピック・パラリンピックの開催日程が延期されるなど、前代未聞の出来事が起こった。この騒動の結果として、「ニュー・ノーマル（新しい日常）」時代のスタートが喧伝されることにもなった。もっともパンデミックが始まるかなり前から、他我を問わず、新時代到来の兆しを感じとっていた人も多いにちがいない。

図表1-1 | 2021年11月7日時点の週別・WHO管轄地域別のCOVID-19感染者数及び世界の死亡者数の推移

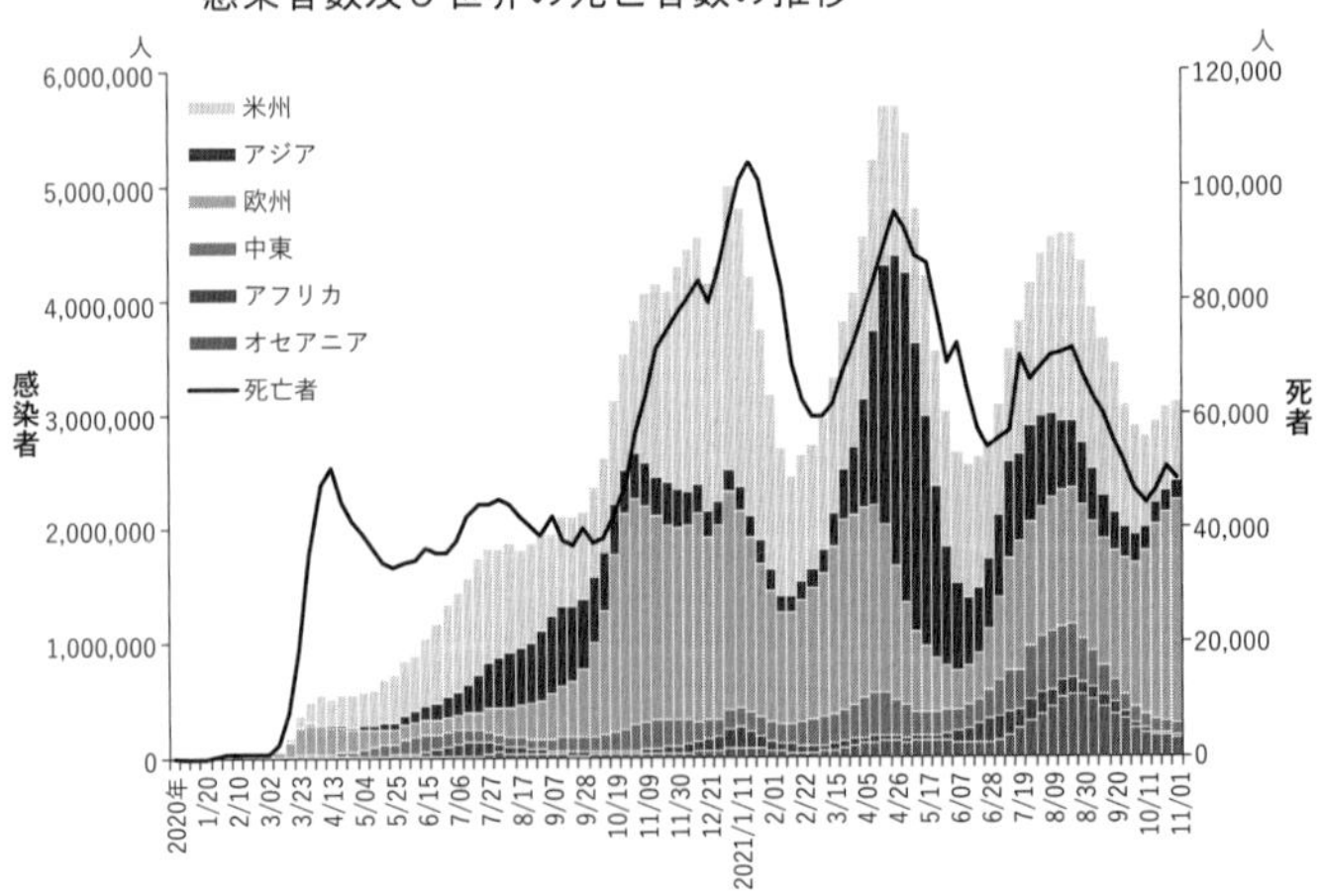

出所：厚生労働省検疫所 FORTH
https://www.forth.go.jp/topics/2021112_00001.html

経済成長を享受してきた昭和から景気低迷が続いた平成に移行した時も、日本は「新しい日常」を体験した。もちろん、元号が変わらずとも長い年月の間には、幾度も新しい日常を経験してきたはずである。どんな新しい日常であっても、それは人々の生活、企業行動、社会構造、政治体制などに変化をもたらし、その度に変革や革新が求められてきた。

直近で言えば、平成とともに新しい日常をスタートさせた日本は、30年にわたる長期的不況の中でさまざまに手を打ってきた。その成果が如何なるものであったかについて即答できないとしても、その間に変革や革新、挑戦を怠っていたとすれば、われわれはすでに瀕死の状態に追い込まれていたに違いない。

ところが、2020年1月に始まった変化は、これまで自身が体験してきたいかなる社会変化よりも大きく、「社会的地殻変動」と呼ぶに相応しい出来事であったといえよう。

この地殻変動のエネルギーとなっている要因の一つは、20世紀最後の10年を目前に起こった東西冷戦終結と同時に本格化した「グローバリゼーションの進展」である。以来、表面的には、イデオロギーベースの対立は少なくなり、経済活動が地球規模に広がっていった。依然として経済格差などは消滅していないが、グローバリゼーションの進展によって多くの国々の間で、経済取引、人的交流、政治的交流が頻繁に行われるようになったし、新しい国家連合体や国家間アライアンスが構築されてきた。

地殻変動を起こしたもう一つの要因は、1990年代に本格化した「情報通信技術とネットワークの進化」である。1990年にARPAネット[1)]が解散して、米国でインターネットの商用サービスが解禁となった。日本でも3年後の1993年にはインターネットの商用利用が許可され、パソコンネットワークとインターネットの接続が始まった[2)]。

1995年の阪神淡路大震災の際にインターネットの高い有用性が認められると、利用者数は急増した。「インターネット元年」といわれたその年から、利用者は年々伸張して数年を待たずに日本国内での普及率が50%を超えた。その後、インターネットを活用したさまざまなサービスが提供されるようになった。提供されるサービスが増えれば増える程、利便性も大いに高まった。そして、2007年に米アップル社がスマートフォンのiPhoneを発売すると高度なネット社会へと進化を遂げたのである。

「グローバリゼーションの進展」と「情報通信技術とネットワークの進化」がシンクロナイズして、より大きな地殻変動をもたらす可能性のあるエネルギーを創出した。地殻変動をいっそう大きなものにしたのは、一部の専門家だけは想定していたであろう「Covid-19（新型コロナ感染症）」によるパンデミックであった。その当時、各国政府の対応や対策はさまざまで、従前のような日常生活を送ることが可能になるのかどうかも疑問であった。

地球規模の「自然災害やパンデミックの脅威」が、「グローバリゼーションの進展」と「情報通信技術とネットワークの進化」に干渉したことによって、社会構造の変化が加速度的に速められ、より強く顕在化することになったようにも思われる。換言すれば、2020年1月は、未曽有の指数関数的社会変化の時代へのゲートとなったということである。

本章では、「グローバリゼーションの進展」と「情報通信技術とネットワークの進化」、「自然災害やパンデミックの脅威」という3つの要因が収束して創出されるエネルギーによって到来した指数関数的社会変化前夜の情景について振返っていくことにしよう。

2．グローバリゼーションの進展

日本企業を巡って、指数関数的社会変化をもたらした要因の一つは、「グローバリゼーションの進展」と、それによって創出された新たなエネルギーである。

1 日本企業が国際化していった時代

日本企業にとってグローバリゼーションの最初のフェーズは、1970年代半ばに始まった。もっとも、その当時「グローバリゼーション（グローバル化）」ではなく、「国際化」ないしは「インターショナル化」といわれることが一般的であった。

第1次オイルショック後、減量経営体制を確立して1980年代を通じて国際的に事業を広げ世界経済をリードしてきたのは、日本の大企業であった。この時代半導体製造ランキングのトップ10社のほとんどを日本メーカーが占めており（**図表1-2**）、自動車産業でも世界の市場シェアの半分以上を日本メーカーが占有していた。当時の最先端技術産業のコンピュータ業界でも、ハードウエアでは技術面でも品質面でも米国企業に遜色することなく、日本企業は競争優位を構築していた。

図表1-2｜半導体産業界の移り変わり

1986 年				2023年			
順位	企業名	国名	順位	企業名	国名	シェア
1 位	NEC	日本	1 位	インテル	米国	9.1%
2 位	日立	日本	2 位	サムスン	韓国	7.5%
3 位	東芝	日本	3 位	クアルコム	米国	5.4%
4 位	モトローラ	米国	4 位	ブロードコム	米国	4.8%
5 位	TI	米国	5 位	NVIDIA	米国	4.5%
6 位	フィリップス	オランダ	6 位	SKハイヌクス	韓国	4.3%
7 位	富士通	日本	7 位	AMD	米国	4.2%
8 位	松下電器	日本	8 位	STマイクロエレクトロニクス	スイス	3.2%
9 位	三菱電機	日本	9 位	アップル	米国	3.2%
10 位	インテル	米国	10 位	TI	米国	3.1%

出所：World Semiconductor Trade Statics（世界半導体市場統計）より作成

戦後の高度経済成長を実現する中で慣行となった日本的経営は、１９８０年代を通して世界の名だたる企業から賞賛を受けただけでなく、多くの経済学者や経営学者が「日本的経営の特質にこそ日本経済成功の秘訣がある」として、さまざまな視点から分析し理論展開した。[3)]

事実、この時代、家電製品や自動車など工業製品の中でも世界市場で人気を集めていたのは、「メイド・イン・ジャパン」であった。１９７０～80年代には日本メーカーの生産拠点のほとんどが日本国内にあり、海外で一貫生産工場を構える企業はわずかであったから、製品は正真正銘本物の「日本製」であった。[4)]

日本メーカーが海外生産拠点の開設に本格的に取り組むようになったのは、１９８６年11月のプラザ合意以降である。相対的に円安ドル高傾向の

図表1-3｜為替相場の推移（1972～1990）

出所：日本銀行（東京市場　米ドル・円　スポット　17時時点／月中平均）より作成

為替相場による慢性的な貿易赤字に陥っていた米国主導の為替誘導によって、70年代後半から1米ドル＝235円で推移してきた交換レートが一年後には1米ドル＝150円までになった（**図表1-3**）[5)]。そこで、本格的な海外進出を進めていなかった日本企業も、生産拠点やR＆D拠点の海外移転を強いられるようになったのである。

2 日本の停滞とアジアのグローバリゼーション

急拡大する内需と減量経営の推進、その中で生産規模拡大を実現した結果生み出された余剰生産物の輸出によって経済成長を実現してきた日本経済も、1990年代初頭のバブル経済崩壊によってそのパワーを一挙に減退させることになった。

それまで放っていた輝きを失い、日本企業は世界市場での競争優位性を一挙に失った。それに対して、1980年代には経済面で日本の強さに押されていた欧米先進国が、政治的にも経済的にも強さを取り戻したのである。

1990年代前半から2000年代前半にかけて、EU発足、ユーロ通貨統合を実現した欧州は、冷戦終結と旧東欧諸国の再編などさまざまな苦難やコンフリクトを経験する一方で、巨大市場を形成してその勢力を強化し成長した。

他方、アジア地域では急速な経済成長を達成した「アジアの四小龍」として知られた韓国・台湾・香港・シンガポールのNIEs諸国とともに[6)]、タイやマレーシアなどASEAN諸国が世界経済を牽引する「中進国」として力を発揮するようになった。もっとも、タイに端を発する1997年のアジア金融危機によって、それら国々の発展は一時頓挫することになったが、その後見事な復活を遂げている。

この金融危機を招くことになった原因も、急速に進んだ経済のボーダーレス化にあった。金融緩和が世界規模で進んだ結果、投機資金が地球規模で還流し、一国一地域、一政府の経済力や思惑だけで自国の経済活動でさえコントロールすることが困難になったのである。

21世紀になると、人口12億7千万人の中国を筆頭に、10億人を抱えるインド、2億人のブラジル、1・5億人のロシアのBRICs諸国が、巨大な自国市場と自国内に豊富な資源を武器にして、グローバル経済の表舞台で活躍するようになった。[7] それまで日米欧の先進国を中心に展開してきた三極体制から、2000年以降になって経済の中心が地球全体に点在する多中心的国際経済構造(Multi Centered Global Ecosystem: MCGE)へと変化し始めたのであった。

1990年代後半から10年以上にわたって「世界の工場」と呼ばれ、年率10%を超える高度経済成長を続けて、MCGEのコアの一つにまで上り詰めつつあった中国が、2001年WTOに加盟した。それを契機に広く国内市場を開放すると、一躍世界経済の牽引車としての役割を果たすようになった。2008年に北京オリンピック、続く2010年には上海万国博覧会を開催し、先進国への登龍門を成功裡にくぐり抜けて、経済基盤をさらに盤石なものにしてきた。

2008年のリーマンショックでは成長スピードこそ鈍化したものの、欧米諸国とは対照的に影響も比較的軽微で経済成長を続けた。2010年代になると、習近平政権の下で経済力に裏打ちされた政治的パワーを発揮して、「一帯一路」構想の実現をスローガンに、開発途上国とも手を組み存在感を強めた。[8]

また、「2000年問題(Y2K)」でICT大国に向けて歩みを進めてきたインドの経済成長は著しく、購買力平価換算では世界第4位の経済大国に上りつめてきた。少子高齢化が進む先進諸国や、一人っ子政策を展開してきた中国と比較して若年人口の比率が高く、将来にわたって人口増を見込むことができるインドは、旺盛な消費需要、拡大する貿易・直接投資のチャンスなどの点で経済成長が最も期待される。ただし、インフラの未整備や経済的格差がもたらす大量な貧困層、農村部の未発達や労働関連法の未整備、医療・環境などを巡る社会的諸問題などの解決すべき課題は少なくない。

3 リーマンショックと先進諸国の低迷

サブプライムローン問題に端を発した米リーマンブラザース社の破綻と大手保険コングロマリットＡＩＧ社の経営悪化から連鎖的に実体経済に拡散した「リーマンショック」と、その後世界中に広がった金融危機による世界的景気後退の傷が癒えない中で、東日本大震災とそれに伴う原発事故が日本経済に大打撃を与えた。それと時期をほぼ同じくして、欧州を債務危機が襲った。世界経済を牽引してきた先進諸国が経済危機に直面しようとしていたのである。

その中で、２０１０年を前後してわが国の立ち位置が国際的に微妙になってきた。少子高齢化率で世界トップという不名誉な冠を得る一方で、経済成長著しい中国にＧＤＰで追い抜かれた。今日に至っては、その差が2倍以上に広がっている。

１９８９年ＧＤＰ世界第2位、一人当たりＧＤＰで世界3位を誇っていた日本の経済力は、２０００年に一人当たりＧＤＰでシンガポールに抜かれてアジア・ナンバーワンの座から転落するとずるずると後退した。リーマンショック直前まで2万円に届く勢いまで復活していた株価もみるみる7000円近くにまで下落し、ほとんどの企業が業績の下方修正を余儀なくされた。

自民党政権が復活した2012年以降経済状況が回復基調になって、10年を過ぎた2020年にようやく株価が2万5000円台を越えた。[9] とはいえ、経済格差が広がり、貧困児童の比率も高まっており、日本経済にかつてのような力強さを未だに感じられない。

同様に、ギリシャ金融危機などによって2011年末段階ではユーロ経済圏の成長率も0・2%に過ぎず、欧州経済は厳しい実態を明らかにすることになった。さらに、EU体制が思いのほか脆弱であったことを露呈したのは、2019年12月に実施された英国総選挙の結果、ボリス・ジョンソン首相率いる政権与党を国民が支持して英国のEU離脱を決定したときであった。所謂、「ブレグジット」である。人・もの・金の自由な域内移動をいち早く実現した欧州で、民意がグローバリゼーションに異を唱えたのであった。数十年の時間をかけて進展してきた欧州統合の流れが、民主主義の手続きによって断ち切られて以来、EU、英国の双方に精気は、ほとんど感じられなくなっている。

他方、グローバリゼーションの進展によって世界経済が自由貿易をめざし、MCGEに向けて秩序形成しつつあった2016年、グローバリゼーションの進展を妨げる重大な懸念が、グローバリゼーションの先導者であった米国で顕在化した。移民制限や保護主義的な経済政策を打ち出したトランプ大統領の誕生である。公約である「偉大なるアメリカの再来（Make America Great Again：MAGA）」を実現するために、自国主義に徹底的にこだわった政策を打ち出したトランプ前大統領の在任期間中、およそ従来の常識では考えられないような出来事が、国際関係においても、また米国の国内政治においても頻発した。最終的に２０２０年11月の大統領選では民主党のバイデン大統領が勝利したことでいったん収束したとはいえ、全てが解決したわけではないし、次期大統領選へのトランプ氏の立候補が確実視されており、未だ予断を許さない状況である。[10)]

こうして長きにわたって世界経済を牽引してきた欧米先進諸国は、ニューミレニアム（新千年紀）後20年を待たずに、政治的・経済的パワーを大きく減退させてしまった。それに対して、かつて「低開発国（Lesser Developed Countries）」あるいは「発展途上国（Developing Countries）」といわれてきた国々が経済的に成長を遂げて、国際的舞台での発言力を高めるようになった。ＦＴＡ（自由貿易協定）やＥＰＡ（経済連携協定）などの経済交渉の場で、ＡＳＥＡＮ諸国や韓国などのアジア諸国や、チリ、ブラジル、オーストラリア、南アフリカなどの南半球の国々が重要な役割を演じるようになってきた。グローバリゼーションの進展と共に経済態勢が大きく変わり、パワー・バランスや覇権争いにも変化がみられるようになってきた。

21世紀以降に進展したグローバリゼーションと、それが創出した新たなエネルギーによって、われわれの社会が多大な変化に直面したことは確かである。

3．情報通信技術とネットワークの進化

グローバリゼーションが進展する一方で、世界の構造変化を引き起こしたもう一つの要因は、情報通信技術（ＩＣＴ）の進歩と、それに伴って高度化したさまざまな機器や情報インフラ、そしてＡＩ（人工知能：Artificial Intelligence）の登場など「ＩＣＴとネットワークの進化」である。

1 ＩＴ革命とネットバブルの崩壊

１９８０年代半ば以降、半導体の高集積化とＣＰＵ（中央演算処理装置）の高速化によってコンピュータの処理能力が向上した。産業界でも、１９９０年代初頭になって情報ネットワーク社会の基盤が確立しつつあった。当時「SIS（Strategic Information System）」というバズワードが、トップ・アイドルを起用したＣＭでも取り上げられていた。また、経営学の教科書で、「三大経営資源（人・もの・かね）」が「四大経営資源（人・もの・かね・情報）」にアップデートされたのも、

この頃であった。デジタル化の進展にともなって、「情報」が重要な経営資源へと格上げされたのである。

1990年代を前後して、わが国でもパーソナル・コンピュータ（PC）が一般消費市場でも徐々に普及するようになった。当初高価だったPCも直販体制のビジネスモデルを展開した米デル社の登場などによって価格破壊が起こり、コモディティ化が進んだ。また、米インテル社の創業者ムーア（Moore G. E.）が提唱した法則通りに集積回路の性能は年々向上した。その結果、情報関連機器の価格は、性能と反比例して年率30～40％程度で下落し続けた。所謂「チープ革命」である。[11)]

さらに、米国でインターネットの民営化が認められ急速に広がりをみせた。1995年に米マイクロソフト社が発売した「Windows95」を追い風に、わが国でも一般消費者にインターネットが急速に普及した。1997年わずか9・2％に過ぎなかったインターネット普及率は、パソコンの高性能化と低価格化、国家政策によるISDNや光ケーブルなど通信インフラ整備の結果、2005年までには約70％にまで高まっている。[12)]

インターネットの普及に伴い、米国を中心に1990年代後半にはインターネットを活用して新規ビジネスを展開するIT企業が次々と誕生して、その事業実態や業績にかかわらず投機の対象となった。インターネット黎明期に登場して株式市場を活況させたネット企業の多くは、「金の卵を産む雌鳥」の如くの扱いで、実態のないビジネスでさえ投資対象となり巨額な資金調達が可能であった。急拡大の様相を呈していたインターネット市場は、それほど魅力的なものであったのである。しかし、すべてのスタートアップ企業が金の卵を産むはずがない。２０００年になると、事業実体を伴わない多くの企業が投資市場から姿を消した。ＩＴバブルが弾けて、不況に転じた。所謂、「ネットバブルの崩壊」である。もっとも、事業実体をともなった一部の企業はその後も生き残った。その代表的な企業が「ＧＡＦＡＭ」と呼ばれるプラットフォーム企業である。

因みに、新ビジネスの規模が小さく米国ほどＩＴバブル崩壊の影響が大きくなかった日本では、「ガラパゴス現象」と揶揄された「ガラケー」と呼ばれる携帯電話（フィーチャーフォン）の普及率が90％を超え一大勢力となっていた。ネットもＮＴＴドコモが１９９９年に開発した「ｉモード」が主流で、若者層を中心に必需品として地位を確立していた。わが国ではインターネットと携帯電話という二つの情報デバイスが別々に進化を遂げ、それが後世にまで禍根を残すことになった。いずれにしても、ＰＤＡ（Personal Digital Assistant）[13]が一般的でインターネットと通信デバイスが共進化していたグローバルスタンダードとは異なり、日本のネット社会はやや歪な形で進化しつつあった。

2 スマートフォンの登場とプラットフォーム

情報検索サービス会社として起業したグーグル社（Google）、1970年代半ばに創業されIT業界の老舗のアップル社（Apple）、ソーシャルネットワークサービス（SNS）として起業したフェイスブック社（Facebook）、オンライン書店として起業したアマゾン社（Amazon）、WindowsでPCのOSの市場を独占したマイクロソフト社（Microsoft）の米国企業5社が、ITバブル崩壊後も躍進を続け、不動の地位を確立した企業群「GAFAM」である。

5社は、創業間もないスタートアップ期に起業した事業を核にして成長し、莫大な時価総額を武器に、トップマネジメントのリーダーシップの下で成長を遂げてきた企業である。起業当初に展開していたコアビジネスこそ異なるものの、これら5社は、ICTをコアテクノロジーに独自のビジネスモデルを考案して巨額の資金を獲得し、M&Aを駆使することで事業ドメインを拡大しながら成長を確保するといった共通の特徴を持つ企業である。これら企業の時価総額の合計は、先進国の国家予算をも凌駕している。（**図表1－4**）。

GAFAMが展開する「プラットフォーム・ビジネス」[14)]と呼ばれるビジネスモデルの巨大市場は、ネット社会の進化スピードを加速させた。さらに拍車をかけたのが、2007年、IT老舗企業の

図表1-4｜GAFAMの時価総額の推移（2015～2023）

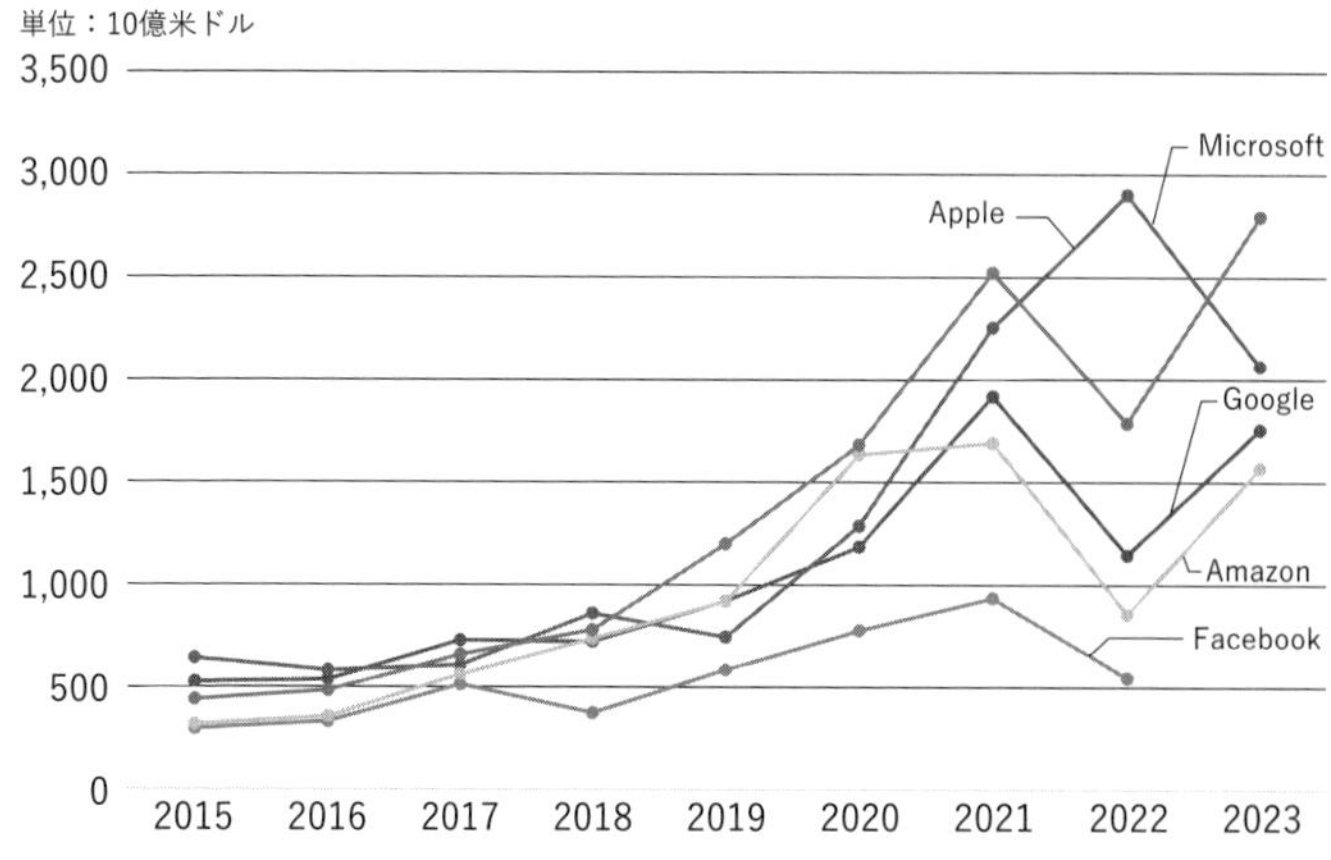

出所：Companiesmarket.comより作成

アップル社が、米国市場を皮切りに上市したスマートフォン「iPhone」である。携帯電話とＰＣという二つの情報デバイスの機能を一体化したスマートフォン（スマホ）の登場によって、「ユビキタス・コンピューティング」[15]が体現されることになった。

年に一度のハードウエアのモデルチェンジと、専用ＯＳであるｉＯＳの頻繁なバージョンアップによる機能強化と同時に、数多くのｉＯＳ専用アプリケーション（アプリ）を提供することで、アップル社はスマホ市場というマーケットを創造したのであった。

翌２００８年に世界市場で販売がスタートすると前代未聞のヒット商品となったiPhoneは、このファブレスメーカーに莫大な収益をもたらすだけに止まらず、ユーザーに計り知れない便益を与

図表1-5｜スマホ用OSの世界シェア（2019）

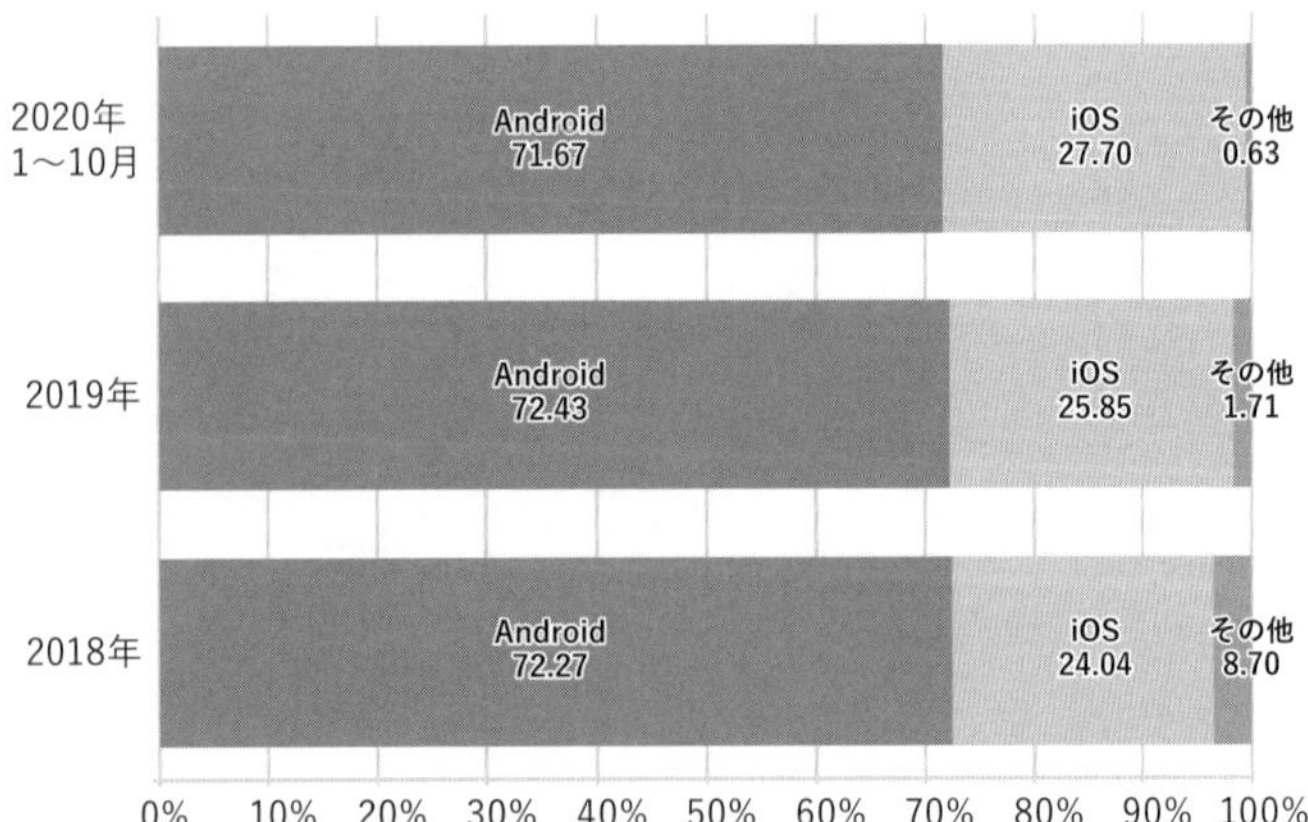

出所：Statcounter データより作成

え、多くのＩＴ企業にもビジネスチャンスをもたらすことになった。もっともアプリだけでなく、iPhone関連の機器やアクセサリーなどを提供するすべてのメーカーは、今なおアップル社との厳密な契約に縛られて、同社のデファクト・スタンダード戦略の下に傅（かしず）くことが求められている。

　こうしたスマホ業界に解放をもたらしたのが、情報検索エンジンの雄のグーグル社であった。２００７年にオープンソースのスマホ専用ＯＳ「Android（アンドロイド）」を開発して、翌年それを搭載したスマホを発売した。[16]

　米国企業に自国市場を奪われて、その下請けに甘んじていなければならなかった、中国の小米科技（シャオミ）社や華為（ファーウェイ）社、韓国のサムスン社やＬＧ社、そして日本メーカー・ソニーなどが、グーグル傘下のアンドロイド陣営に参集した。結果的に、スマホOS市場に新参者が参入する隙間はなく、「iOS v. Android」の二強の構図となっている（**図表1－5**）。

二強に支配されているとはいえ、スマホは万民にインターネット利用のチャンスを与えた極めて利便性の高いコミュニケーション・ツールである。情報へのアクセスに止まらず、B2C、B2Bさらには C2Cの関係や、生産者と消費者、生産者と生産者の関係を多元化して、経済取引を多様なものにしてきた。また、人と人との共同作業やコミュニケーションの幅と深さに大きな変化をもたらすことで、われわれの日常生活や社会活動を制限してきた時間的・空間的な制約条件を打ち破り、コミュニケーション革命を実現した。

こうして進化を遂げてきた情報ネットワークを、米ジャーナリストのトーマス・フリードマン（Freedman T. L.）は「フラットな世界のプラットフォーム」と呼び、それがもたらした変化を次のように評する。[17]

「フラットな世界のプラットフォームは、パソコン、光ファイバー、ワークフロー、ソフトの発達といったものが集束して生まれた。その集束は誰も予測しなかった。（中略）世界中の人々が、ある日突然、個人としてグローバル化する絶大な力を持っていると気づいた。世界中の個人が競い合っているのを、これまで以上に意識しなければならなくなり、しかもただ競い合うのではなく、協力する機会もまた飛躍的に増えた。[18]」

情報インフラの進化は、さまざまなサービスを生み出し市場構造を変えてきたし、さらなる進化が継続していくことは間違いない。情報インフラの進化は、スマートシティ構想によって街を変え、ドローンによる配送やSCMなどロジスティックスの常識を変え、電子マネーの登場によって資本市場を変え、ギグエコノミー[19]やリモート・オフィスのように働き方まで変えつつある。

こうした社会のネット化の流れについていけない企業や組織があるとすれば、彼らは即刻市場からの退出を求められることにもなるだろう。かつてデジタル・デバイドと呼ばれ、多少の不便を受ける弱者として社会から守られてきた個人や組織も、今後は守られ続けることを期待することはできない。それどころか、そうした人々や組織は、社会と隔絶されるか、あるいは放っておかれてキャッチアップするチャンスすら与えられないに違いない。

3 AIとシンギュラリティ

ここへ来て、ICTの進化がAIを人間社会の表舞台に登場させつつある。学習能力をもつAIはデータを取りこむことによって、認識能力や判断能力を自動的に向上させることが可能になった。自動学習には「ニューラルネットワーク（神経系ネットワーク）」から発展した「ディープラーニング（深層学習）」と呼ばれる機械学習の手法が用いられるようになり、パターン認識など、コンピュータが最も苦手としていた分野の能力を飛躍的に向上させることができるようになった。機械は人間や他の動物のように経験から類推する力がないので、まれにしか現れないさまざまなパターンを大量のデータから対応すべき対象の多様性を学習させる必要がある。[20] しかし、ITデバイスの進化と普及に伴って、ビッグデータが容易に入手できるようになったことでAIの能力が大幅に向上したのである。[21]

AIの能力の高さが一般に広く知られるようになったのは、囲碁ソフトの「AlphaGo（アルファゴー）」が囲碁の世界チャンピオンであった韓国のイ・セドル氏に勝利した2016年3月のことである。「AIが人間を打ち負かすまで到達していないことを示したいと思う」[22] と語っていたチャンピオンを、AIのアルファゴーが4勝1敗で破った。さらに、囲碁の世界に止まることなく、コンピュータの力が及ばないと考えられてきた音楽や美術といった芸術の世界にまでAIは足を踏み入れている。創造的な仕事は人間のみに許されたものであり、まして機械であるコンピュータにそれを処理することはできないと言い伝えられてきた常識は、今やただの伝説に過ぎない。

発明家で未来学者であるカーツワイル（Kurzweil. R.）はいう。

「人間が生み出したテクノロジーの変化の速度は加速していて、その威力は指数関数的な速度で拡大している。（中略）変化の軌跡を注意深く見守っていないと、まったく思いもよらぬ結果になる[23]」。

こうした警鐘とともに、彼は「シンギュラリティ（技術的特異点）」の到来を予告している。もちろん、機械の能力が人間を上回り、機械が人間を支配するかどうかについては疑問が残るし、シンギュラリティに対して否定的な意見を述べる研究者も少なくない。[24] しかしながら、「グローバリゼーションの進展」と同様に、「情報通信技術とネットワークの進化」が創出する大きなエネルギーが、われわれの社会を指数関数的に変化させる可能性を持っていることは確かである。

4. 自然災害やパンデミックの脅威

新千年紀を前後する今日、40万年近いといわれる人類史上のいかなる時よりも、グローバリゼーションと情報のネットワーク化がスピーディに進展・進化していることは確実である。これら二つの事象の進展・進化によってネガティブな問題が存在しなかったというつもりはないし、事柄によってはなかった方がよかったものがあったかもしれないが、概ねわれわれ人類にとってポジティブであったといって良いだろう。

これら二つの事象に加えて、社会環境や社会構造、さらに企業活動や人類に変化をもたらす事象は、「自然災害とパンデミックの脅威」である。これについてプラスの指摘をすることは難しく、人命が危機に晒されるなどネガティブな点が主となる。その上、自然災害は時や場所を特定せずに発生する上に、予期することも難しく、犠牲にならなかった人々は「ただ運が良かった」だけだともいえる。自然災害や、今日地球全体が直面しているパンデミックの脅威が創出するエネルギーも、社会を大きく変容させるきわめて重大な要因である。

1 自然災害の脅威

2011年3月11日午後2時46分に発生した東日本大地震では、建物などの崩壊と最大遡上高40・1mにも上る巨大な津波によって、老若男女2万人以上の人々が犠牲となった。残念ながら、躯を発見されていない不明者も数多くいる。東北沖を震源地とした大震災の被害は、東北地方に止まることなく、地震の揺れや液状化現象、地盤沈下、ダム決壊など、北海道南岸から東北地方を経て関東南部に至る広範囲に被害をもたらした。

さらに不幸なことに、太平洋側に位置していた福島第一原子力発電所の原子炉が津波に破壊されて炉心溶融（メルトダウン）が発生したため、平和で穏やかだった周辺住民の生活が長期間奪われることになった。これに関して人災といわれる向きもあるが、ともあれ、その発端は地震である。

この大震災は、電力の多くを原発に依存してきたわが国のエネルギー政策にも大きな方向転換を迫り、全国に点在していた原発が一斉に稼働停止に追い込まれた。[25)]それまでわが国では、風力などの再生可能エネルギーへの転換が求められる世界的潮流の中にあっても原発依存から脱却できずにいたが、いきなり方向転換を迫られて、電力事情が悪化した。震災直後には計画停電が実施されて、影響の大きかった日本の東半分の地域は、しばらくの間明るさを失った。1970年代初頭の第1次オイルショックの時の苦い経験を懐かしく思い出した人も少なくなかったはずである。マグニチュード9・0、日本周辺の観測史上最大の地震によって日本人のほとんどが、時代の転換点の気配を感じたに違いない。納得できないのは、13年以上の年月を経た現在に至っても、傷跡が完全には癒されていないことである。

いうまでもなく、自然の脅威は地震だけに限られるわけではない。震災後もさまざまな自然災害が南北に伸びた国土を襲い、巨額の経済的損失をもたらしただけでなく、不幸にも人命を奪った。いかに最悪のシナリオを想定していたとしても、人類が自然災害の脅威を回避したり、犠牲を出さないことは難しいのかもしれない。対応を怠ってきたという理由で人災であると決めつけられることもあるが、地震や台風、異常気象などさえなければ、悲惨な災害が起きなかったことも事実である。

2 パンデミックの脅威

自然災害同様に人間の力で回避することが難しく、社会変化を引き起こすもう一つの要因が、パンデミックである。イスラエルの歴史学者ハラリ（Harari Y. N.）[26]は、「人にとって、飢饉に続く第二の敵は、疫病で感染症である」[27]と指摘して、歴史を大きく変えてきた感染症の脅威を明らかにしている。

世界一衛生的な生活を営み公衆衛生にも敏感で、不調があればすぐにクリニックや病院に駆け込み、皆保険制度下で医療費の費消などお構いなしのわれわれ日本人の多くは、パンデミックなど中世時代の話や映画のフィクションであると考えていたかもしれない。[28]あるいは、パンデミックと聞いても他国とりわけ発展途上国の出来事だと高を括っていたかもしれない。

ところが、2020年の新春早々「感染症に巻き込まれることはない」といった妙な確信がまったくの幻・絵空事であることを思い知った。一隻の豪華なクルーズ船の横浜入港に端を発して、多くの国民を愕然とさせた「新型コロナ感染症（Covid-19）」の流行である。[29]他人事であったはずのパンデミックの脅威は、隣国中国の旧正月とともに本格化した。インバウンド・ブームといって浮かれていたわが国が、この感染症に対して本格的に対応したのは、同年の2月半ばになってからであった。

あまり意識されることがなかったが、われわれの周りに感染症にまつわる事象がなかったわけではない。実際、数年おきに疫病は発症している。過去20年間だけをみても、２００２～03年のＳＡＲＳ（重症性呼吸器症候群）、２００５年の鳥インフルエンザ、２００９～10年の豚インフルエンザ、２０１４～15年のエボラ出血熱といった具合である。恒例行事のように、冬にはインフルエンザが蔓延して多くの人命が失われているし、[30] １９８０年代初期から広まったＨＩＶウィルスが引き起こすエイズによって世界で３０００万人以上の命が失われ、今日に至っても毎年１００万人の感染者が死亡している。[31] ところが、われわれ日本人が感染症を強く意識するのは、ワクチン注射を打ったにもかかわらず、不幸にもインフルエンザを患って治療薬のタミフルを処方されて解熱するまでのわずかな期間だけである。

このように疫病に対して無防備かつ鈍感な日本人にとって、２０２０年の敵は手強い相手だった。中世時代に戻った如く、御しがたい感染症と対峙することが求められたのである。世界で初めて発症が確認され大量の感染者が発生して医療崩壊を起こした中国武漢市はいち早くロックダウンに踏み切ったものの、時すでに遅く、一ヶ月を待たずにウィルスは世界中に広がった。

日本政府も同年1月28日には、武漢市の異変を受けて新型肺炎を指定感染症にすることを閣議決定していたが、この時日本国民の多くは、これ程大きな問題になるとは考えてもいなかった。事実国内の多くの大学で特別な対処もなく例年通りに入学試験が実施され、インバウンドが極端な翳りをみせることもなかった。

ところが、クルーズ船ダイヤモンド・プリンセス号の乗客3500人の下船が報道された2月半ばになって事態は急変した。マスクや消毒用アルコールの品不足が顕在化し[32]、一部の大企業が休業や時差通勤、テレワークの実施など感染症対策に手を打ち始めると、一般大衆も危機感を感じるようになった。2月末になって日本政府が慌ただしく動き出して、同月27日には全国の小中高校に一斉休校を要請した[33]。さらに、3月10日には緊急事態宣言の根拠となる特措法改正案を閣議決定した。その翌日、WHOのテドロス事務局長が「新型コロナウイルス感染症がパンデミックに至っている」との認識を示して、各国政府に対していっそうの対策強化を求めた[34]。それにもかかわらず、世界中がその騒ぎの渦中に巻き込まれた。欧州各国で次々とロックダウンが実施され、IOC（国際オリンピック委員会）によって2020年東京オリンピック・パラリンピックの延期が決定された。同年4月7日には、わが国でも戦後初の緊急事態宣言が発出されて、全国規模で休眠生活がスタートしたのであった。

世界各国が講じたパンデミック対策によって、経済活動のほとんどが停止して企業の業績は急速に悪化した[35]。とりわけ、飲食関連産業や観光関連産業、航空関連産業などの企業業績の悪化は甚大であった。国や地方公共団体による助成金や支援金ではまったく補填できず、その事態が長期化すればするほど状況は厳しくなって、業態転換を余儀なくされたり、存続を守りきれない企業が出現するといった状況が続いた。

非常事態宣言が一時解除されると少し落ち着きを取り戻し客足が増えて以前の日常生活が戻ったかに思われる時期もあったが、感染者数が大幅増加に転じて、再びロックダウンなどに踏み切らざるを得なくなった国々も少なくない。ロックダウンこそ実施されなかったが、日本も例外ではなかった。

その一方で、パンデミックを契機にして業績を伸ばしたり、時価総額を何倍にもしている企業が現れたのもまた事実である。そのほとんどは、たまたまパンデミックを追い風にしただけのことであった。

というのも、先行き不透明の中で、わずかな期間に新しいモデルを完成させることは困難であり、現状のビジネスモデルを別の方法・仕掛けで運用していくことの方が現実的である。つまり、ビジネスモデルはそのまま維持した、現場対応を選択せざるを得なかった。

たとえば、出勤の必要のないリモートワーク導入もその一つであった。大学などの教育機関でも可能なかぎり、対面授業を回避するためにオンラインシステムを活用した教育方法に移行した。移動は最小限にして、どこにいてもマスクをして、「三密」を避けることだけが、感染症の拡散を防ぐ方法であった。そうした中にあって、飲食宅配業[36]や遠隔会議システム関連企業[37]など、従来からのビジネスモデルをベースにして事業展開することのできた企業の一部が勝ち組になっている。

自然災害やパンデミックは、人知を総動員しても予知できないことが多い。そのため、対処・対応が後手に回ることが多く、次に備えた教訓や学びになることはあっても、その時点では役に立たない。問題は、その時点で必要な対応をどう取るかである。無い物ねだりはできないし、やれないことはやれぬのである。結果的に、人類に残された選択肢は、パンデミックが引き起こした変化に対して、日常を変えることしか残されていなかったのである。

こうして考えると、「グローバリゼーションの進展」や「情報通信技術とネットワークの進化」と同様に、「自然災害やパンデミックの脅威」も大きな社会変化エネルギーを創出し、指数関数的変化をもたらすポテンシャルを持っているといえよう。

5.「コーポレートデザインの再設計」で社会変化を乗り越える

これまで本章では、戦後の昭和、平成、そして令和時代の間に筆者が目撃したあるいは目撃してきたであろう、社会変化のエネルギーの源となった、「グローバリゼーション」、「ＩＣＴとネットワーク」、「自然災害とパンデミック」の3つの事象について概観してきた。

これらの3つの要因は、変化する社会の中にあって存続を究極的目的とする「企業」を取り巻く、経営環境変化の主たる要因や事象であり、また将来にわたって変化をもたらす要因である。もちろん、これらに集約することのできない要因や事象が存在し、歴史上観測されなかった新たな要因や事象が重大な変化をもたらす可能性もある。

しかしながら、近年の企業を取り巻く経営環境に限定すれば、これら3つの顕在化した要因が大きな影響を与えてきたと言っても大きな間違いではない。これら3つの要因以外に変化をもたらす要因が存在することになれば、経営環境や社会環境は、複雑性と多様性、そして不確実性をいっそう高めることになることは当然である。そうなると、企業が対応すべき対象がますます増えて、より複雑で解決困難な変化が生じる可能性も著しく高くなる。

ここでは、この3つの要因に限定して考えていくことにしよう。

1 3つの要因の収束

これら3つの要因は、個別に変化をもたらすものであって、これらが相互に関係して変化を生み出すことはないのであろうか。答えは否である。これらの3つの要因は、多くの場合、相互に関連して影響し合ってより大きな変化エネルギーを創出するのである。

たとえば、「汎アメリカ（パックスアメリカーナ）時代」のような単中心的国際社会から多中心型国際社会（ＭＣＧＥ）へと進展すると、覇権国家は存在しなくなり政治的にも経済的にもフラットな世界になることが想定される。[38] 他方、情報通信技術とネットワークの進展・進化によって、まったく産業構造の異なる新たな産業社会を到来させるはずである。蒸気機関に代表される第1次産業革命が18世紀の産業構造を根本から変化させたことで、社会構造も国際情勢も根本的に変化したことは周知である。同じように、ＩＣＴの発達に伴う第4次産業革命も大きな構造変化をもたらすことは想像に難くない。第4次産業革命の先には、「働き方改革」はおろか「働かなくてもよい社会」が待っているかもしれない。あるいは、「自然災害やパンデミックの脅威」に晒された結果のニューノーマル（新しい日常）時代の先に待つものは、在宅勤務やリモート・オフィス、ワーケーションなど、常に仕事とともに過ごさなければならないような日常かもしれないのである。

これから先のことはよくわからないが、これまでの社会変化のほとんどを、それぞれの要因が単独で引き起こしたとすれば、それに応じた処方箋を提供することはそれほど難しくないはずである。しかし、平成不況の時代に日本企業や日本経済が立ち直れなかった原因の多くは、そうした対処にあったと確信している。つまり、すべての対応が対症療法となり、[39] 全体に効果を発揮することなく、むしろ悪化させたのである。

何かが変わると、それに「関連している」、時として「関連していない」別の部分も変わってしまうことにまで、当時のリーダーシップは配慮できなかったかもしれない。変化をもたらすエネルギーが複数の束になると、予測不能な状況を創出することに気づかなかったことに、日本の停滞の根本原因があったと考えるのは自然である。

要約すると、「グローバリゼーションの進展」と「情報通信技術とネットワークの進化」は、極めてうまくシンクロナイズしながら「共進化」して、ある時点までわれわれ人類に便益を与えてきた。そこにもう一つの要因である「自然災害やパンデミックの脅威」が共進化しつつあった束に干渉したため、三重の収束が創出する変化のエネルギーが予想外の方向に社会を変化させ、それまでの日常や常識では対応することができない「新しい日常」が必要となったといえるかもしれない。

2 変化はチャンス

こうした事象を企業人的な視点からみたとき、一つだけ確かなことがある。社会構造が変化する時、企業や組織、社会や個人にとってチャンスが生まれるということである。たとえば、企業や起業家は経営環境の変化に対応して、どのようなビジネスモデルを構築すれば収益を上げることができるかを考えるはずである。

企業が社会変化に対応するときに最初に取り組むことは、いかなる事業を展開するのか、どのような製品を市場に展開するのかということであり、それが常套手段だと、これまでは信じられてきた。しかし、今次のようなパンデミックでは、ビジネスモデルを再構築するにはあまりにも時間がなく、最初に取り組むべき、ビジネスモデルの革新といった手法を講じることもできない。

そこで、変化に迅速に対応するために苦肉の策として組織管理構造に手を付けることによって、環境変化への対応を実現しようとしたのである。つまり、新しい日常の中にあってはビジネスモデルを変えるというプロセスを経ることなく、組織管理体制だけを革新することによってコーポレートデザイン（企業の全体構造）の再設計を実現しようとしたのである。[40] いうまでもなく、事業構造と組織管理構造がフィットしていることは不可欠であるが、組織管理体制の革新が、どのような仕組み仕掛けによって、新しいビジネスモデルを創造・進化させるのかの解明は今後の課題としておく。[41]

ともあれ、「グローバリゼーション」「情報技術」「パンデミック」によって創出された変化エネルギーがもたらす新しい日常生活は、今後、われわれにどういった便益を与えてくれるのであろうか。また、そこでは、企業に、どのような事業を立ち上げ、それにはどんな組織管理体制や企業統治構造が求められるのであろうか。そして、企業は、どのような企業の全体構造を設計していくべきなのであろうか。

今のところ、これに対する解答は不知である。しかし、指数関数的社会変化の中で、企業も個人も存続していくことは容易ではないかもしれないが、反面、そこには確実にチャンスの芽が存在し、そこから得られる報酬や対価は極めて大きなものになるはずである。

注

1) 米国防総省の高等研究計画局が導入したインターネットの原型となったコンピュータ・ネットワークのこと。
2) 旧郵政省が当時の所管官庁であった。
3) 以下のような研究が代表的である。Thomas J. Peters & Robert H. Waterman, "In search of Excellence",(『エクセレント・カンパニー』、大前研一訳、1982年)、Hammar Michel & Champy James, "Reengineering Corporation"(『リエンジニアリング革命』、野中郁次郎訳、1993年)、Hamel Gery & Praharad C. K., "Competing for the Future"(『コアコンピタンス経営』、一条和生訳、1995年)
4) 当時、米国では、ジャパンバッシングが頻発した。
5) 1986年9月23日の1日24時間だけで、ドル円レートは1ドル235円から約20円下落した。1年後にはドルの価値はほぼ半減し、150円台で取引されるようになった。
6) New Industrializing Economiesの略語である。
7) 2021年時点で、中国の人口は14・2億人、インドは14・08億人であったが、2023年4月時点でインドの人口が14億2558万人となり、人口世界一はインドになった。
「一帯一路」政策とは、2017年以降中国が推進している広域経済圏構想である。中国からユーラシア大陸を経由してヨーロッパにつながる陸路の「シルクロード経済ベルト（一帯）」と中国沿岸部から東南アジア、南アジア、アラビア半島、アフリカ東海岸を結ぶ海路の「21世紀海上シルクロード（一路）」の二つの地域で、インフラ整備、貿易促進、資金往来を促進する計画である。

8) ２０２３年時点で、日本の一人当たりＧＤＰはＧ７諸国で最下位、ＯＥＣＤ全体でも21位と過去最低の順位にまで後退した。２０２３年12月25日、内閣府は、２０２２年の日本の１人当たり名目国内総生産（ＧＤＰ）がドル換算で３万４０６４ドルとなり、経済協力開発機構（ＯＥＣＤ）加盟38カ国中21位だったと発表した。産経新聞２０２３年12月25日

9) ２０２０年11月には、バブル経済崩壊後初めて、東証一部市場で２万５０００円を記録した。２０２１年１月末段階で２万７０００円を超えている。２０２４年２月23日には、株価が４万円となり、史上最高額を記録した。

10) トランプ前大統領の退任前日、連邦議会に支持者らが乱入した。その後、その行為によって大統領選挙の結果を覆そうと先導したとしてトランプ前大統領は起訴された。事件を捜査してきた特別検察官はトランプ氏の虚偽の主張が議会への乱入につながったとして、「民主主義に対する前代未聞の攻撃だ」と指摘した。しかしながら、２０２４年の大統領選の共和党統一候補として、出馬することが濃厚である。

11) 梅田は、「次の10年への三大潮流」として、「インターネット」「チープ革命」「オープンソース」をあげている。梅田望夫、『ウェブ進化論―本当の変化はこれから始まる』、ちくま新書、２００６年に詳しいので参照。

12) 総務省―平成29年版情報通信白書―インターネットの普及状況 soumu.go.jp

13) ＰＤＡとは携帯情報端末のことであり、スケジュール、To Do、住所録、メモなどの情報を携帯して扱うための小型機器である。一部では、通信機能を備えたものもあった。

14) プラットフォーム企業とは、複数のユーザーグループや消費者と、プロデューサーの間での価値交換を円滑化するビジネスモデルを持つ企業のことである。

15）ユビキタスの意味は、「どこにでもある」という意味であり、コンピュータの機能がどこにでもあるということは、「ユビキタス・コンピューティング」と呼ばれている。

16）2007年11月5日携帯電話用ソフトウェアのプラットフォームであるAndroidを、Google、米クアルコム、独通信キャリアのT-モバイル（T-Mobile International）などが中心となり設立した規格団体「Open Handset Alliance」（オープン・ハンドセット・アライアンス、OHA）が発表した。無償で誰にでも提供されるオープンソースソフトウェアであり、サードパーティのベンダーが独自にカスタマイズしやすくすることを目的として、ApacheLicense2.0に基づいて配布されている。2008年10月からは対応するスマホが多数販売されている。

17）2005年に、『フラットな世界』が刊行されたときには、まだスマホは上市されていなかったために、ここでの指摘は、ネット社会の初期段階の状況を示している。

18）「フラット化する世界（増補改訂版）（上）（下）」、伏見威蕃（翻訳）、日本経済新聞出版社、2008年に詳しいので参照。

19）ギグエコノミーとは、インターネットを通じて単発的な仕事を請け負うエコシステム。たとえば、米ウーバー社などが挙げられる。

20）安宅和人、『シン・ニホンAI×データ時代における日本の再生と人材育成（News Picksパブリッシング）』、（Kindleの位置No.380-382）、株式会社ニューズピックス、Kindle版に詳しいので参照。

21）野口悠紀雄、『「産業革命以前」の未来へ―ビジネスモデルの大転換が始まる』、NHK出版新書（Kindleの位置No.1597-1605）、NHK出版Kindle版に詳しいので参照。

22）前掲書、Kindleの位置No.248を参照。

23）『シンギュラリティは近い』、NHK出版、2016年、p.12に詳しいので参照。

24）カールワイツの指摘するテクノロジーには、機械以外のものも含まれている。カールワイツは人類の進化に影響を与え、われわれの生活を劇的に変える革命として、「G・N・R」をあげる。「G」とはジェネティクス(遺伝学)革命、「N」はナノ革命、「R」がロボティックス革命である。

25) その後、原発政策の変更もあって再稼働が認められた原発もある。原子力推進委員によれば2020年11月段階で9基の原発が再稼働している。

26) 『サピエンス全史』や『ホモ・デウス』などのベストセラーを著したイスラエルの歴史学者。

27) Yuval Noah Harari, "HOMODEUS: A Brief History of Tomorrow", Yuval Noah Harari, 2015（邦訳「ホモ・デウス(上)（下)―テクノロジーとサイエンスの未来」、柴田裕之(翻訳)、河出書房新書、2018年)に詳しいので参照。

28) 2009年に㈱東宝の配給によって「感染列島」が上映されている。製作は、感染列島政策委員会。

29) "COrona VIrus Desease 2019"の略である。

30) 厚労省の発表によると、2018年のインフルエンザの国内での死亡者数は3325人である。

31) UNAIDS,「DADABOOK」, 2017, http://www.unaids.org/sites/default/files/media_asset/20170720_Data_book_2017_en.pdf

UNAIDS,「Core epidemiology slides, June 2017」, http://www.unaids.org/sites/default/files/media_asset/UNAIDS_2017_core-epidemiology-slides_en.pdf

UNAIDS,「Fact sheet – Latest statistics on the status of the AIDS epidemic.」, http://www.unaids.org/sites/default/files/media_asset/UNAIDS_FactSheet_en.pdf

UNAIDS,「Global AIDS Update 2016」, http://www.unaids.org/sites/default/files/mediaasset/global-AIDS-update-2016_en.pdf

UNAIDS AIDS Info（2017年10月閲覧）, http://aidsinfo.unaids.org/

32) マスクは中国人観光客の爆買いの対象となり、品薄状態となった。

33) 全国一斉休校が政府の要請で実施されたが、後になって、児童や若年層の場合の重症化率が著しく低いことからこの措置が正しかったのかどうかについての議論があった。もっとも、大学は学生の行動様式から、感染拡大のクラスターになることが指摘され、２０２０年度中は多くの大学で基本的に遠隔方式で授業が行われた。

34) 日経新聞２０２０年３月12日朝刊を参照。

35) 日経新聞２０２０年８月１日朝刊によれば、世界主要企業の４～６月決算は３社に１社が赤字であった。

36) ウーバーイーツ(Uber Eats)や出前館などといった飲食専門の配達業者が好業績をあげており、これらの企業で働く労働者(独立自営業者)を「ギグワーカー」と呼ぶ。

37) ＮＡＳＤＡＱに上場しているＺＯＯＭ社の株価は、１年前(2019/11/29)には、わずか74・５米ドルであった。しかし、２０２０年11月末には５０９・２５米ドルとなった。

38) そのプロセスで日米欧中露の５極態勢を経ることになるかもしれない。本書第３章に詳しいので参照。

39) 自虐的に言うと、所詮、経営学者の提示するアイデアの多くはこれに近いのかもしれない。経営者が経営学者になった事例はあるが、経営学者が事業で成功を納めた事例を見たことがない。

40) コーポレートデザイン(企業の全体構造)については、本書の第２章で詳細に検討する。ここでは、企業の全体構造は、事業構造、組織管理構造、企業統治構造によって構成されるという点だけを指摘する

41) 岩﨑尚人、『コーポレートデザインの再設計』、白桃書房、２０１２年に詳しいので参照。

第2章
コーポレートデザイン再設計のエッセンス

1．バブル期を超えた株価

パンデミック騒動が日々激しさを増していた２０２０年11月、「日経平均29年ぶりの高値」という報道がなされた。日経平均株価がバブル景気末期の１９９１年以来の最高値となる２万５０００円台をつけたのであった。その後、株価は比較的順調に推移して２０２１年９月に３万円台を記録した。パンデミックの影響もあってしばらくの間、２万円台後半で推移していたが、パンデミックの終息宣言が出された２０２３年５月後半以降、ほぼ３万円台を超えて推移した。２０２４年年初になって、１９８９年12月末に記録した株価史上最高値の３万８９１５円をすぐにも超えるとの予測が飛び交うと、同年２月34年ぶりに最高値を更新した。[1)]

あまりにも長い時が経ったために、多くの人々にとって、バブル経済を前後した経済状況はすでに歴史の一部なのかもしれないが、バブル崩壊による経営環境の変化は激しく、戦後経験したことがないほど大きな景気の落込みであった。[2)] その後の30年間、栄枯盛衰の荒波の中で、新しい企業が誕生する一方で、多くの企業が姿を消してきた。

投資信託会社のあるトップは、「日本経済は、30年毎に陰と陽が入れ替わる」との大局観を示している。[3)] 確かにそうした動きがあるのかもしれないが、何よりもここ数年の株価復活の原動力は、企業の変革努力の賜物である。「企業の進化」は、ダーウィン流の進化論[4]やラマルク流の進化論[5]が主唱するような環境決定論的進化ではない。むしろ、エドワード・D・コウプ[6]や今西錦二[7]が説を唱えた、主体の意思や意識による進化のタイプである。30年を経て、時間をかけて取り組んできた企業の変革努力が結実し、企業進化を後押ししていると考えられる。

本章では、バブル経済を跨ぐ過去40年間の産業社会を概観しながら、企業変革の基本的な考え方を「コーポレートデザインの再設計[8]」という概念的枠組みから考えてみることにする。

2．コーポレートデザインの基本概念

激変する経営環境の中でビジネス転換を企図する企業が最初に考慮すべきことは、経営環境の何（What）が、どのように（How）変わっているのかについてである。そして、その変化が当該企業にどういった影響を与えるのかを知るのである。さもなければビジネスを闇雲に進めることになり、ビジョンも、戦略もあったものではない。当然、変化への対応が早すぎても遅すぎても成果を収めることはできないから、タイミングも重要となる。いかに巨大な組織であっても持てる経営資源は限られているから、それらの効果的な配分と運用が必要とされる。また、ビジネスを運営し組織力

を強化していくためには、組織を構成するメンバーの管理体制が重要であるだけでなく、時として対立矛盾に陥る可能性のあるステイクホルダー同士の関係も上手くコントロールしなければならない。

つまり、経営者はさまざまな経営資源をどのように組み合わせるかを考え、その資源をどのように調達し、パートナーや顧客とコミュニケーションをどのように行い、いかなる流通経路と価格体系の下で財・サービスを提供していくのかといった事業運営の構造だけでなく、それを展開する上で必要となる基本的な活動プロセスの総体つまり「企業の全体構造」をデザインし運営していかなければならないのである。

ここでは、経営環境との関係を見直して企業の全体構造を改めて設計することを、「コーポレートデザインの再設計」と呼ぶことにする。企業の全体構造すなわちコーポレートデザインは、いくつかの部分から構成される。つまり、売上や収益を生み出す事業の仕組み仕掛けである「ビジネスデザイン」、ビジネスを有効かつ効率的に機能させるための組織管理の仕組み仕掛けとしての「マネジメントデザイン」、さらにステイクホルダー間の関係を調整する企業統治の仕組み仕掛けとしての「ガバナンスデザイン」であり、その総体が「コーポレートデザイン」である（**図表2-1**）。

経営者には、この企業の全体構造を設計し運営することが求められる。たとえば、経営環境の変化に適合したビジネスデザインを構築できたとしても、それを適切に運営するマネジメントデザイ

図表2-1 | コーポレートデザインの概念

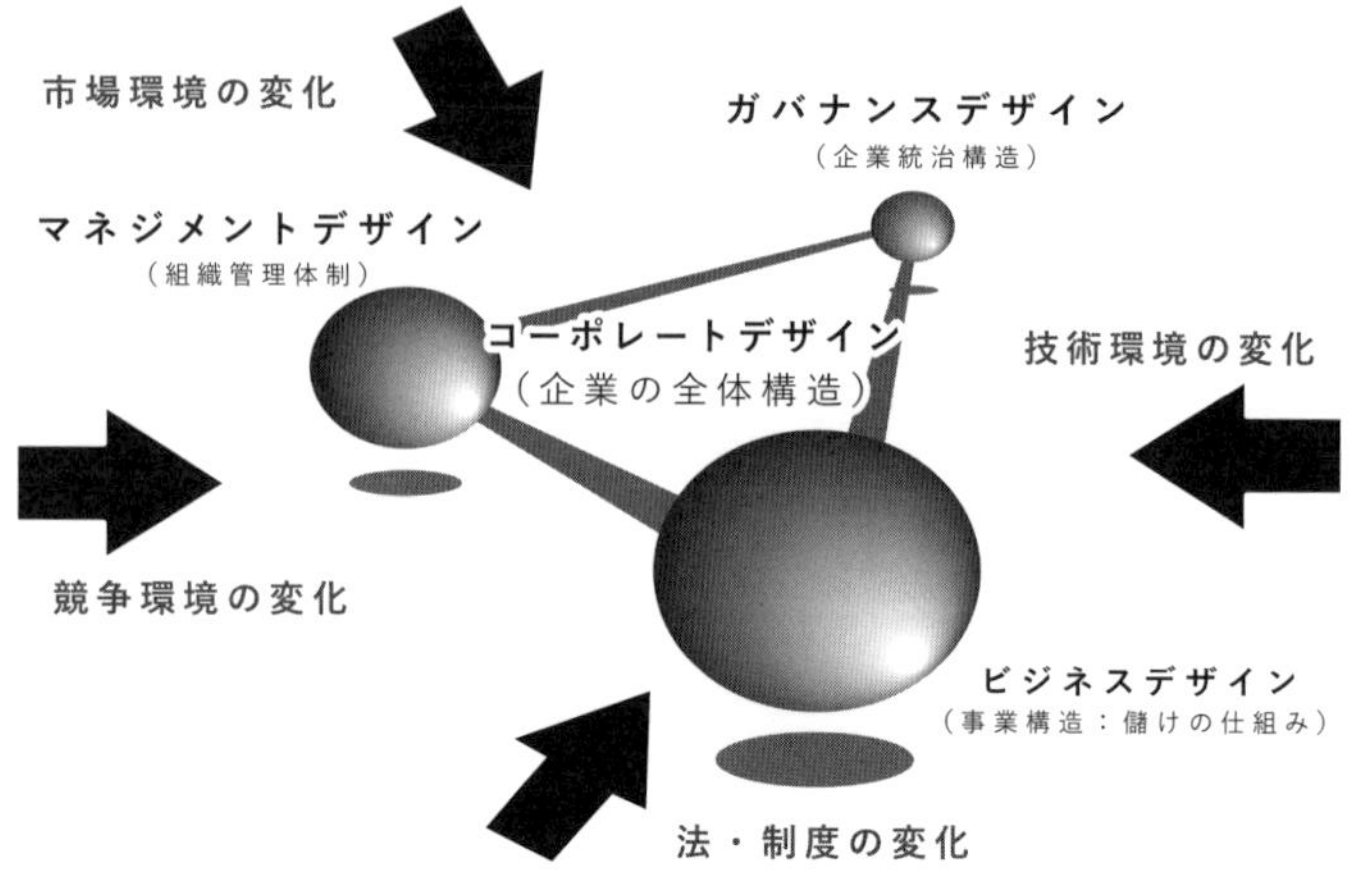

ンを整備できなければ、期待通りのパフォーマンスをあげることはできない。

企業が期待されたパフォーマンスをあげるためには、環境変化、ビジネスデザイン、マネジメントデザイン、ガバナンスデザインの間に適切な組み合わせと、良好な関係が成立しなければならないのである。

1 変化する外部環境

企業を取り巻く外部環境の主要な構成要素は、概ね市場、技術、競争環境、制度の4つであり、それらの変化が、企業経営に対してどういった影響を与えるのか、与えようとしているのかを考えることが重要である。[9)]

市場環境からみる社会変化

外部環境の中で、最も生活に身近なものが市場環境である。需要の変化の土台を為しているのは、われわれ生活者の消費行動や思考の変化である。つまり、現代社会において大抵の国では経済に占める生活者の割合が大きく、日常生活が経済状況を左右している。

バブル経済崩壊の前後の状況をみると、経済の動きが消費者行動に大きな影響を与えることは一目瞭然に理解される。振り返ると、バブル経済最高潮の時とバブル崩壊後とは、消費者の購買決定の条件は全く異なっていた。バブル景気に浮かれていた時には、生活者の間に高価格品の付加価値の高さから購買欲求や意欲が喚起されるムードが蔓延していた。企業は市場が求める以上の機能やサービスを提供することに躍起になり、オーバースペックが当たり前であった。当時の家電製品に、最後まで使用方法が分からないスイッチボタンがついていたことを鮮明に記憶している。[10] 現在まで続く過剰包装も当時の名残といえよう。確かに、無駄や華美はある種の付加価値であると考えられていた。

ところがバブル経済の崩壊とともに市場の価値基準が一変して、生活者の購買行動にも大きな変化が生じた。それまで大手を振っていた高価格志向は一掃されて、多くの市場に「価格破壊」が拡散した。生活者はメーカーが設定した定価（小売希望価格）での購入を拒絶するようになり、より廉価なものを求めてディスカウントショップ（DSS）[11]やカテゴリーキラー、[12]百円均一ショップ（百均）といった新業態の店舗に群がるようになった。[13]

もっとも、低価格化だけの価格破壊は長く続かず、バブル崩壊後の景気低迷が「平成不況」と命名される頃には、もはや低価格だけで購買意欲を喚起することはできなくなりつつあった。市場は安さだけでなく、安くても良いものを求めるようになった。とはいえ、安くて良いものを手にすることは容易ではない。市場環境は、ますます複雑になった。

それと共に、TPOに応じて高級品や高価格品を求める人々が登場して、「市場の二極化現象」によって不透明感はいっそう増した。「不況、不況」といわれる中にあって、東京・銀座には世界の高級ブランドショップが軒を並べ、日頃安売りスーパーで一円でも安い日用品や食品を求める主婦達がブランド・ショッピングを楽しみ、あるいは一流ホテルやレストランでのランチを楽しむなどの相反行動も少なからずみられるようになった。

一昔前であれば、「二極化」は貧困層と富裕層の人々[14]の行動パターンとして考えられていたが、ニューミレニアムの市場の二極化はそれほど単純ではなかった。ドイツ製の高級外車に乗って毛皮を羽織った、見るからに裕福そうな専業主婦が百均を日常的に利用する一方で、日々倹約を余儀なくされている決して所得の高くないはずの若い女性が高級舶来ブランドのバッグを持ち歩いているのも珍しいことではない。

このように市場が不透明さを増し、生活者の購買行動が複雑多岐になったことで、企業はますますターゲットを絞りきれなくなった。

市場の変化は、同時に、街の様相も大きく変えた。2007年夏、前出の高級ブランド地区の銀座の中心部に「ファスト・ファッション」と呼ばれるSPA業態[15]のアパレル業界の大型店舗が立ち並び始めた。スウェーデンのH&M社の日本第1号店の開店を皮切りに、わが国最大のアパレル企業のユニクロ（UNIQLO）、スペインのZARA、そしてSPAの生みの親である米GAP社の大型旗艦店舗は、オートクチュールやプレタポルテの高級アパレル店とは違って高価格でも高級でもない路面店である。それらは、当初、銀座とはいかにも不釣合いの感があった。

銀座の街並みも昔日とは変わり、街が発信するイメージも変容してきた。果たして、パンデミックを目前にしたインバウンド・ブームの中で、街を闊歩していたのは、中国人観光客を筆頭に多くのアジア人観光客であった。銀座は、もはや洗練された雰囲気と歴史を感じさせる特別な街でなくなりつつあるのかもしれない。

このように経済の動勢は、生活者の価値観を変え、購買意欲を変えて、街のイメージまで左右して市場環境を大きく変容させた。それに止まることなく、生活者の購買行動の変化が市場環境を変

図表2-2｜購買行動の変化

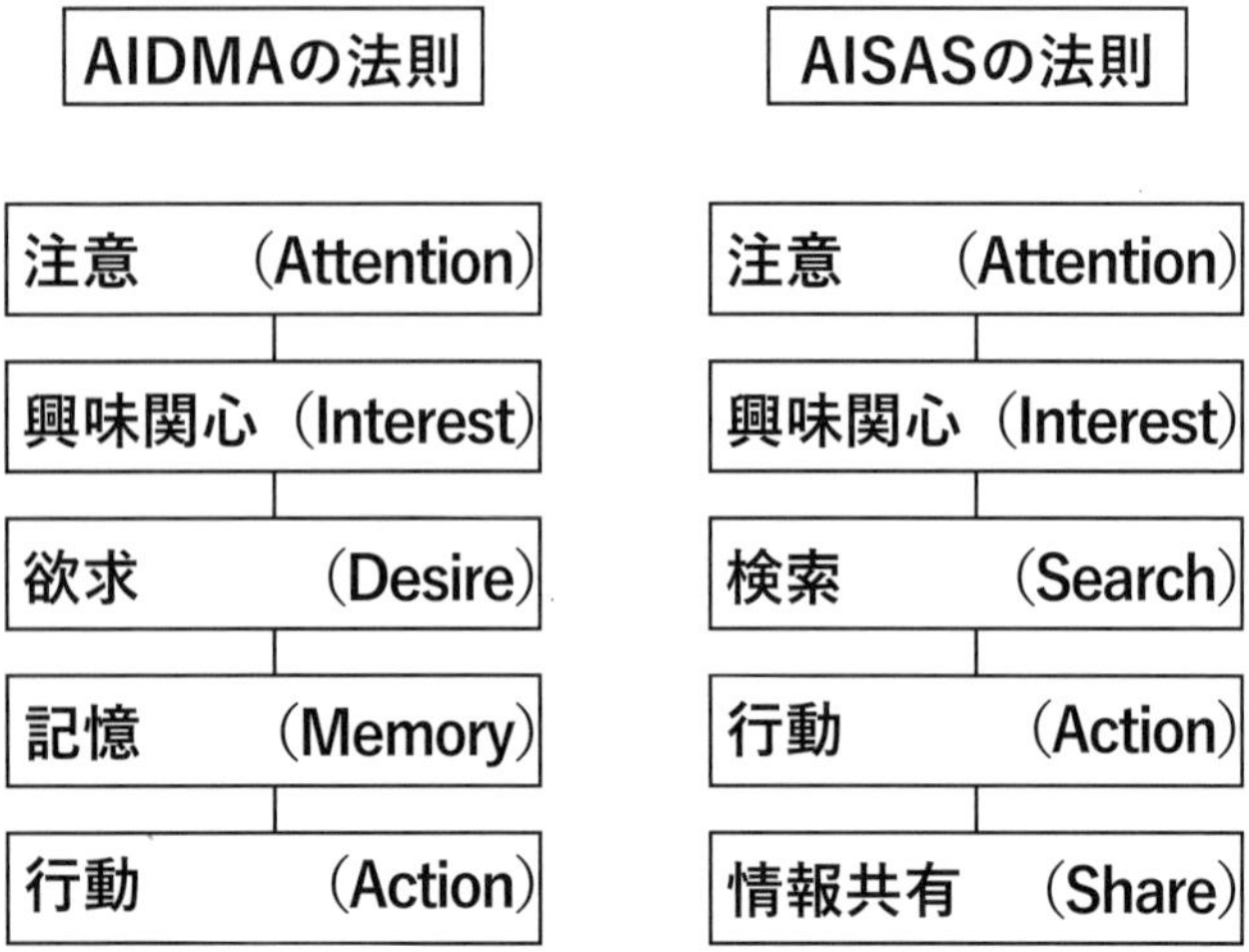

AIDMAの法則	AISASの法則
注意　（Attention）	注意　（Attention）
興味関心（Interest）	興味関心（Interest）
欲求　（Desire）	検索　（Search）
記憶　（Memory）	行動　（Action）
行動　（Action）	情報共有　（Share）

出所：岩﨑尚人『コーポレートデザインの再設計』p.75

化させている。長引く不況の中で百貨店の統廃合が進み、ここ数年はスーパーマーケットの売上が伸び悩んでいる。一人勝ち状態であったコンビニエンスストア（コンビニ）の成長にも翳りが見え始めてきた。その一方で、店舗を持たない通信販売や、eコマース（EC）市場が急拡大している。パンデミック下で巣ごもり需要を喚起し、販売形態の変化を助長したことも事実である。

こうした流通構造の変化は、生活者の購買行動にも影響を与えた。米国のマーケターのローランド・ホール（Hall, R. S.）によれば、店舗販売型の流通システムで消費者は、一般に「注意（Attention）→興味関心（Interest）→欲求（Desire）→記憶（Memory）→行動（Action）」、すなわち「AIDMA」という購買行動をとってきた。[16] ところがインターネットの普及で、消費者は検索サイトを活用して情報を収集したり、SNSを通して面識のない多くの人々と容易に情報交換することができるようになった。そのために、消費者の購買行動が「注意（Attention）→興味関心（Interest）→検索（Search）→行動（Action）→情報共有（Share）」に変わってきた。「AIDMA」から「AISAS」への変容である（**図表2-2**）[17]。

こうしてネット社会の進展とともに、市場で生活者の手にする情報は質・量とも格段に向上し、時として企業のそれを上回るまでになった。情報の受信者が同時に発信者にもなることができるSNSというプラットフォームを獲得したことで、情報を拡散させる「おしゃべり好き（情報共有）」の消費者の数は着実に増えている。換言すれば、これまで従順でおとなしかった生活者は、情報を獲得したことで確実に賢くなって、企業にとって侮ることのできない怖い存在に育ってきたのである。

さらに、インターネットの普及は、従前一部でしか知られていなかった潜在的市場を顕在化させて、新市場ともいうべき存在にまで引き上げた。2割の優良顧客が売上の8割を稼ぎ出すことを示す「パレートの法則」に支配されたそれまでのエコシステムの下で潜在していた「ロングテール市場」という巨大な市場が姿を現したのである[18]（**図表2-3**）。

そこでは、ほとんど見過ごされていた商品が収益源とみなされるようになった。限界費用が限りなくゼロに近いエコシステムの登場によって、それまで無視されてきた80％の潜在市場が顕在化し

図表2-3｜パレートの法則とロングテール現象

パレートの法則

イタリアの経済学者パレートが発見した所得分布の経験則。別名2:8の法則とも言われ、全体の2割程度の高額所得者が社会全体の所得の約8割を占めるという法則。

★ 全商品の20%が80%の売上を作る
★ 全顧客の20%が全体売上の80%を占める
★ 100の蟻の内、よく働くのは2割だけ
★ 税金を納める上位20%が税金総額の80%を負担している

ロングテール現象

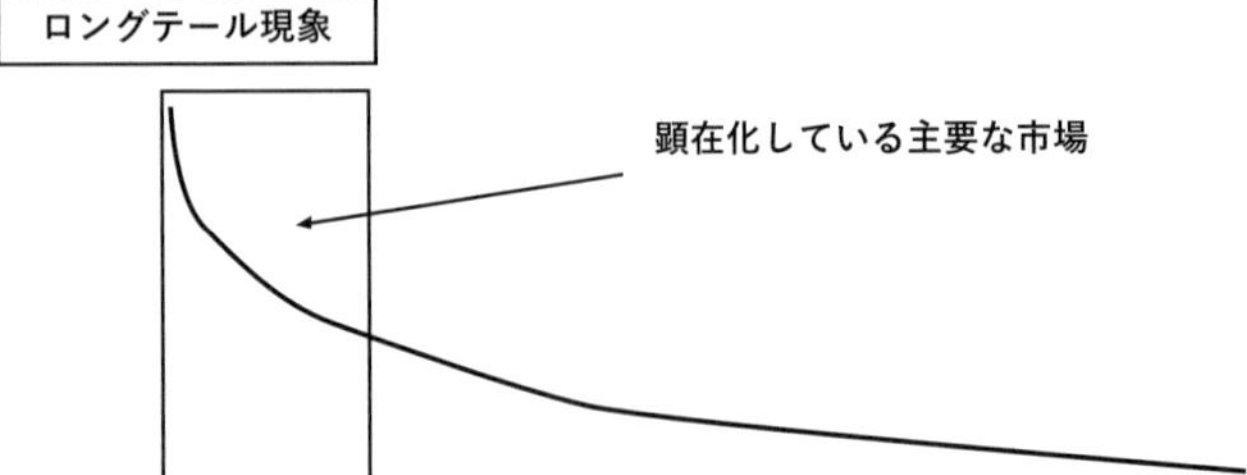

つつある。[19] かつての「オタク」市場、つまりマイノリティのためのものだと思われていた市場は、もはやオタクだけのものではなくなったのである。

加えて、「内なるグローバル化」の進展が、新しい消費市場を誕生させ急拡大している。少子高齢化が急速に進んで人口減少傾向にあって市場の縮小が懸念されるわが国にとって、訪日観光客の増加は大歓迎である。欧米人だけでなく、急速な経済成長を追い風にした近隣のアジア圏から多くの人々が来日するようになった。パンデミックのためにここ数年低迷していた観光客の数も、2023年になって急速に回復してきた。[20]「低コスト・低サービス」を追求するLCC（格安航空会社）がアジア市場でも本格稼働したことがブー

ムを後押ししている。

幸いなことに、日本は未だに魅力的であるようで観光客数は鰻登りである。[21)] その反面で、オーバーツーリズム問題が表面化しており対応が求められるようになった。

こうしたブームは、経済的便益に止まることなく、市場の多様化を促して硬直化した日本市場の柔軟性を高めることにも貢献することが期待される。硬直的で同質的な市場は、大きな変化に直面した際に壊滅する可能性が高くなるから、来たるべく変化に耐えうるために柔軟性・弾力性を強化しておくことは重要である。「内なるグローバル化」は、日本市場の多様性を高度化するという意味でも重要である。

いずれにしても、コーポレートデザインの再設計を実現する上で、市場環境の変化を熟視することは欠くことのできない重要な条件である。

競争環境からみる社会変化

コーポレートデザインの再設計を促す要因の第二は、競争環境の変化である。

特徴の一つは、盛者必衰サイクルの短縮である。近年、特定業界や業態の中で勝者と敗者の入れ替わりが著しく短く極端になっている。業界でトップの座についたとしても、その地位に長くとどまり続けることが保証されるわけではないし、その入れ替わりは余りにも激しい。

20世紀を通じて世界の自動車産業を支配していたのは、「ビッグスリー」といわれる米国企業（GM社、フォード社、クライスラー社）であった。あるいは、世界の写真フィルム市場で長年に亘ってトップの座に君臨していたのは米コダック社であり、黎明期のPCの世界市場ではIBM社が市場を支配していた。

日本のPC市場に限っていえば、1990年を前後して、「C&C（Computer & Communication）」を掲げるNECが牛耳っていた。他方、日本のGMS（総合スーパー）業界でトップの座に君臨していたのは、日本最初のスーパーマーケットのダイエーであり、液晶事業で世界のトップを走っていたのは「目の付けどころが違う」シャープであった。これら20世紀のエクセレント・カンパニーは、市場を独占し続けるのに十分な資金や資源、技術、組織能力を保有し、永遠に成功しその座を守り続けると誰もが信じていた。

ところが、これら20世紀の勇者が、21世紀を前後してトップの座を追われて、ある者は市場から姿を消し、ある者は第一線から退き、ある者は姿を変えた。安寧の時代は、決して永遠ではなかった。『両利きの経営』を著したオライリーC. A.（O'Reilly C. A.）とタッシュマンM. L.（Tushman M. L.）は指摘する。

「50年前であれば、いや20年前までも、経営者には時間がたっぷりとあった。変化への対応が少々遅れたとしても、挽回できたのである。それが、もはや通用しなくなっている」。[22]
確かに21世紀になって盛者に登りつめるのにかかる時間は短くなったかもしれないが、トップに登りつめたとしても、その地位を守り続けていられる時間が短くなっている。トップになった瞬間から、次なる新しい競争と向き合わなければならず、あたかも下剋上が常であった戦国時代状態である。
新しい挑戦者が新しい武器を準備して次々と挑んでくるため、その度ごとに新たな対応が求められる。しかも、その間合いが短くなっている。ネットビジネスの草分け的存在であったYahoo!は、日本市場でも先行者として市場を拡大したが、Amazonや楽天が登場すると市場を奪われた。わが国で生まれ最大で1000万人の会員を集めたSNSのミクシィも、Facebookに反撃する間もなくシェアを奪われてしまった。そのFacebookでさえ2021年以降成長性が低いことが問題にされており、近い将来、世界のビッグテック企業の一角から姿を消してしまうかもしれない。[23]
競争環境の変化を促している、もう一つの要因は、経済のボーダーレス化、企業活動のグローバル化の進展である。前述のように、わが国でも近年急速に国内市場のグローバル化すなわち「内なるグローバル化」が徐々に進展し、日本市場での外国企業との競争が激化している。
しかも、競合相手は、手の内を知っている欧米先進国のグローバル企業だけではない。アジアの新興企業やそれら新興企業に買収されたグローバル企業など新参企業（ニューカマー）も続々と参入している。かつてと比べて経済力に翳りがみられ魅力が失われつつあるとはいえ、1億人超の豊かな生活者を抱えている日本はおいしい市場である。

その上、彼らのルールや常識はわれわれのそれとかなり異なっており、相手の手の内もほとんどわからないために、一方的に攻め込まれることも少なくない。たとえば、世界最大の家電メーカーに成長した中国メーカーのハイアール（海尔）社は、小型冷蔵庫を生産していた国営メーカーであった。それが、三洋電機とのアライアンスを通じて、家電のフルラインメーカーへと変身を遂げ、世界市場を席巻するようになった。

他方、ニューカマーの中には、同じ業界や業態だけでなく、従前には直接対峙することのなかった業界や業態から予告なく乱入してくる企業も少なくない。そうした業種・業態を超えて産業のボーダーレス化に挑戦してくる競合企業は、他業種の強みを活かした新しい武器を手にしているだけでなく、戦い方も違っている。たとえば、ウェブ書店として商売を始めたAmazonが、巨大なプラットフォーマーとしてネットワーク・システムを各国政府に提供するとは想像することもできなかった。まして、日本の電信電話事業を独占していた電電公社[24]の末裔が、eコマースのAmazonとクラウド・ビジネスを巡って競合することになるなどと想像する者はほとんど居なかったはずである。[25]かつて競合になり得なかった業種・業態が直前までその気配を感じさせることなく、急に市場に参入して制覇してしまうこともある。

また、「昨日の味方が、今日の敵になる」ことも珍しくない。情報技術の革新と企業活動のグローバル化が急速に進展する中で、境界不明瞭な境界線上でも闘争が展開されている。たとえば、iPhoneやiPadの委託生産をしている台湾EMS企業の鴻海（ホンハイ）社では、液晶メーカーのシャープを買収したことによって、下請け製造専業アウトソーサーからの転身の用意は整った。近い将来、鴻海社がAppleの最大の敵になることも否定できない。

文具メーカーのプラスの一事業部であった文具通販のアスクルも、今ではかつての顧客である全国の文具店の存続を脅かすまでになっている。当初、アスクルの与信管理を担当する窓口として機能していた文具店にとって、アスクルは、Amazonと並ぶ強敵である。

このように、競争環境の変化がコーポレートデザインの再設計を迫ることは自明である。その意味では、かつて強者であったがためにサクセストラップに陥り易い日本企業が、ニューカマーたちの格好の餌食になってしまう可能性は必ずしも低いとはいえないのでる。

技術環境からみる社会変化

外部環境の第三の要素は、技術環境である。

１９８０年代半ば以降デジタル技術は、半導体の集積度や処理速度の大幅な向上によって日進月歩で進化を遂げた。半導体の性能向上に反比例するように、電子機器の価格は大幅に低下して、PCのコモディティ化とインターネットの普及を促した結果、１９９０年代後半になると本格的な「ネット社会」の扉が開かれた。

インターネットの普及につれて、B２B取引の範囲が拡がっただけでなく、大幅に効率化が実現されて生産性も向上した。またB２C取引でも、ワンツーワン・マーケティングによる市場の囲い込みやEC市場の拡大など消費市場の進化を促すとともに、売り手と買い手の境界を曖昧にした。さらに、C２C取引も大幅に活性化したこともあって、メルカリのようなフリマサービスも誕生した。

他方、SNSがヒトとヒトのコミュニケーションの手段や方法、その内容を変えるとともに、情報の受け手であった普通の人々を能動的な表現者やサービス提供者へと変身させた。アナログ技術からデジタル技術への技術軌道の変化によって、20世紀後半のわずかな期間で、われわれ生活者の日常生活は革新的変化を遂げたのであった。

もちろん、ICT分野の技術革新だけが、日常生活や産業構造を変容させたわけではない。バイオテクノロジー分野の技術革新によって、第１次産業たる農業が第２次産業と第３次産業を取り込んで「第６次産業」といった新分野の産業を誕生させた。[26]多くの観光地で、その土地独自のブランド牛やブランド豚、ブランド魚が登場している。

また、医学分野の新発見や技術革新によって様々な疾病のメカニズムが解明され、数多くの生命が救われるようにもなった。新型コロナの症状が後半になるほど比較的軽微ですむようになったのも、2023年のノーベル医学賞に輝いたメッセンジャーRNAワクチンがあったからだともいわれている。[27]

加えて、環境技術の発展が地球の持続可能性を左右することは確実であり、それなくして環境問題の深刻化を軽減することは不可能である。

例をあげるといとまがないが、イノベーションがあってこそ、今日のわれわれの生活が維持されていることはいうまでもない。とはいえ、いかに優れた科学者であっても、当該分野の技術について詳細な内容のすべてを熟知しているわけではない。科学者でもそうなのだから、ビジネスが本業である企業に高度な技術をすべてカバーすることを期待することは難しい。

しかしながら、いかなる企業であっても、自社の展開するビジネスと関わりのある技術がどういった方向に進もうとしているのか、すなわち「技術軌道」は把握しているべきである。また、仮に現在の自社ビジネスに直接関わらないとしても、主要な科学分野の技術軌道を知らずして社会や市場の変化に対応していくことができないことはいうまでもない。

このように技術軌道を把握することに加えて、技術変化に関して探査すべき重要なポイントは、技術変化がどのくらいのスピードで市場に普及するのかについてである。たとえば、自動車が世界市場のおよそ半分に普及するまでには80年以上の時を要している。およそ100年前に米国で大量生産体制を確立した自動車産業は、米国市場で成長を遂げた後、欧州先進国市場に広がっていった。[28] その後、日本メーカーがリーン生産方式を導入して多品種少量生産を可能にし、国内市場を開拓するとともに積極的に海外市場を開拓してアジアの開発途上国の市場も切り開いた。1980年代、世界市場で自動車販売台数の半分以上を日本企業が供給して普及率を加速させたが、1980年の世界の自動車普及率は50％前後に過ぎなかった。その後、一人当たりGDPの増加に連動して普及率が伸張したとはいえ、発展途上国など未だ自動車市場には拡大の余地が残されている。EVとあわせて自動車産業の先行きは決して暗くない。

一方、フィーチャーフォン（携帯電話）が一般市場に登場して世界市場の80％ほどに普及するまでにかかった時は、わずか20年程であった。[29] また、1995年にわが国で一般消費者のインターネット利用が本格化してから利用率が約90％になるまでにかかった年数もおよそ20年程であった。2007年、米国で発売されたスマートフォンは、5年を待たずに世界標準になったことは驚くべきことである。

これらの製品・サービスの普及スピードの早さは、自動車に比べて価格が廉価であったことが一因であった。しかし、携帯電話の普及スピードの加速化は、世界市場がこれまでの一歩一歩進んでいく「漸進型」から、技術・製品のライフサイクル・スピードの速い社会へと変容していることの証左ともいえる。[30]こうした産業で市場の変化に取り残された企業は瞬く間に優位性を失う可能性がある。たとえば、ノルウェーの携帯電話メーカーのノキア社は、フィーチャーフォン時代には携帯電話市場で世界一であったにもかかわらず、スマホ市場への参入を断念せざるを得なかった。あるいは、1980年代後半に世界最大シェアのレコード針メーカーであったナガオカは、CD市場の予想を超えた急拡大と普及スピードによって1990年に解散に追い込まれている。[31]

つまり、技術環境の変化では、技術そのものだけでなく、それが市場にどの程度浸透し、そのスピードがどの程度であるかも考慮しなければならないのである。

このように、技術環境の変化は、企業に対してコーポレートデザインの再設計を迫る重要な要因である。

法律や社会制度からみる社会変化

環境変化の第四の要因である法や制度の変化とは、法律や規制、商慣習・商慣行など企業行動や事業活動を制約する社会的制約条件の変化である。法律や規制を無視して事業を継続することはできないし、それらが企業のビジネスチャンスを左右することも少なくない。[32]過去の規制緩和の歴史を振り返ってみても、それらがわが国企業の事業環境や競争環境、技術環境に多大な影響を及ぼしてきたことは理解される。規制緩和の多くは、日本経済が国際競争に対抗して持続的な成長を実現するために、同時代の経済状況や政府の経済政策の変化によって推進されてきた。その主たる目的は、競争力の強化、効率性の向上、市場の拡大と新規参入の促進、財政改善や民間資本の活性化にあった。

たとえば、１９８５（昭和60年）年、当時の中曽根康弘内閣によって「三公社改革」が決定されて以来、大手公企業の民営化が推進された。１９８７年には赤字に陥っていた国鉄がＪＲに分割・民営化されて、旅客輸送や貨物輸送などが分離された。また、電電公社が翌１９８８年にＮＴＴに分割・民営化されて、通信分野で国際競争を受け入れる環境が整った。それに続いて１９９０年代初頭には、日本航空や日本国有銀行などの大手公企業も民営化のプロセスを経て競争力の向上が図られたのである。

また、明治維新以来、国家によって独占されてきた郵便事業が２００５年に民営化されて、全国一律で展開されてきた郵便事業も民間企業に開放された[33)]。この規制緩和は全国に盤石なネットワーク網を構築してきた宅配業者にとって大きなビジネスチャンスのように思われたが、実際には激しいサービス競争、価格競争を招いた。とはいえ、ヤマトの宅急便事業の成功のエッセンスは、数々の運輸規制に対する挑戦の結果であったことは確かである[34)]。規制緩和は、ビジネスチャンスを創造するだけでなく、競争によって大幅な価格低下を促すのである。

他方、バブル経済崩壊後の１９９０年代半ば、わが国の金融市場は諸外国の圧力によって開国を迫られた。グローバル・スタンダードを突きつけられた日本政府は、金融ビッグバンを回避できず、それまで参入が許されていなかった外国の金融機関に日本の金融市場が開放された。強力な国際競争力を有する黒船が大挙して日本市場に参入してきた。それら黒船にとって、バブル崩壊以降、多額の不良債権を抱えていた日本の金融機関は格好の買収のターゲットであった。それに対抗するために、わが国の金融機関は、規模に関わらず合従連衡策を選択せざるを得なかった。それ以前群雄割拠していた大手銀行は合併に伴って姿を消した。現在、全国規模で事業を展開する都市銀行の中でもメガバンクと呼ばれるのは、三菱ＵＦＪ銀行、三井住友銀行、みずほ銀行の三行である（第3章pp.１２０～１２２を参照）。

こうした伝統的金融システムの瓦解は、金融業界に留まることなく日本の産業全体に影響を及ぼした。財閥系銀行を頂点にして形成されてきたバブル経済崩壊以前の古い産業構造は、金融機関の統合によって構造改革を余儀なくされた。系列の取引先・顧客企業による株式持ち合いによって、企業間の結びつきを強化して収益機会を増やし、他系列の企業や外国企業からの買収の防波堤となっていた、俗に言う「護送船団」がこれを契機にして瓦壊した。

同時に、このことは企業経営における株主の立場を大きく変容させることにも繋がった。それ以前無口で無力だった日本の株主が、企業の所有者として少しずつ力を発揮し始めた。経営者と株主の関係が変化するにつれて、コーポレートガバナンスという言葉が飛び交うようになって、そうした概念も徐々に浸透して今日に至っている。

もちろん、こうした規制緩和の一方で、公害規制や個人情報保護法など事象に応じて規制強化も進み、それらが企業活動に多大な影響を与えた。事実、ネット社会の拡大によってかつて想定されなかった事件が起こるようになったことで法規制が必要になってきた。いうまでもなく、規制緩和だけでなく、規制強化も大きなビジネスチャンスを創出する。

また、企業は、明文化されたコンプライアンス（法令遵守）だけでなく、社会的存在あるいは社会の公器として常識的に守るべき、目にみえない規制や道義的・倫理的責任を配慮することも重要である。企業の社会的責任（ＣＳＲ）に対する関心は年々高まり、それに対して自発的に取り組まない企業は、成長はおろか存続さえ保証されないのである。顧客だけでなく、企業を取り巻くすべてのステイクホルダーに対して責任を果たすことが強く求められている。

内部統制システムの強化や公益通報者保護法の施行などコーポレートガバナンスに関わる規制強化に見られるように、企業経営者は利益の追求だけでなく、誠実さと高潔さが求められるようにもなってきた。[35)]

いかなる事業であっても、特定の国や地域に拠点を置いて展開される以上、企業はその場所の法制度や風習、商慣習に従わなければならない。法や慣習などの制度を理解し遵守した上で、企業を成長・発展さらに進化させていくためにもコーポレードデザインの再設計が必要とされるのである。

2 コーポレートデザインの構造

これまでみてきたように、企業を取り巻く外部環境は絶えず変化している。ビジネスを進める上では、いま起こっている外部環境の変化が、ビジネスに対して直接・間接にどのような影響を及ぼすかを分析することが不可欠である。そして、外部環境の変化に適応するためには、企業の内部システムの変革、すなわちコーポレートデザインの再設計が必要とされる。以下では、コーポレートデザインを構成する三つの要素、すなわち、ビジネスデザイン、マネジメントデザイン、ガバナンスデザインについて考えていくことにしよう。

コーポレートデザインの第一の要素は、収益を生み出すための仕組み仕掛け、すなわち「ビジネスデザイン（事業構造）」である。

事業なくして企業が存在し得ないことは言わずもがなである。企業は、自身の存続と持続的成長を実現するために市場で事業を展開する。そのため、既存事業を強化することによって企業力の増大を目指すのか、あるいは新規事業を立ち上げて事業領域の拡大を図るのか、主力市場として国内あるいは海外市場を想定しているのかなど、事業展開のための「ビジネス・コンプレックス（事業複合体）」の設計と、事業展開の具体的な方法を設計することなどがビジネスデザインの要諦となる。

また、事業構造や収益構造を構築するにあたって、いかなる技術や資源を組み合わせるのか、どのようなバリューチェーンを構築することで絶え間ない事業革新を実現していくのか、企業力を強化するための資源をどのようにして調達するのかなどの意思決定のための仕組みづくりも、ビジネスデザインと密接に関連する。

いうまでもなく、収益を生み出すための仕組み仕掛けは、それを取り巻く企業の外部環境に左右される。つまり、経済動向がどういった傾向にあるのか、市場や顧客はどういった変化をみせるのか、あるいは技術軌道はどういった方向に向かって市場への普及速度はどの程度であるのか、競合はどういった行動をするのか、競争の激しさの程度はどの程度あるのかなど、さまざまな視点から経営環境の変化に関して仮説を立て、状況に対処することが求められるのである。

コーポレートデザインを構成する第二の要素は、企業を機能させるための組織管理の仕組み仕掛け、すなわち「マネジメントデザイン（組織管理体制）」である。企業は「ゴーイングコンサーン」と言われるように、その究極的な目的は存続することにある。つまり、企業は究極的目的である存続を達成するために、持てる経営資源を効果的効率的に活用して、価値を創出することが求められる。

そのための人の集まりが「組織」であり、マネジメントデザインの対象は、「組織」とそれを構成する「メンバー」である。企業の理念や企業文化、そしてビジョン、戦略などが組織メンバーの間で共有されるために、どのような仕掛けを構築するか、どういった組織体制で人を配置し活用していくのか、いかにメンバーのモチベーションを高めて能力を強化し、管理していくのかなどが、マネジメントデザインの要諦となる。

ビジネスデザインとマネジメントデザインのミスマッチが、企業のパフォーマンスに大きな影響を与えることは想像に難くない。たとえメンバー同士の関係が円滑でもビジネスが継続しなければ企業は存続できないし、逆に短期的に収益をあげることができてもマネジメントが有効に機能していない企業は遠からず崩壊する。ビジネスモデルとマネジメントモデルの適合を維持することこそ、企業にとって常に重要な課題となる。もちろん、象とネズミのように身体のサイズが違う動物の時間軸が異なるように、企業規模や展開する事業、コアテクノロジーが違えば、組織管理体制が異なることは自明である。[36]

たとえば、高品質・低価格で日本製品が世界市場を席巻していた昭和末期には、終身雇用、年功序列を中核に据えた所謂「日本的経営」が、輸出主導で経済成長を支えるビジネスデザインを底支えしていた。当時の日本企業にとって、「日本的経営」は最適なマネジメントデザインであったにちがいない。

ところが、バブル経済崩壊後に凋落した日本企業の多くは、ビジネスデザインの再設計に手をつけず、成功体験に裏打ちされた組織管理体制（マネジメントデザイン）の再設計を試みた。経営状況が激変する中で、以前は好循環を生み出していたビジネスデザインとマネジメントデザインとの関係にヒビが入りギクシャクし始めた。変化する経営環境は、終身雇用や年功序列、メンバーの同質性によって生み出されてきた、かつての「日本的経営」の強さを許容しなかったばかりでなく、ビジネスデザインの再設計を求めた。その後、多くの企業がコーポレートデザインの再設計にチャレンジしたが、その多くは失敗に帰している。後述するように、同様のことは、Ｃｏｖｉｄ-19パンデミックが終息後の指数関数的変化に直面している今日にも当てはまるかもしれない。

コーポレートデザインの第三の要素は、企業統治に関わる「ガバナンスデザイン（企業統治構造）」である。従来多くの日本企業は、日常的により身近な少数のステイクホルダーとの関係に力点をおいて経営を行ってきた。つまり、顧客よりも従業員や経営者、会社のオーナーであるはずの株主よりも債権者である銀行を重視し、それ以外のステイクホルダーは多くの場合なおざりにされてきた。また製品・サービスの提供に集中してきた反面、自社の製品・サービスが引き起こした環境問題や社会常識に反する行為などには大きな関心を傾けることなく、問題が表面化してはじめて対処するのが通例であった。

しかしコーポレートガバナンスへの関心が高まるにつれて、ステイクホルダーとの関係が改めて問い直されるようになった。顧客満足度（CS）は高まっているか、経営者は企業価値を高めるような経営を行っているか、環境やリサイクルに配慮した製品設計や生産活動を行っているか、従業員満足度（ES）は高いかなど、様々なステイクホルダーとの双方向の関係を強く意識せざるを得なくなった。

このように、経営環境が変化する中にあって、企業にはビジネスデザイン、マネジメントデザイン、ガバナンスデザインそれぞれを再設計すると共に、それらを齟齬なく機能させることが求められているのである。

3．コーポレートデザインの再設計とは

これまでの議論を整理して考えると、コーポレートデザイン再設計のエッセンスは極めてシンプルである。要するに、企業が相互作用する外部環境と、事業構造、組織管理体制、組織風土や文化、企業統治構造などから構成される企業の内部システムとが、矛盾を生じることなく、すべての要素が適合する全体構造をつくりあげることである。その際、外部環境を変えるか、あるいは内部システムを変革するか、さもなければ両者を変化させるかを選択することになる。とはいえ、コーポレートデザインを再設計する際に外部環境そのものの構造を変えるためには、膨大な時間とエネルギーを費やさなければならない[37)]。つまり、企業の選択肢は、必然的に内部システムの変革に限定せざるを得ないことになる。

1 戦略発想の転換とマネジメントロジックの転換

コーポレートデザインを再設計し企業進化を実現していくためには、主体的意志をもって外部環境を再定義する「戦略発想の転換」と、組織管理体制の方向転換を求める「マネジメント・ロジッ

図表2-4｜コーポレートデザインの再設計

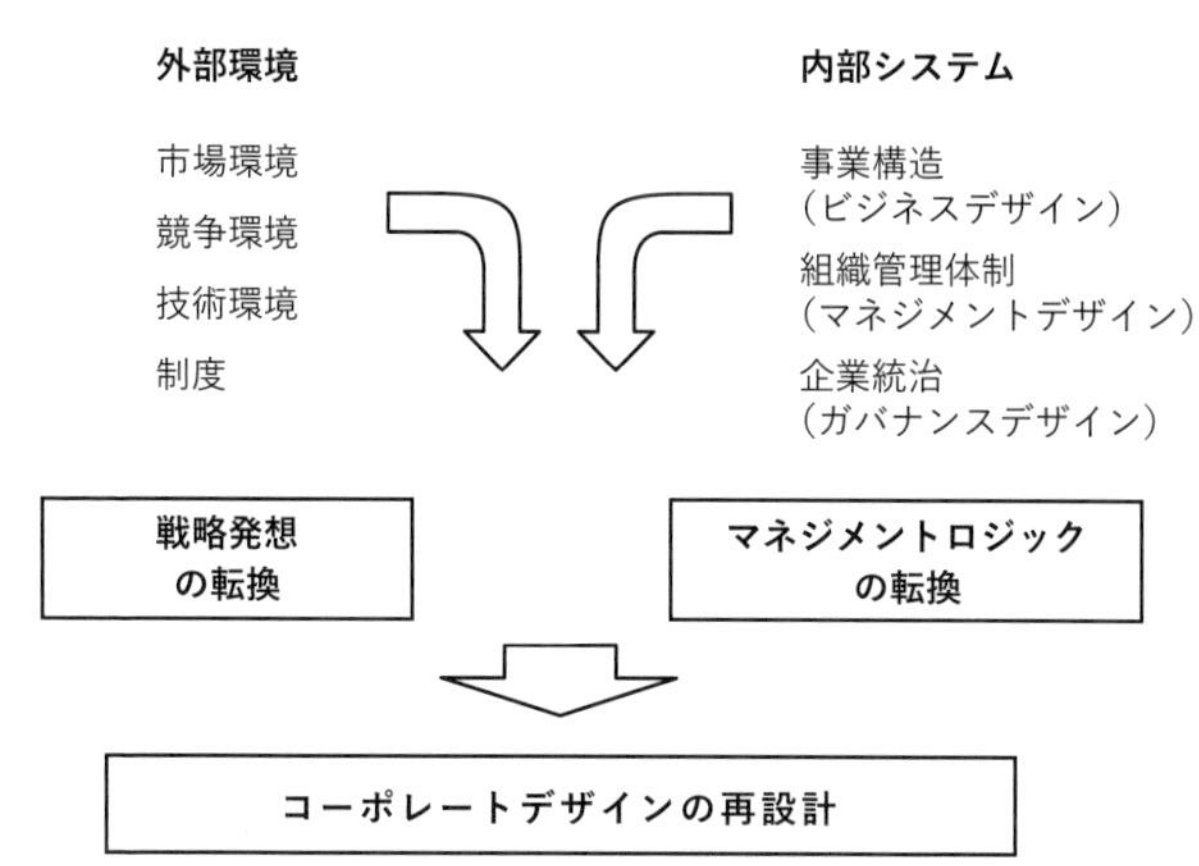

クの転換」にチャレンジすることが必要になる（**図表2-4**）。

戦略発想を転換する

「戦略発想の転換」とは、時代の変化に対応するために企業戦略のベースとなる考え方や常識そのものを転換あるいは再定義することである。「工業化社会」と呼ばれた20世紀の日本の産業社会では、大量生産・大量販売を基礎とした「規模の経済」、複数事業を展開することによって未利用資源や生み出される副産物の活用に焦点をあてた「範囲の経済」、そして競合する企業と同一市場で同じ武器を使ってシェアを奪い合う「横並び競争」「同質化競争」などが企業の戦略発想のベースであった。

つまり、自らが展開する事業から成果を得る手段は、「規模の経済」「範囲の経済」などの経済性追求にあると考えていた。しかし、市場環境、競争環境、技術環境や制度などが変化する中で、規模や範囲の経済追求一辺倒で、従前通りにビジネスを継続的に展開していくことが困難になってきた。そこで、これまでの発想を根本的に棄却し、全く異なる視点で事業を捉え直してみることが必要となった。事業展開の「パラダイム転換」である。[38]

しかしながら、企業革新を実現するためとはいえ、時代や市場が求めているからといって、既存の持てる経営資源をすべて入れ替えたり、収益をあげている事業展開を中断して、ゼロから新しい事業に踏み込むことなどあり得ないことである。産業再生機構設立時のＣＯＯであった冨山和彦氏は言う。

「評論家的に経営を語る人は、そんなのぶち壊してしまえと気楽に語るが、それで既存の事業組織そのものが壊れてしまった場合、イノベーションの投資資源はどこから持ってくるのか。壊れた事業の激しい返り血を浴び、資金繰りに奔走したことがあるのか。[39]」その通りである。

パラダイム転換に直面した場合に経営者としてできること、すべきことは、当該の事業や市場を異なる視点から見直すか、そこでの戦い方を変えるか、事業展開の効率化を推進するか、製品やサービスを追加するかなどである。ところが、成功の罠が視点の転換を容易には容認しないのである。成功体験が大きければ大きいほどその傾向は強くなる。しかし、市場や顧客、競合に何よりも先んじることによって生み出される「スピードの経済」や、自己完結的事業展開から脱却することによって生み出される「連結の経済」、所有することではなく共有することによって生み出される「共有の経済（シェアリング・エコノミー：Sharing Economy）[40]」、あるいはサービスを受ける者から金銭的対価を受け取ることなくサービスを提供することによって生み出される「無料の経済性（フリー・エコノミー：Free Economy）[41]」など、新しい経済価値創出の視点から既存事業を見直すことが必要である。それによって、事業そのものを根本から変えたり、経営資源を総入れ替えたりすることなく、時代や経営環境の変化に対応した事業の再構築（リストラクチャリング）や競争優位性の構築が可能になる。事業のパラダイム転換は、既存ビジネスを新しいもの、新しい仕組み仕掛けへと進化させることになるのである。

マネジメントロジックを転換する

こうした「戦略発想の転換」を具体的なビジネスに落とし込んでいくためには、それを受け入れ運営する組織管理体制も変革しなければならない。企業の内部システムの変革である。

これを実現するためには、従前支持信奉されてきた内部システムのマネジメントロジックを変更することが必要である。自らが展開している事業のドメインやビジネスモデルを革新しコアコンピタンスを見直すことによって、本業の顧客価値の意味や創造プロセスを変えたり、組織管理体制を革新することによってコミュニケーションや組織内パワーを変えたり、あるいは企業文化や風土の底流を流れている意識構造を革新してメンバーのモチベーションを大幅に改善することが可能になるはずである。

従来常識として考えられてきた分業でさえ、ＩＣＴの進歩によってそれを超える新しいシステムに進化を遂げつつある。組織化の基本とされてきたピラミッド型の官僚制組織も逆機能だけが顕著になって、それとは異なる新しい有機的組織構造が提起されている。しかし、分業体制のロジックに縛られた人間は分業の限界から脱却できずに右往左往するだけだし、官僚制機構の中で育てられた人間は硬直的で画一的な思考と既得権の呪縛から逃れることができずにただ手をこまねいているしかできない。

また、日本企業の強みの源泉として評価されてきた「和」も、変化する経営環境の中では少なからず齟齬を生み出している。貧からの脱却を目途にして勤勉さやまじめさに力点をおいた人事システムの中で育ち評価されてきた人材に、創造性や異質性を求めること自体無理がある。生活者の選択を優先する近年の市場は、同質的・画一的商品やサービスの提供ではなく、異質性や面白さを求めている。そうした市場に直接対峙する人間を古いタイプのビジネス・ロジックに縛りつけてしまうような組織管理体制の中で、新しい顧客価値を創出することなどできるはずがない。

生活者の選択を優先する市場では、顧客価値創造に向けて戦略発想を転換すると同時に、それに対応してマネジメントロジックを転換しなければ、企業進化を促すことはできない。逆に、新しいマネジメントロジックが機能して新しい戦略的知が働けば、新しいビジネスデザインが創発されることにつながるかもしれないのである。

2 矛盾を探索し止揚的に解消する

これまでの議論を前提にすると、コーポレートデザインの再設計によって進化を遂げる企業に求められることは、既存のコーポレートデザインと、事前に想定されるそれとをいかにして統合していくのかということになる。換言すれば、変化する経営環境の中に既存事業展開にかかわる何らかの価値を生み出しつつ、その一方で、それと全くかかわりのない新しい価値創出を同じ組織の中で実現することが可能かどうかである。既存事業を壊すことなく、新規事業を成功裏に立ち上げていくことの可否が問題なのである。

簡潔にいうと、現段階でより成功裏に事業を展開しているコーポレートデザインは、既存のタイプの環境とフィットした状態にあるが、それが変化が激化し複雑な経営環境に変わると、既存のタイプのコーポレートデザインでは成長を維持することも、時として存続することさえできなくなる

図表2-5｜二律背反のコーポレートデザイン

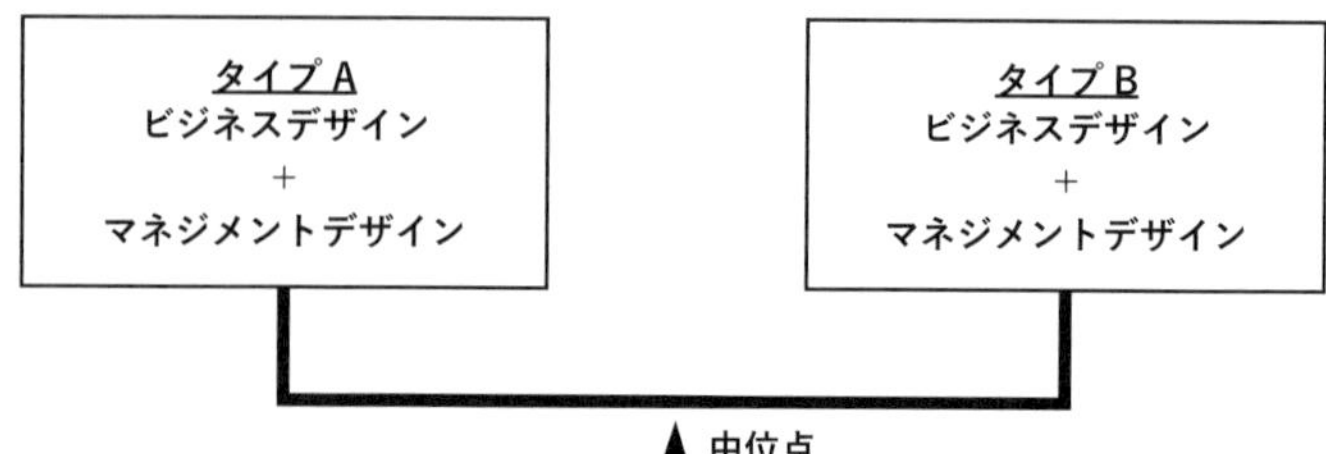

伝統的なコーポレーションデザイン		再設計されたコーポレーションデザイン	
◆ 規模の経済	◆ 分　業	◆ スピードの経済	◆ 融　業
◆ 範囲の経済	◆ 階層型組織	◆ ネットワークの経済	◆ 弾力性
◆ 同質的競争	◆ 同質性	◆ 土俵の異なる競争	◆ 異質性
◆ サプライサイド	◆ 規模と利益	◆ デマンドサイド	◆ 市場価値

ということである。しかしながら、一定方向に向けてコーポレートデザインを再設計すべきであると指摘しているわけではない。

図表2-5が示すように「規模の経済」「範囲の経済」「同質的競争」「サプライサイド」といったパラダイムの下でのビジネスデザインは、「分業」「階層型組織」「同質性重視」「規模と利益」に規定されたマネジメントデザインにフィットする伝統的コーポレートデザインである。それに対して、「スピードの経済性」「連結の経済性」「共有の経済性や無料の経済性」「ルールの異なる競争」「デマンドサイド」といったパラダイムの下にあるビジネスデザインは、「融業」「弾力的・多元的組織」「異質性の容認」「面白さや創造性」に規定されたマネジメントデザインとフィットする異なるタイプのコーポレートデザインである。

図表2-6｜コーポレートデザインの再設計のエッセンス

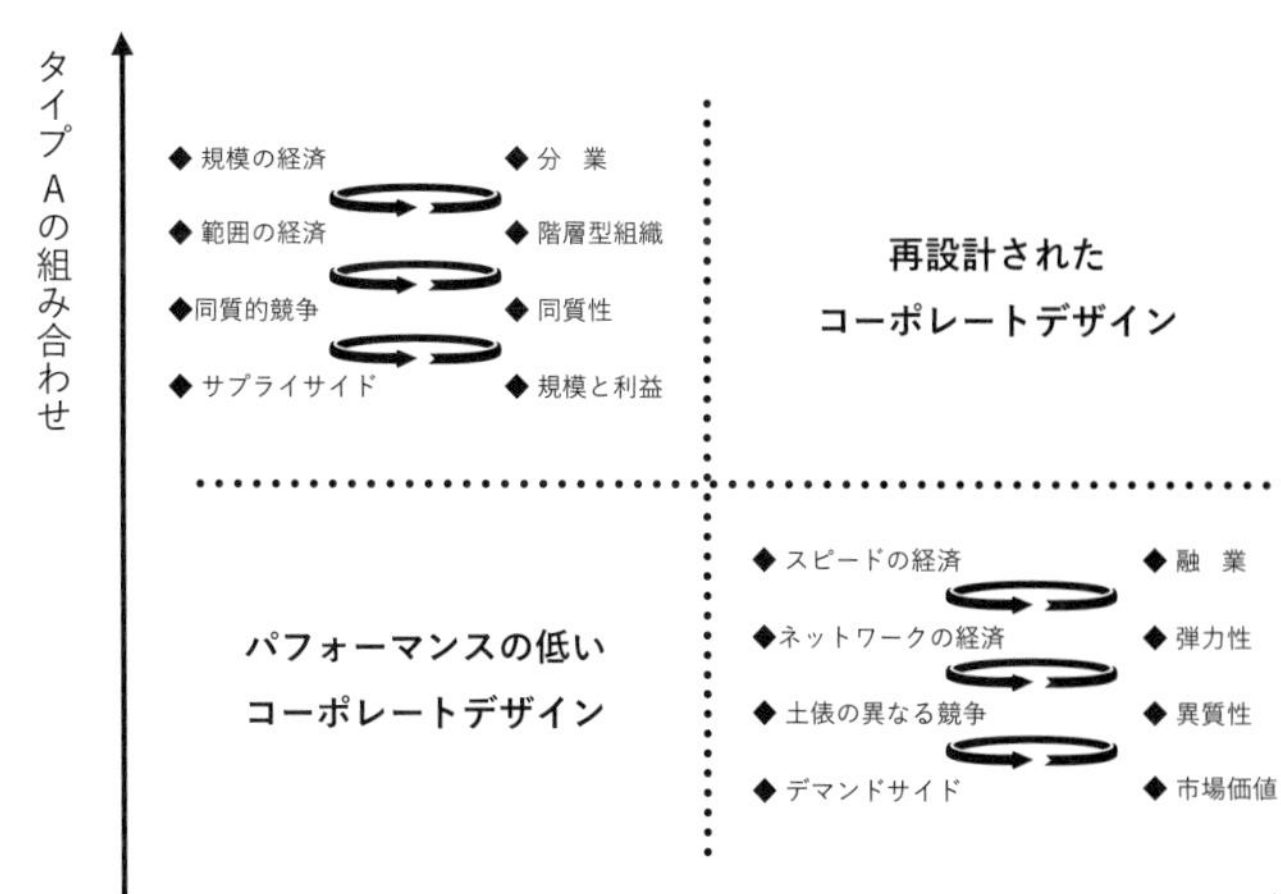

その場合、変革を企図する企業はできるだけ古い戦略発想から脱却して、且つできるだけマネジメントロジックを転換することによって、環境変化に対して適応することを選択するかもしれない。つまり、**図表2-5**に示される「タイプA」と「タイプB」のように対極にあるものを両立させるためには、その「中位点」を探ることが最も容易な解決法であろう。しかし、それでは何の解決にもならない。むしろ、既存事業と新規事業とが共倒れになってしまう可能性が高くなるだけである。ところが、少なくない企業がこの中位点による解決を選択する傾向にある。もちろん、それでは成功裏に企業の舵取りをしていくことはできない。一挙両得は、それほど容易ではないのである。

なぜなら、経営環境は絶えず変化しており、一時的に変化を乗り越えることができたとしても、次の瞬間には別の変化に直面することになる。つまり、対極にある概念を一つのフレームワークの中で併存させただけでは問題を解決したことにならない。変化の度に中位点の位置を変えバランスさせることが求められてせっかく再設計したコーポレートデザインも「根本原因（Root Cause）」を排除したことにはならないからである。

新規事業創造とマネジメントの関係について、クリステンセン C.（Christensen C.）は、著書『イノベーションのジレンマ』において、「既存技術の延長ならばいい。しかし破壊的技術の場合、主力事業に吸収させることはかえって命取りになる」[42]と指摘する。これを解釈すると、持続的イノベーションは漸進型で比較的技術軌道や市場浸透度の予想がつくが、破壊的イノベーションには、そうしたタイプのコーポレートデザインでは対応することができないということになる。つまり、「タイプA」「タイプB」を一軸のフレームワークの中に統合することは困難なのである。

それに対して、コーポレートデザインの再設計という視点での本書の主張は、タイプA、タイプBのどちらかを選択すべきであるというものではない。コーポレートデザインの再設計に取り組む上で重要なポイントは、タイプAのコーポレートデザインとタイプBのコーポレートデザインとは二律背反するものではなく、その間に存在する矛盾を発見し解消すること、すなわち矛盾を止揚的に解消することに目を向けることである。（**図表2-6**を参照）。

図表2-7｜仮説的「矛盾の止揚的解消」

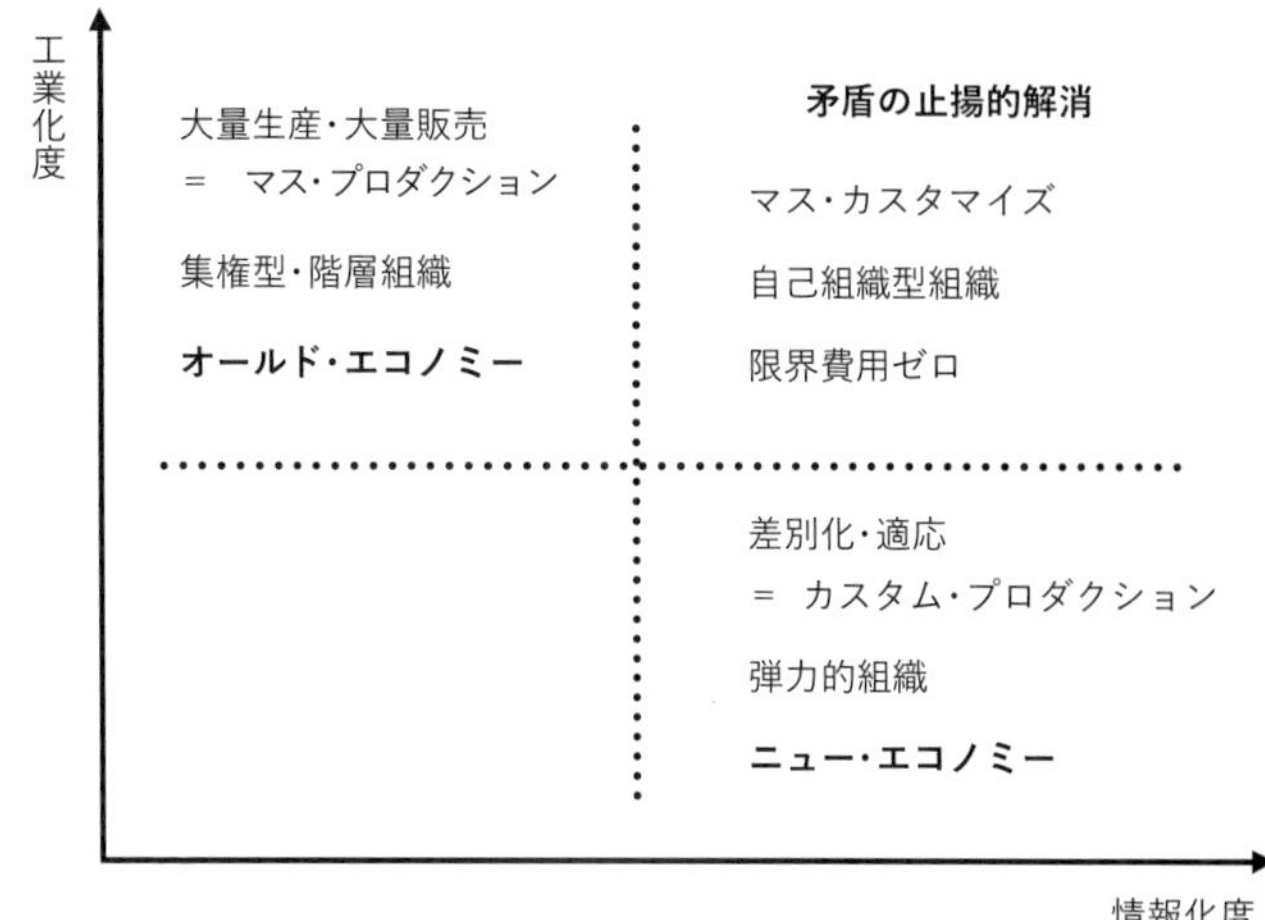

たとえば、規模の経済や範囲の経済を求めて、それを最大限実現する企業行動を「工業化度の高い」ものと位置づけて、それと対極的な企業行動は市場の個別ニーズに適応して付加価値を高めることを求め、それを実現する企業行動を「情報化度の高い」ものと仮定する。前者の条件だけを充足したり、後者の条件だけを充足したりして企業の全体構造を再設計しようとすることは、それほど難しくはない。このフェーズでは、「工業化度」と「情報化度」とは一軸の対極に位置づけられるからである。

しかしながら、企業が工業化度を構成する条件を無視するような活動を選択することはあり得ない。規模や範囲の経済性の実現はいかなる企業にとっても、不可欠である。

そこで求められる企業行動は、「工業化度」と

「情報化度」を対極に位置づけるのでなく、それぞれを別の軸として考えることである。そうすることで、「カスタマイズ」を「マス・カスタマイズ」に置き換えたり、状況に応じて変化する自己組織化を実現することが可能になる。（**図表2-7**を参照）。もちろん、それを具現化することは容易なことではない。それを実現するのが科学やイノベーションであり、知恵である。同時に、そのことは、当該企業が抱えている最大かつ問題の底流を為している根本原因を突き止め、それを解決することにもなるはずである。

4．矛盾や齟齬を見つけ出す

平成時代の長い景気低迷の中で、多くの日本企業が辛酸を嘗めてきた。その一方で、同時代に成長を遂げてきた日本企業が存在していないわけではない。逆風の中で成長を実現して、大きな資産と名声を手にした起業家や企業も少なくない。

本章では、企業間でパフォーマンスに差異が生じた理由を、「コーポレートデザイン」という概念に関連付けて議論してきた。そこで留意すべきは、「伝統的なコーポレートデザイン」と平成時代を通して再設計が試みられてきた「コーポレートデザイン」とは一軸の対極に位置づけられるものではなく、それぞれが別の軸を為す二元的なものと捉えるべきだということである。

昭和の時代、日本的経営は日本経済を世界の頂点に担ぎ上げ、当時は当時なりの豊かさを享受していた。戦後の昭和は、日本企業にとってバラ色の時代であり、その時代のコーポレートデザインは経営環境にうまく適合していた。ところが、時代が平成に移行した途端、長期不況が日本企業を襲い、その中で、「グローバルビジネスだ、グローバルスタンダードだ」「IT革命だ、ICTだ、情報化だ」「ジェンダーだ」「ニューノーマルだ」とさまざまに姿形を変えるプレッシャーによってコーポレートデザインの再設計を迫られてきた。

幸か不幸か、再設計後のコーポレートデザインには、少なからず昭和の残滓がこびりついていた。成果型賃金体系を導入した日本企業にも年功序列的要素が残ったし、組織管理体制や企業文化にもかつての日本的経営の名残りを感じさせた。それ自体が問題であるといっているわけではないし、それが否定的な結果をもたらすとは限らない。組織慣性は、いかなる場合にも存在するはずである。

問題は、新旧のコーポレートデザインを一軸上に位置させ、その「中位点」を目指したバランス型調整によって「対極にあるものの統合」をゴールに設定してコーポレートデザインの再設計を図ってきたことにある。

たとえば、マズローの「欲求5段階説」に対してハーズバーグが提唱した「二要因理論」では、

図表2-8｜両利きの経営

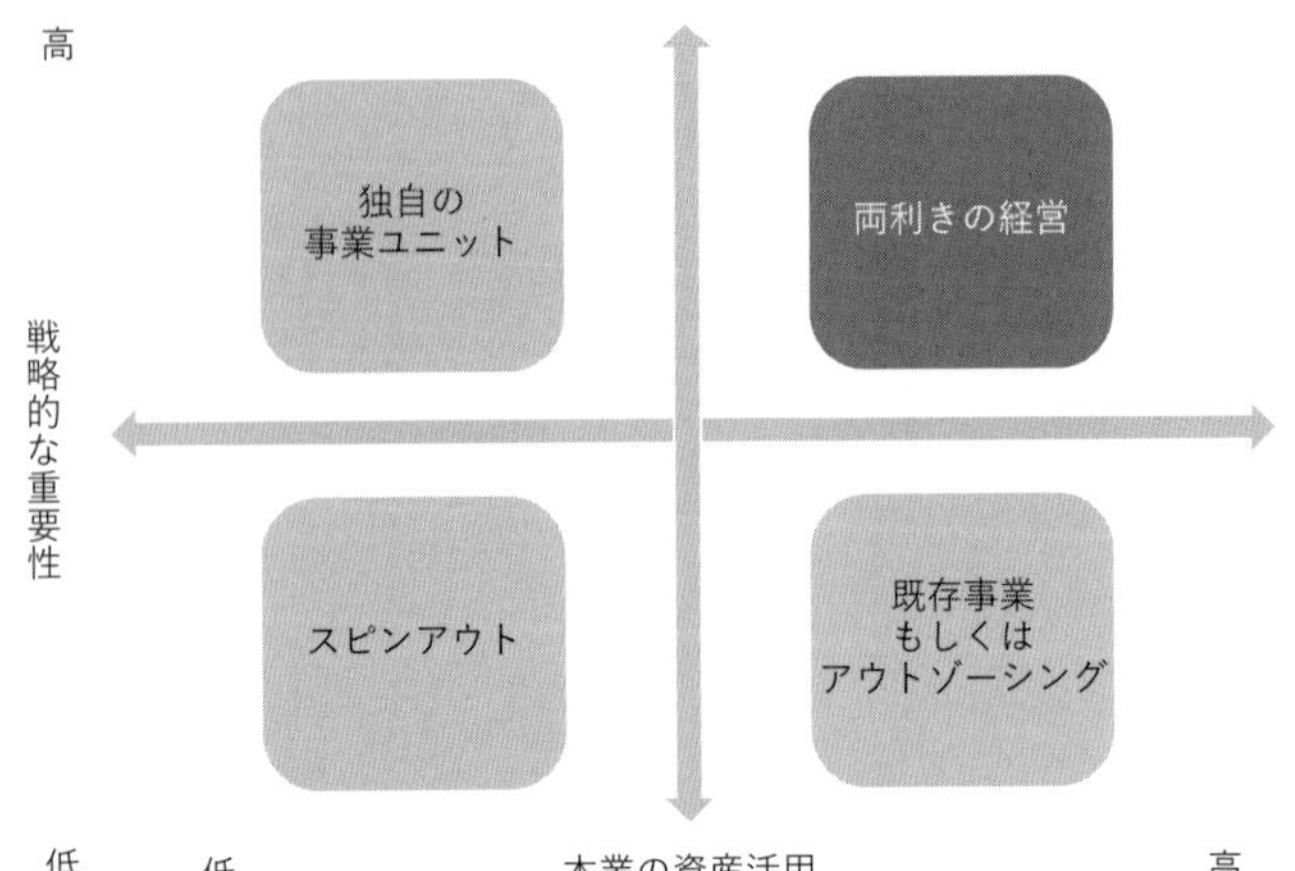

出所：チャールズ・A. オライリー、マイケル・L. タッシュマン著、入山章栄・渡部典子訳『両利きの経営』p.286

満足と不満足を一軸で捉えず異なる軸で捉えることで、動機づけ理論に新しいコンセプトを提示した[43]。また、1980年代末以降グローバル化が本格化した中で、ゴシャールG.＝バートレットC.が、「トランスナショナル企業」という新しいコンセプトを打ち出している[44]。

グローカル企業モデルとしても知られるこの企業のコンセプトの特徴は、「効率性と適応性」という矛盾する2つの概念を同時に実現したことにある。そしてこの矛盾を解消するには、それぞれの概念を一軸の対極に位置づけるのではなく、別の軸に位置づけることで課題の解決を試みることを提起している。「効率性＝グローバル化、適応性＝ローカル化」として捉えて、「高い効率性と高い適応性」を同時に実現することで課題を解決したのである（詳しくは第3章参照）。

同様に、前述のスタンフォード大学のオライリーとハーバード・ビジネススクールのタッシュマンによる『両利きの経営』では、指数関数的変化を生み出す破壊的イノベーションの中にあって、企業進化を実現する要素として「深化と探索（Explore & Exploit）」という二つの軸による課題解決を提起している（**図表2-8**参照）。

コーポレートデザインの再設計において最も重要なこと、つまりそのエッセンスは、企業が直面している課題を集約しその根本原因を見いだすことである。課題の原因となっている矛盾を見つけ、それらを別の軸として捉えて、その矛盾を解いていくのである。要するに、コーポレートデザインの再設計とは、変化する環境の中で企業経営の中に生じている齟齬や矛盾を発見し、それを止揚的に解消していくことである。企業進化は、企業の主体的意志があってこそ促されるのである。

注

1) 日経新聞2024年2月23日朝刊。さらに、3月になって日経平均株価は、史上初の4万円台をつけた。

2) Harari Y. N., "SAPIENCE: A Brief History of Human kind", New York Times Best Seller 2011,（『サピエンス全史文明の構造と人類の幸福』、柴田裕之訳、河出書房新社、2016年）に詳しいので参照。

3) 日経新聞2020年12月25日朝刊、p.20

4) 自然選択説であり、進化が突然変異によって起こるという学説。

5) 用不用説であり、生物には器官の要不要によって変異するとした学説。

6) ベルクソン、『創造的進化』、岩波文庫、1992年、pp.103-104に詳しいので参照。

7) 今西錦司、『進化とはなにか』、講談社学術文庫、1976年に詳しいので参照。

8) 岩崎尚人、『コーポレートデザインの再設計』、白桃書房、2012年に詳しいので参照。

9) ここであげた4つの要素だけに必ずしも限られる訳ではないが、ここでは集約することにする。

10) 使用できないわけではなく、使用方法を購入者が理解できないという意味である。

11) ディスカウントショップとは、廉価販売の大規模量販店のことである。

12) カテゴリーキラーとは、一定の流通経路は省くことによって価格低廉化を行った小売業者である。たとえば、「カクヤス」「アオキインターナショナル」など。

13) 1990年初頭のバブル崩壊後に、希望小売価格を決めかねた一部のメーカーが、オープンプライス制度を導入した。

14) かつてであれば、「貧乏人と金持ち」といういい方もできたが、今では前者を「市井の人」というべきかもしれない。

15) スペシャリティー（S）・ストア・リテーラー・オブ・プライベート（P）・レーベル・アパレル（A）」の頭文字で、「自社ブランドを販売するアパレル専門店」のことである。1980年代に米国GAP社が自らの業態を説明するのに使用した。2021年2月の報道によると、2020年の売上世界一のアパレル企業は、ユニクロである。

16) ローランド・ホールは1920年代のアメリカの販売・広告の実務書の著作者である。

17) AISASは、わが国最大の広告会社である電通(株)による分析に基づいて、2004年に明らかにされた概念である。

18) クリス・アンダーソン、『ロングテール—「売れない商品」を宝の山に変える新戦略』、ハヤカワ・ノンフィクション文庫、2014年に詳しいので参照。

19) ジェレミー・リフキン、『限界費用ゼロ社会〈モノのインターネット〉と共有型経済の台頭』、柴田裕之訳、NHK出版、2015年に詳しいので参照。

20) 訪日客の消費が新型コロナウイルス禍前を超えた。2024年1月17日公表の2023年訪日客の旅行消費額は計5兆2923億円で過去最高だった。同年の訪日客数は2506万人でコロナ禍前の2019年の8割に回復した。日経新聞デジタル2024年1月18日2：00。

21) 2019年の訪日外国人観光客の数は史上最高であったが、2020年のパンデミック以降、このブームも一気に収まった。しかし、2023年訪日客の旅行消費額は5兆2923億円で過去最高となった。

22) チャールズ・A．オライリー&マイケル・L．タッシュマン『両利きの経営』に詳しいので参照。

23) 2010年代巨額な時価総額を誇るビッグテック企業は、その頭文字をとって「GAFAM(Google, Apple, Facebook, Amazon, Microsoft)」と呼ばれていた。しかし、2020年代半ば近くになると、これらビッグテック企業の覇権争いにも変化がみられるようになった。テック企業を調査するコンステレーション・リサーチ(Constellation Research)社の創業者、レイ・ワンによれば、2023年後半になって世界を牽引するビッグテック企業は、マイクロソフト(Microsoft)、アマゾン(Amazon)、テスラ(Tesla)、アルファベット(Alphabet：グーグルの親会社)、エヌビディア(NVIDIA)、アップル(Apple)であり、その頭文字をとって「MATANA」と呼ばれる。

24) 日本電信電話公社(電電公社)は1985年に民営化した特殊法人であり、日本の電信電話事業を独占していた。

25) この顛末として、NTTは2021年中にNTTドコモを完全子会社として取り込み、競争力強化を図ることになった。

26)「1×2×3＝6」ないしは「1＋2＋3＝6」ということから、第6次産業と呼ばれている。

27) 2023年のノーベル生理学・医学賞は、ハンガリー出身の米ペンシルベニア大学のカタリン・カリコ博士と米出身で同大のドリュー・ワイスマン博士に贈られた。2人は、これまで医薬品やワクチンへの応用が難しいと考えられてきたmRNAを人工的に合成し、その構成成分の一部を別の物質に置き換えると炎症反応が抑えられることを2005年に発表。新型コロナウイルスに対するmRNAワクチンの開発を可能にした。産能研マガジンhttps://www.aist.go.jp/aist_j/magazine/20231220.html

28) Raymond Vernon, "STORM OVER THE MULTINATIONALS The Real Issues", Harvard University Press, 1977年、(古川公成訳、『多国籍企業を襲う嵐—政治・経済的緊張の真因はなにか—』、ダイヤモンド社、1978年に詳しいので参照。

29) 国際電気通信連合(ITU: International Telecommunication Union) 2019年公開版による。

30) こうした社会は「リープ・フロッグ」社会と呼んでもいい。同様のことは、オライリー＝タッシュマンも指摘している。『両利きの経営』pp.85-87

31) 解散後、同社の事業の一部を山形ナガオカが引き継いだ。1999年商号を株式会社ナガオカに変更した。因みに2010年頃よりアナログレコードの人気が回復傾向にあり、レコード針の生産が増えている。

32) 内閣府の試算によると、2005年度における1990年代以降の規制改革の経済効果は、約18兆3452億円となっている。

33) 郵政民営化は、2005年、小泉政権の下で実施された所謂「郵政選挙」で決められた。

34) ヤマト運輸の宅急便を誕生させた故小倉昌夫氏が、旧運輸省や旧郵政省と規制緩和を巡って激しく対立していたことは、つとに有名な話である。

35) 岩﨑尚人、前掲書、pp.251-259、白桃書房に詳しいので参照。

36) 本川達雄、『ゾウの時間ネズミの時間サイズの生物学』、中公新書、1992年に詳しいので参照。

37) 経営学では、「市場の創造」ということがよくいわれるが、それに成功する企業の数は決して、多く存在するわけではない。また、三品は、イノベーションから得られる収益が大きいわけではないことを指摘し、リインベンションの概念を提起している。イノベーションの概念を提起したシュンペーターがイノベーションを「新結合」と指摘するように、無が何かを生み出す可能性は小さいのである。

38) トーマス・クーン、『科学革命の構造』（山下茂訳）、みすず書房、１９７１年、pp.125-152

39) オライリー&タッシュマン、前掲書、p.390

40) 端的にいうと、それは、「財やサービスを個人や家族といった単位集団が独占的に使用することが保証される『所有(possess)』するのではなく、他の個人や単位集団とも共同で使用することを認める『共有(share)』して利用する」ことによって生み出される何らかの経済性のこと。Botsman, R., Rogers, R. (2010) What's Mine Is Yours: How Collaborative Consumption is Changing the Way We Live (関美和翻訳、小林弘人監修(２０１０)『シェア―〈共有〉からビジネスを生みだす新戦略』、NHK出版)に詳しいので参照。

41) Anderson Chris （２００９） Free: The Future of a Radical Price （小林弘人監訳・高橋則明(２００９)『フリー〈無料〉からお金を生みだす新戦略』、NHK出版)に詳しいので参照。

42) Christensen Clayton M., "Disruptive Technologies Changing the Waves", Harvard Business Review Clayton M. Christensen on Innovation （「イノベーションのジレンマ」、『クリステンセン経営論』、ダイヤモンド社、２０１３年、p.28)

43) フレデリック・ハーズバーグ、『仕事と人間性―動機づけ―衛生理論の新展開』、北野利信(訳)、東洋経済新報社、１９６８年に詳しいので参照。

44) Bartlett Christopher A., Ghoshal Sumantra, "MANAGING A CROSS BORDERS: THE TRANSNATIONAL SOLUTION", President Fellows of Harvard College、1989年、（吉原英樹訳、『地球市場時代の企業戦略』、日本経済新聞社、１９９０年)に詳しいので参照。

第3章
グローバリゼーションの進化と日本企業

1．円安時代の再来か

２０２２年10月20日、外国為替市場で円相場が32年ぶりに、節目の1ドル＝１５０円に大幅に下落した[1)]。政府・日銀が大規模な円買い介入に踏み切ってから約1カ月、円買い介入後の高値から10円ほど円安が進み、その効果の限界が見え隠れする最中のことであった。

１１５円前後で推移していた同年2月からわずか半年余で30円以上も円安が進んだ主たる理由は、かねてより日本経済が低金利依存から抜け出せない状態が問題視されていたにもかかわらず、黒田東彦前総裁率いる日銀がいっこうに対処しようとしなかったことにあった。２０２３年1月には１２９円をつけるまでに回復したが再び円安に転じた。同年9月に日銀総裁が植田和男氏に交代したが方針に大きな変更が表明されなかったことから、10月以降も１５０円前後の円安傾向は続いた。年末年始には若干円高となったが、２０２４年になっても、依然として１５０円前後の円安で推移している（**図表3-1**）。

30年以上前の１９９０年を振り返ると、国内市場はバブル景気に沸き、多くの日本メーカーが、高品質低価格を武器にして世界各国市場へと事業を拡大した。この時代の日本企業の勢いは、かつて世界市場を席巻していた欧米先進国のグローバル企業を確実に凌駕していた。世界の自動車生産

図表3-1｜為替レート推移（2022年1月～2024年2月）

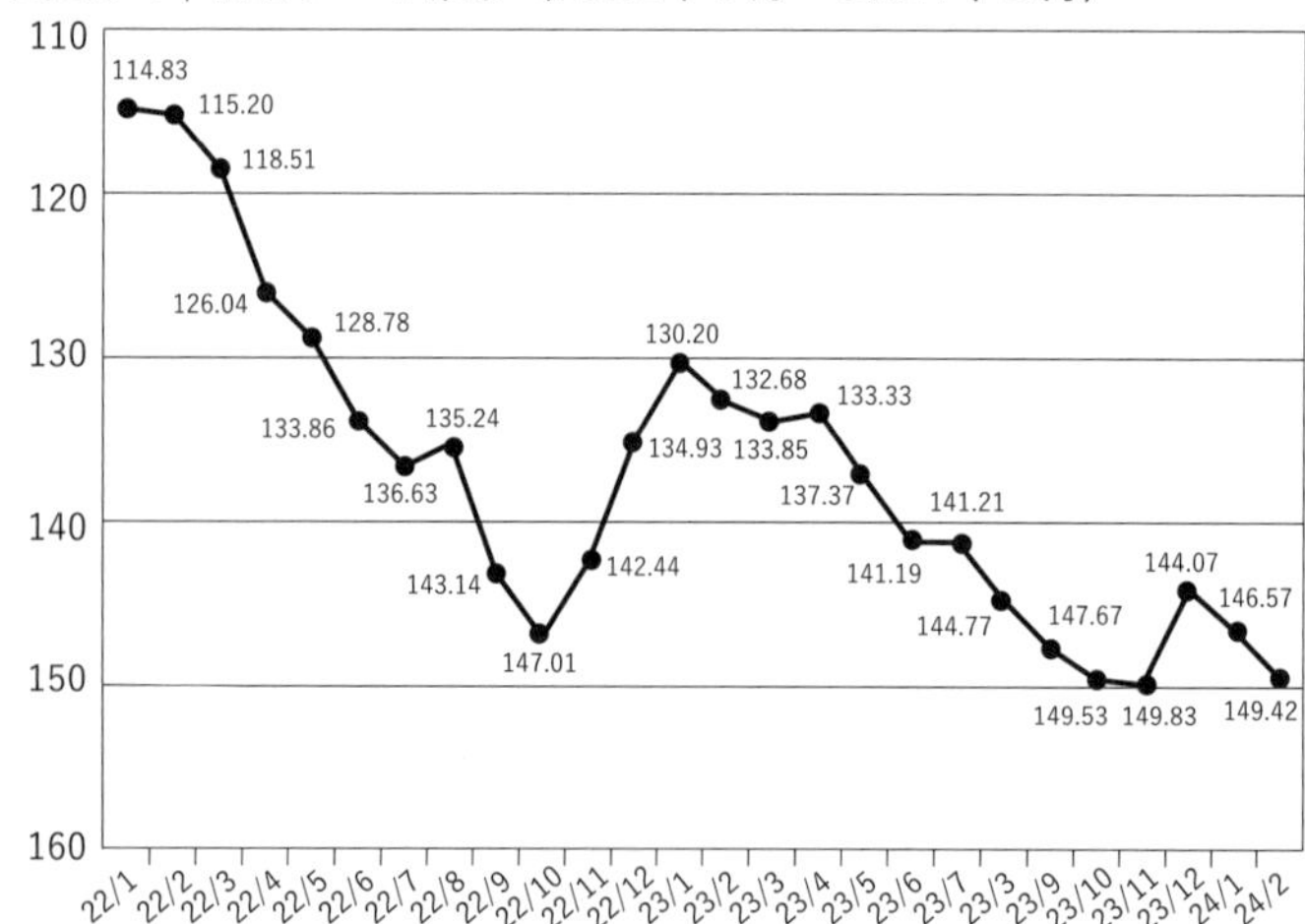

出所：日本銀行主要時系列統計データより作成

台数のほぼ半数を日本メーカーが占め、半導体産業でもトップ10のほとんどを日本メーカーが占めて市場シェアは50％を超えていた（第1章P.11参照）。

そうした日本企業の強さの背景に、ドルに対する相対的円安があったことは否定できない。第2次大戦直後円ドルの為替レートは、1ドル＝360円の固定相場でスタートした。その後、1971年のニクソン・ショックで金とドルの交換が停止されて変動為替相場制度が導入されると、次第に円高に転じた。とはいえ、1970年代後半から80年代にかけて、相対的円安傾向が続いていた。しかし、1985年秋のG5（先進5カ国蔵相会議）でのプラザ合意によって、日本の貿易黒字の削減が決まり急速に円高が進むことになった。

1960年代の高度経済成長期を経て、日本企業の成長を支えてきたのは、国内需要と輸出の拡大であった。国内需要の成長拡大とともに生産性が改善された結果生じた余剰生産物と、優れた品質や性能と相俟って国際的競争優位性の源泉となったことは事実である。それに加えて、相対的円安による価格競争力が、輸出立国日本に大いに貢献したことは確かである。

プラザ合意は、そうした「ニッポン一人勝ち」に対する欧米先進諸国の反発と危機感の現れであった。果たして、1ドル＝240円前後だったレートは、プラザ合意の1年後には1ドル＝150円台で取引されるようになった。こうした急激な円高は一時的に不況を招いたが、1987年になると日本経済は不況から転じて急速に内需が拡大した。後に「バブル経済」といわれる好景気によって、日本経済は饕宴の時代へと突入したのであった。

周知のように、円安は日本国内の輸入産業にとってアゲンストとなり、輸出産業にとって大きなフォローになる。プラザ合意による急激な円高は、オイルショック後徹底して効率性を追求する生産体制を国内拠点中心に整備してきた日本メーカーを追い詰めた。プラザ合意を起点にして、多くの日本メーカーは事業戦略の大きな転換を余儀なくされたのである。海外売上高比率の拡大と、それに伴う海外生産比率の伸張、その結果としての輸出比率の減少、外国人従業員比率や資金の現地調達率の伸張など、日本企業を巡る海外事業の風景は、わずか数年を経て大きく変容することになった。

図表3-2｜円レートの推移（1970～2023年）

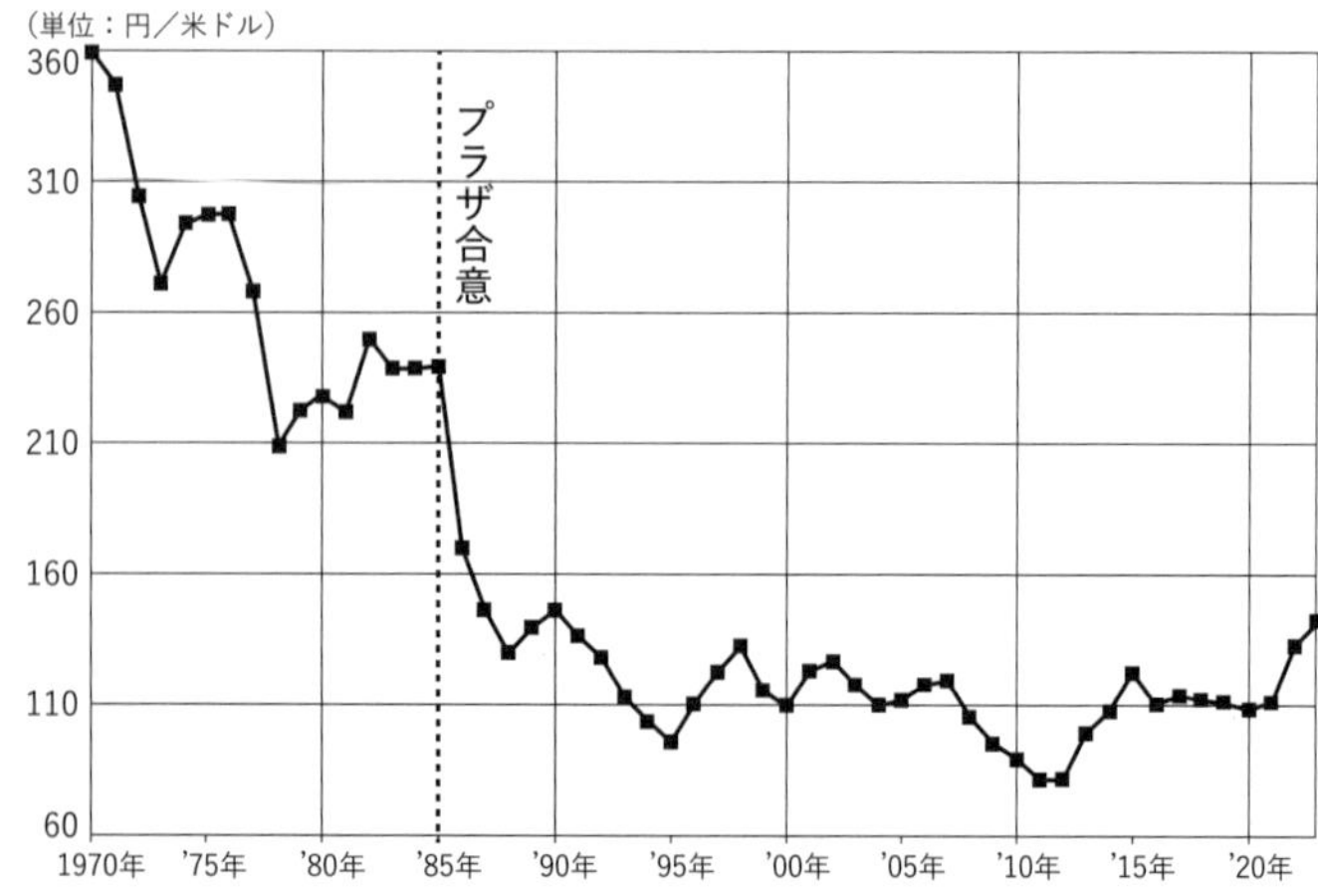

出所：https//pps-net.org.statics/exchange より作成

以来30年余、１ドル＝２４０円台から１ドル＝70円台までの振り幅の大きな為替レートに左右されながら、日本企業の国際化は変化して今日に至っている（**図表3-2**）。冒頭で述べたように、２０１０年代後半１００円から１１０円前後で比較的安定していた為替レートが、２０２２年になって円安に振れた。いずれ円高に戻ることが予想されるとはいえ、ロシアのウクライナ侵攻による原油やＬＧなどの天然資源や穀物の価格高騰によって、世界経済全体の先行きは不透明さを増している上に、米国バイデン政権によるインフレ対策の利上げ政策と円安のダブルパンチが日本経済にも大きな影響を与えている。30年余の不況からの復活の兆しを見せつつある日本経済や日本企業、そして日本社会は、この状況にどのようにして対処していくのであろうか。世界中で予測不能な事件が頻発し、それらのイベントが絡み合っていっそう問題が複雑になる中で、的確な解を導くことはますます難しくなっている。その中で確かで疑いのないことは、それらの事象がグローバリゼーションの高度化と密接に関係しているということである。

ここでは、昭和から平成に至る企業活動の国際化・グローバル化の変遷を読み解き、そのエッセンスと意味について考えていくことにしよう。

2. 3つのグローバリゼーション

米国のジャーナリスト、トーマス・フリードマン（Friedman T. L.）は、著書『フラット化する世界』で、21世紀初頭に至るまでのグローバリゼーションを「グローバリゼーション1.0」、「グローバリゼーション2.0」、「グローバリゼーション3.0」の3つの時代に分類している。[2)] はじめに、そのカテゴリーに従ってグローバリゼーションの進展プロセスについてみていくことにしよう。

図表3-3｜グローバリゼーションの3つの時代

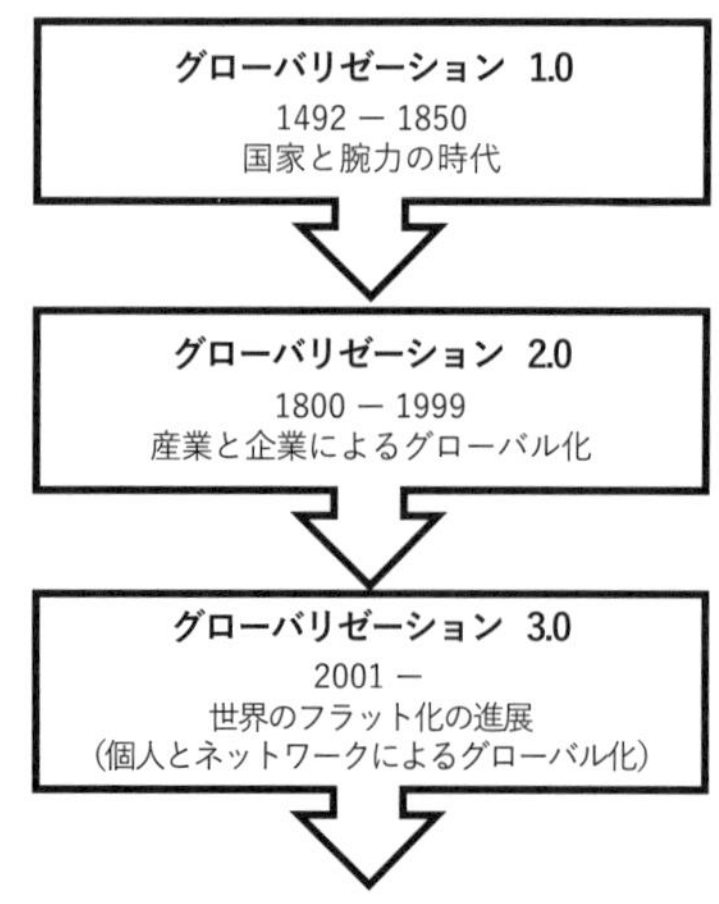

出所：トーマス・フリードマン著、伏見威蕃訳、『フラット化する世界』2006より作成

1「グローバリゼーション1.0」と「グローバリゼーション2.0」

フリードマンは、グローバリゼーションの最初のフェーズである「グローバリゼーション1.0」を、イタリア出身の冒険家のコロンブスが航海に乗り出して以来、旧世界と新世界の間で貿易が始まる1492年から1850年前後までのおよそ350年としている（**図表3-3**）[3]。

この時代を通して航海技術が発達し、ヨーロッパと新大陸の間で船舶の運航が可能になって、世界地図は小さくなった。当時、ヨーロッパ諸国は海外に植民地を獲得して領土を拡大し、その宗主国として貿易の名を借りて収奪行為を行っていた。19世紀になると、国家は貿易だけでなく金融事業にまで手を伸ばすようになった。国家をプレイヤーとした、この間の「グローバリゼーション」は、腕力、馬力、風力、汽力といった「物理的な力」によって推進されたのであった。

このグローバリゼーション黎明期の経済活動を説明する代表的経済理論が、アダム・スミス（Smith A.）の「絶対優位理論」[4]と、デヴィッド・リカード（Ricardo D.）の「比較優位理論」[5]である。彼らの理論をベースにした自由貿易理論は、主に国家間の貿易が行われる要因を解明しようとしたもので、ここで想定されていたグローバリゼーションも国家に力点を置いていた。

こうしてスタートしたグローバリゼーションは、18世紀後半から19世紀初頭にかけて英国で始まった産業革命の急速な技術進歩によって新しい段階へと進化した。フリードマンが「グローバリゼーション2.0」とする第2フェーズは、概ね1800年から2000年までの200年間である。この間には大恐慌や二度の世界大戦、その後の冷戦時代とその終焉が含まれる。

グローバリゼーション2.0のパワーベースは、経済的に支配的かつ先進的な特定の国・地域の産業社会、あるいは企業活動にあったと、フリードマンは指摘する。ヨーロッパのさまざまな国々が主たるプレイヤーとなったグローバリゼーション1.0と対照的に、グローバリゼーション2.0の200年間、世界経済を支配したのは、一部の先進国であった。最初に覇権国となったのは英国であり、その時代は「パックス・ブリタニカ」時代と呼ばれた。次が米国による「パックス・アメリカーナ」時代であった。さらに、1980年代になると日欧米の主要先進国を中心とした「日米欧三極時代」

が到来した。

19世紀半ばから20世紀初頭の「パックス・ブリタニカ」の時代、英国は産業革命を通じて獲得した経済力と軍事力を背景にして、自由貿易の御旗の下で植民地化を進めて覇権国家となった。しかし、20世紀前半の二度の世界大戦によってパワーを減退させ、その体制は崩壊した。英国に代わって世界経済の中心に立ったのが、米国であった。第1次大戦当時の連合軍への輸出拡大とモータリゼーションの本格化によって経済的優位を手に入れた米国は、政治的にも勢力を拡大した。

最初の大戦を前後してスタートした「パックス・アメリカーナ」時代の前半は、１９２９年10月24日のウォール街での「暗黒の木曜日（Black Thursday）」に始まる世界的金融恐慌と、それに起因する第2次世界大戦、その後の東西冷戦から成る厳しい時代であった。第2次世界大戦の直後に戦勝国のリーダーとして覇権を強化した米国は世界のＧＤＰの50%近くを占め[6]、１９６０年代後半になっても依然として30%以上を占有していた。

しかし、１９５５年に始まるベトナム戦争の戦費需要が米国経済を減速させ、ニクソン・ショックとスミソニアン体制の崩壊、第1次オイルショックなどの経済問題によって米国経済は失速した。対照的に１９８０年を前後して日本と西欧諸国が経済的復活を遂げ、米国を頂点とした世界経済のヒエラルキー構造は翳りを見せた。西側世界は、「パックス・アメリカーナ」の一極体制の時

図表3-4｜国際貿易額と海外投資の総額の変化（1990～2000年）

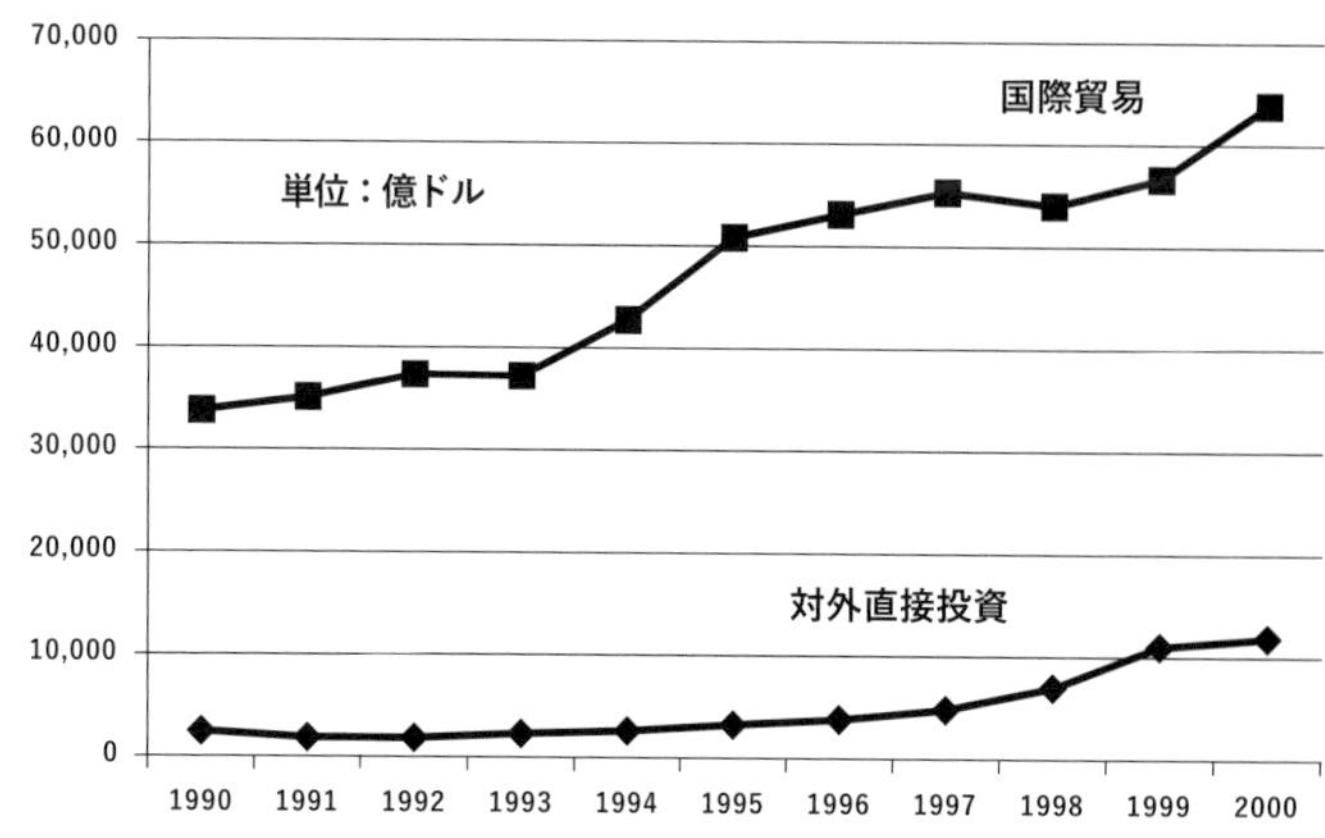

出所：内閣府『通商白書2007』とUNCTAD『World Investment Report』各年版より作成

代から、日米欧の「三極体制」の時代へと移行したのであった。

他方、1980年代後半から1990年代前半にかけて、中国の西側諸国に対する門戸開放、ベルリンの壁崩壊とソ連の解体によって、50年近くにわたって国際貿易と資本移動を阻害してきた東西冷戦構造が崩された。1990年代半ば以降には、デジタル技術の浸透や輸送技術の発達、世界貿易機関WTOの成立を契機にして、国際貿易や海外直接投資がいっそう拡大し市場構造や競争構造に大きな変化がもたらされた（**図表3-4**）。

さらに、情報通信分野の急速な技術革新が世界的規模での情報還流を量的・質的に拡大すると、地球規模で情報社会化が進展した。こうした変化が地球規模で情報感度を高めただけでなく、時間や空間の制約を越えた事業展開を可能にした。地球規模に張り巡らされたメディア網を通じて世界市場の均質化が促されるとともに、時空を超えて新たなビジネス・チャンスも生み出されるようになった。企業活動の国際化・グローバル化が進むにつれて、閉鎖的であったアジアや中南米の発展途上国でも規制緩和が進むと、先進国から直接投資を受け入れることへの抵抗が薄らいできた。

国際的規模での情報還流と規制緩和などの環境変化が経済のボーダーレス化に拍車をかけて、世界各国の企業が地球規模で事業を展開し世界市場の一体化・同質化を大きく進展させたのである。

他方、1990年代になるとEU統合をはじめ、アメリカ・メキシコ・カナダの自由貿易協定(NAFTA)や東南アジア諸国の「成長の三角地帯」構想など、地域単位で経済統合が進んだ。こうした地域市場の統合化(リージョナリズム)や、旧社会主義諸国における市場経済の導入などの動きは地域市場の拡大をもたらし、地域経済を活性化させた。その一方で、日本企業に対するアンチダンピング措置やローカルコンテント法案の可決など、特定の国・地域との壁を強化する「ボーダーフル化」が先進諸国間で表面化するようになった。

このように、「ボーダーレス化」による「市場の一体化・同質化」の進展と、それとはまったく反対の「ボーダーフル化」による「市場の多様化・異質化」とを進行させた結果、矛盾を孕む複雑な状況が生まれた。グローバルな市場で事業を展開するすべての企業が、真逆に働くベクトルに影響を受け対処することが求められたのであった。

２「グローバリゼーション3.0」を促進した10の要因

フリードマンは、２００年に及ぶ「グローバリゼーション2.0」を超えて、１９９０年代初頭から始まった世界の政治・経済情勢の変化、さらに技術革新がもたらしたグローバル化とＩＣＴ化によって世界のフラット化の下地が醸成されて「グローバリゼーション3.0」時代が到来しつつあったと指摘する。フリードマンによれば、以下に示す10の要因によって劇的な変化がもたらされたのである。

第一の要因は、１９８９年11月の「ベルリンの壁の崩壊」である。この出来事によって、資本主義と共産主義という二大経済制度の戦いに終止符が打たれた。この時点では、民主主義とコンセンサスを大切にする自由市場志向による統治が支配的になったと思われた。第二は、「インターネットの出現」である。インターネットにアクセスできる人間であれば誰でも、デジタルコンテンツを受け取ることができるバーチャルな世界が出現した。要因の第三は「共同作業を可能にするソフトウエアの誕生」である。これによってワークフローが進化し、以下の６つの要因を生じさせた。

第四の要因は、「アップローディング」である。組織や機構の階層を経ることなく、個人もしくは自己発生的なコミュニティがファイルをアップロードして、コンテンツを広めることを可能にした。第五「アウトソーシング」によって、さまざまなビジネス間での共同作業や、水平的な価値創出といった新しい可能性を生み出されることになった。第六の要因「オフショアリング」によって、「世界の工場」となった中国からの恩恵を世界各国が受けるようになった一方で、今日の米中の覇権争奪をもたらした。

残る要因のうち3つは、情報化の進歩と高度化の産物というべき、「サプライチェーン」、「インソーシング」、「インフォーミング」である。さらに、「ステロイド」と呼ぶ最後の要因は、技術進歩の中で常に新たなテクノロジーが連鎖的に生み出される可能性や、変化を通じて絶えずイノベーションが起こることによるさらなる変化創出のさらなる可能性のことである。

これら10の要因によって世界地図が縮小され、世界のフラット化が促進されてグローバリゼーション3.0時代が到来したというのがフリードマンの主張である。もっともフリードマンのグローバリゼーション3.0に関する見解は、あくまで2005年までの経済社会の変化をベースにしたものであった。当然、書籍が刊行されて以降の国際社会変容まで含まれているわけではない。

3.「グローバリゼーション2.0」時代の日本企業

フリードマンが示すグローバリゼーションの3つのフェーズを、日本経済と日本企業の国際化・

グローバル化の歴史に投影すると、それは概ねグローバリゼーション2.0とグローバリゼーション3.0に重なる。ここでは、グローバリゼーション2.0時代を中心に、日本企業の国際化・グローバル化のプロセスをみていくことにしよう。

1 黎明期

明治時代を起点とするわが国のグローバリゼーション2.0は、原材料調達のための「輸入」でスタートした。国内で完結する資源供給が困難なわが国にとって輸入は、工業化を推進するうえで不可欠な国際化であった。原材料の輸入に加えて、製品の輸入は技術導入という点でも欠くことのできない事業展開である。鎖国によって世界の技術発展から取り残されていたわが国が海外から技術情報を獲得する上で、技術者の招聘や輸入製品の模倣は重要な手段であった。

輸入に続く国際化の次なるフェーズが「輸出」である。わが国の企業が国際競争力を強化する上で、輸出を通じた販売市場拡大が重要な役割を果たしてきた。国際化黎明期の輸出は、メーカーによる直接輸出ではなく、仲介業者を間に挟んだ間接輸出が中心であり、輸出振興の国是の下で主導的役割を果たしたのは総合商社であった。メーカーにとって、現地に直接投資をする必要がなく総合商社の販売網を活用して販路を広げられることは大きなメリットであった。とりわけ、生糸、絹、綿布、鉄鋼、化学肥料などのように差別化や高度な技術的説明を必要としない製品の場合には、間接輸出による海外事業展開で十分であった。

ところが、わが国のメーカーが経済力をつけて独自の販売投資が可能になると、間接輸出のメリットは次第に薄れるようになった。確かに総合商社は幅広い販売網をもつが、販売後のアフター・サービスや技術サービスの提供などの面で十分なサポートをすることができない。また、間接輸出では顧客ニーズを収集することも、それに対して対応することも困難であり、競合との差別化を妨げることにもなってしまう。総売上に占める製品輸出額の割合が少ない時に効果的であった間接輸出のデメリットは、市場が拡大し売上が増大するにつれて大きくなったのであった。

とはいえ、令和になっても総合商社の果たすべき役割がなくなったわけではない。地球規模で市場拡大することが当たり前になった現在、地球全体にネットワークを広げて圧倒的な情報収集力を持つ総合商社の役割は、以前に比して重要になっているといってもよいかもしれない。

2 発展期

間接輸出から直接輸出へと輸出形態の主力が移行したことによって、メーカーは自ら販売チャネルを構築するようになった。日本の自動車メーカーや家電メーカーは、1960年代になると先進国に販売子会社を積極的に設立して、自社独自の販売網を確立することによって販売量を増大させると、それを日本国内の需要と連動させることによって、規模の経済を確保する盤石な体制を打ち立てた。生産技術を革新して大量生産を可能にする体制を整備した日本メーカーは、国内市場で捌ききれない余剰生産物を担いで、欧米先進国を中心とした国際市場に本格的に足を踏み入れたのである。

それと時を同じくして、将来の商圏の確保やブランドの地位確保を目指して、発展途上国でも、現地企業と合弁で生産子会社を設立し事業を展開し始めた。

こうして日本メーカーは、先進国を中心に販売会社を設立する能動的海外進出を展開する一方で、開発途上国では現地政府の政策に則った受動的海外進出を推進したのである。たとえば、日産自動車は、１９６３年に米国に販売子会社ＮＭＣ-ＵＳＡ（Nissan Manufacturing Company-USA）を設立して間接輸出の一部を直接輸出に切り替えた。同時に、完成品を受け入れない台湾では、現地企業と合弁会社を設立して部品を輸出し現地で組立てるＫＤ（ノックダウン）方式で生産をスタートさせている。[7]

発展途上国で現地生産を開始した企業の中には、単に販路拡大や現地生産を目的とするのではなく、原材料や製品の輸送コスト、税制面での恩典、労働賃金の獲得など生産コスト削減による競争優位性構築といった、より戦略的視点を持った企業も存在していた。小型モーターの世界市場でシェア55％のマブチモーターは、１９６０年代後半から台湾や香港で生産を開始し、１９８０年代半ばには海外生産比率が98％に達していた。また、カメラメーカーのキヤノンも、安い労働力に着目して１９７０年から台湾で現地生産を開始している。もっとも、当時はまだ、こうした企業は少数派であり、国際化先進企業といわれた。[8)]

3 拡大期

１９７０年代初頭に世界を襲った第1次オイルショックは、日本企業を世界経済の檜舞台に立たせた要因の一つである。１９７０年代後半になるとオイルショック直後から多くの日本企業が推し進めてきた減量経営が功を奏して、家電や自動車など日本製品の国際的評価が急速に高まり市場も拡大した。それと共に日本の輸出超過と累積黒字は、欧米先進諸国の非難の的となった。「ジャパン・バッシング」である。

そのため、欧米諸国に販売子会社を設立して日本製の高品質低価格製品を輸出するビジネスモデルにも限界が見え始め、次なる段階の国際化へと歩みを進めることが求められた。その結果、多くのメーカーが現地生産に本格的に取り組み始めたのである。

たとえば、１９５９年にわずか１３００台に過ぎなかった日産の輸出は、１９７７年になると輸出比率が50％を超え、1985年には61％に達している。[9] 同社は、ジャパン・バッシングを回避することを目的に1980年に米国テネシー州に現地法人を設立すると、83年には現地生産を開始し、10年後の1992年までに生産能力を年産44万台に拡大している。同様に、1978年にオハイオ州に現地法人を設立した本田技研工業も1982年に現地生産に着手し、1990年代初頭までに年産60万台体制としている。[10] この2社に遅れて現地生産に着手したトヨタ自動車は、1984年GM社との合弁でNUMMI（New United Motor Manufacturing, Inc.）を設立して現地生産を開始したが、1986年になってケンタッキー州に年産5万台の単独現地生産体制を整え、1996年までに85万台体制を実現している。[11]

こうして現地生産が本格化するにつれ製造に関する知識や管理ノウハウなどを確保するために、海外事業全般を運営できる部門の組織化が必要となった。当初、日本メーカーは日本国内で作り込んできた生産体制を、そのまま現地に移転し定着させようとした。意思決定のほとんどを本社が行ない、原材料調達や資金調達に関してもすべて本社が主導する体制で国際化を推進したのである。しかしながら、機能の一元化が難しく、海外事業の成長拡大とともに業務に混乱をきたすようになったために、輸出、海外生産、技術・ノウハウの支援を一元的に行なう国際事業部を組織するようになった。

国際化が急速に進展する中で日本メーカーが積極的に進めた事業展開の典型的パターンは、製品開発を日本で行い、開発された製品を労働コストの安価な東南アジア地域で生産し、そこで生産された完成品を欧米の先進諸国の市場に輸出するといった「国際的三極分業体制」であった。1980年代半ばに通信機器分野で急速な成長を遂げて注目を集めたユニデンは、こうした国際化戦略で大きな成果を上げた典型的中堅企業であった。また、大手電機メーカーの日立は、白物家電製品の中でも付加価値の低い廉価版で、国内で製造した部品を輸出して東南アジア地区で製品を生産してそれを日本に逆輸入するといった国際化戦略を展開し始めた。ところが1980年代後半になると、韓国・台湾・香港・シンガポールのアジアNIEs諸国の急速な経済成長に伴って人件費が高騰したために、そうした体制の維持が困難になり、人件費の安い中国やベトナムなどに生産拠点を移転する動きがみられるようになった。

他方、世界に点在する生産拠点を有機的に結びつけ、相互に補完する「相互補完的国際分業体制」を積極的に構築する企業が登場した。当時世界最大の半導体メーカーであった日本電機（NEC）では、集積度の小さい256MRAMの国内生産を大幅に縮小して米国からの輸入を拡大する一方で、日本国内では高集積度の1MDRAMや4MDRAMの生産に切り替えている。同様に、ソニーも1MSRAMのシリコンウェハーの処理を米国で行い、それをタイで組み立て再び米国に製品として輸出するといった国際分業体制を構築した。また、日野自動車工業は、インドネシア工場からマレーシア工場へバス部品の本格的供給を開始し、アジア・オセアニア地区の海外拠点の多重活用を開始した。

このように、事業の国際化の進展とともに、日本企業も、地球規模の分業体制を構築することで進化を遂げようとしていた。

4 国際化からグローバル化へ

ところが、1990年代初頭のバブル経済崩壊を契機にして、日本企業を巡る状況は大きく変わり始めた。世界市場を闊歩していた多くの日本企業が、そのパワーを大きく減退させたのである。ハードウエア技術とプロセス技術を武器に競争優位を構築してきた日本メーカーのほとんどが、2000年を待つことなく、イノベーションと新しいビジネスモデルの創造に挑戦してグローバル市場で復権を遂げた欧米企業や、NIEs諸国の新興企業の後塵を拝するようになった。

1970年代から80年代にかけて日本の隆盛を支えてきたルールがまったく通用しなくなったかのように、1990年代を通じて多くの日本企業は凋落の一途を辿り、そこから抜けだす活路を見いだせないままに21世紀を迎えた。そして、その後も長い低迷期が続いたのである。

世界の生産台数の半分以上を占めていた自動車業界も、例外ではなかった。1994年には広島に本社を置くマツダが、米フォード社に経営権を掌握され、1996年にその傘下に入った。国内市場シェア2位の座を守り続けてきた「技術の日産」も、海外市場の売上低迷によって1998年には2兆円の有利子負債を抱えて経営危機に陥り、1999年には仏ルノー社の軍門に降った。

また、1980年代半ば、世界市場の50%以上を占有していた半導体事業でも、復活を遂げた欧米勢、そして韓国・台湾の新参アジア勢に完膚無きまでに叩きのめされた。さらに、お家芸の家電事業でも、韓国や中国勢に市場を奪われることになった。

他方、経済のボーダーレス化が進む中にあっても頑なに国内市場を閉鎖してきた金融業界が、1990年代半ばの市場開放と金融ビッグバンによって大混乱に陥った。外国企業の参入で一挙にグローバル競争の渦中に巻き込まれ、旧財閥系企業グループを中心に護送船団方式でバブル経済を謳歌してきた大手銀行や大手証券会社が次々と淘汰された。その結果、平成末期にはメガバンクが3行のみになってしまった。[12)]

バブル経済の崩壊とともに多くの日本企業が凋落への道を歩むことになった要因の一つは、急激に進化を遂げた市場や技術、競争のグローバル化の中で、競合企業に先んじた事業展開を実現できなかったことにある。この時代、グローバル企業へと進化を遂げるには、本国を中心にして海外事業を展開する「国際化（インターナショナル）」といった発想から脱却して、地球規模で競争優位性を構築するといった「グローバル」な発想に転じることが求められていた。国境や国籍にとらわれることのない視点に立ち地球規模で事業展開することで競争優位性を構築するグローバルな戦略行動が求められたのである。ところが、多くの日本企業は、その劇的な変化に対応できなかった。

グローバリゼーション2.0時代末期にあたる20世紀最後の10年間、バブル経済崩壊後の長期不況との終わりの見えない戦いに疲弊していた日本企業の多くは、それを克服するためにも、かつてのような強さを復活させるためにも、海外事業拡大の歩みを止めるわけにはいかなかった。かといって、かつてと同じやり方を進めていくことはできず、仮にそうしたとすれば悪戯に衰退や死滅の時を早めるだけであった。その最中、1995年1月、阪神淡路大震災が関西地方を襲った。[13] 死者7000人以上の大惨事によって、関西地域の交通網は遮断された。バブル経済崩壊直後の先行きの見えない中で、日本中の経済活動がさらに大きな衝撃を受けることになった。さらに、同年3月にはカルト教団のオウム真理教によって地下鉄サリン事件が引き起こされた。[14]

バブル経済崩壊の厳しさを実感し始めていた日本社会全体から一遍に明るさが失われ、大きな不安を感じさせることになった。

4．グローバル企業への進化

グローバリゼーション3.0時代を目前にして、日本企業を含めて、世界中のグローバル企業が進むべき新たな方向を模索していた。地球フラット化の起因となった東西冷戦の終焉による新経済秩序の誕生や、インターネット社会の幕明けはおおよそこの頃である。そして、それと前後してグローバル企業に関わる新しい戦略的視座が提起された。「トランスナショナル企業」のコンセプトである。

ここでは、日米欧のグローバル先進企業の戦略行動の分析から導き出された企業コンセプトについてみていこう。

1 4つのタイプのグローバル企業

バートレットC．A．とゴシャールS．（Bartlett, C. A. and Ghoshal, S.）によって提起された「トランスナショナル企業」は、1980年代のグローバル企業の事業展開と組織管理体制、環境変化を精査して分類されたグローバル企業のコンセプトの一つである。彼らは、「適応性」と「効率性」の2軸でグローバル企業の戦略を類型化して、「マルチナショナル（Multinational）企業」、「グロ

図表3-5｜トランスナショナル企業モデルへの転換

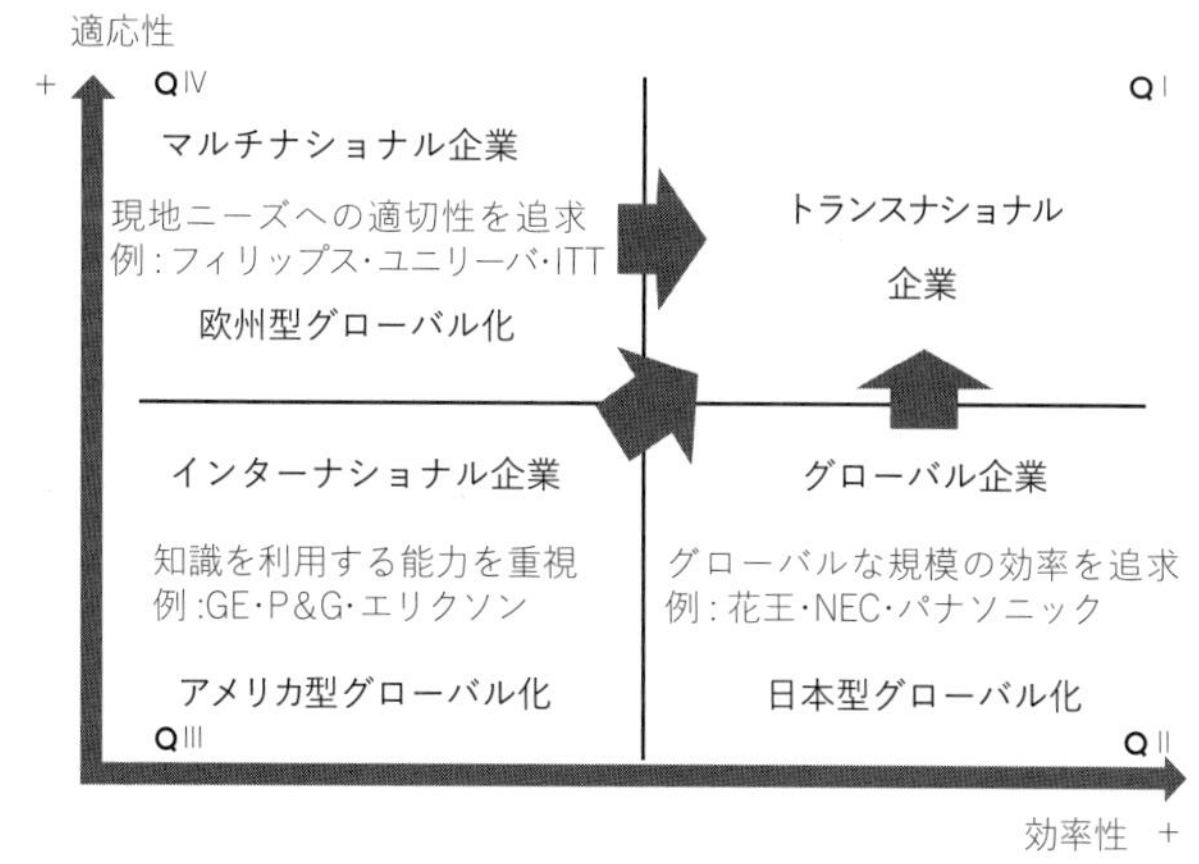

出所：C・A・バートレット、S・ゴシャール著『地球市場時代の企業戦略』より作成

ーバル（Global）企業」、「インターナショナル（International）企業」、そして「トランスナショナル（Transnational）企業」の4つの企業モデルを導いた。[15]

図表3-5のQⅣ（象限Ⅳ）に位置づけられる「マルチナショナル企業」とは、国や地域ごとの異なる環境に敏感に対応できる、「適応性の高い組織」である。世界に点在する各国の子会社に戦略的決断力や組織能力を付与した上で、本社を中心にした一つのグループとしてルースに結合する企業モデルである。このモデルは、情報と組織力が分散していることもあって、各国の事業体が独立した経営体制を有しており、最も柔軟に現地市場に対応することが可能になる。[16] 蘭フィリップス社や仏ユニリーバ社など欧州企業がこのモデルに類別される。

マルチナショナル企業と対照的に、グローバルな効率性を求めて戦略や経営の決定権を中央に集中させ、世界市場全体を統合された市場として、「集中的大量生産によるコスト優位」を競争優位性とする企業が、QⅡ（象限Ⅱ）に位置づけられる「グローバル企業」である。この企業モデルは、規模の効率を追及する中央集権型組織であり、主に日本企業がこのタイプに分類される。[17)]

QⅢ（象限Ⅲ）に分類されるモデルが「インターナショナル企業」である。親会社が持つ知識や専門技術を海外市場向けに移転し適応させる「調整型連合体」である、この企業モデルでは、各国の子会社の独立性や自治性はあまり高くはなく、本社から提供された知識や情報に依存している。そのため、子会社への知識移転とそれらを活用する子会社の能力が重視される。[18)] この企業モデルには、GE社やP&G社などの米国企業が分類される。

1980年代後半に至るまで世界市場では、事業や市場のボーダーレス化が進み、これら3つのタイプに分類される企業が、それぞれ特性を活かしながら競争優位性を構築してきた。ところが、1990年を前後に事業展開が複雑になり地球規模で経営資源が移動して事業が展開されるようになると、従前のように「効率性」「現地適応性」「知識学習能力」の要件を個別に満たすだけでは、競争優位性を確保することが難しくなってきた。

つまり、グローバル化の進展に伴って、地球規模での効率性の実現、地域的文化的差異の克服、イノベーションの創造といった複数の課題を矛盾させることなく同時に解決することが求められるようになった。

そうしたグローバリゼーションの高度化に対応することの可能な企業モデルが、ＱＩ（象限Ⅰ）に位置づけられる「トランスナショナル企業」モデルである[19]。つまり、トランスナショナル企業モデルでは、「適応性」と「効率性」が孕む矛盾を止揚的に解決することで、地球規模で事業展開が成功裏に実現されるのである。それが、グローバリゼーション3.0時代の企業に求められる企業コンセプトとして受け容れられたのである。

というのも、グローバリゼーション3.0に向けて進展しつつある国際社会は、一方で市場の均質化を高め、他方で市場の多様化を高めつつあったからである。つまり、そうした矛盾を孕んだ複雑な市場でビジネスを展開していくためには、「市場の多様性に合わせた適応性」と同時に、規模の経済性など「効率性」も併せて実現することが求められた。地球規模で事業を展開する企業には、そこでの事業展開によって生み出される「分散と統合」の矛盾を克服しながら、グローバルな競争優位性を創出する体制の構築が求められたのである。

2 「グローバリゼーション3.0」、初期の光景

フリードマンは２０００年を起点として、グローバリゼーション3.0時代がスタートしたとする

が、前述の通り、その著書に２００５年以降の出来事について一切の既述はない。２０２０年以降の新型コロナによるパンデミックや２０２２年のロシアによるウクライナ侵攻はもちろん、２００８年に起こった世界的金融危機のリーマンショックや米中間の地政学的な変化、自由貿易圏の拡大やエネルギー革命、地球環境問題の深刻化や原発問題、ＡＩの革新的進歩などのＩＣＴ技術の進化なども考慮されていない。そこで、ここではグローバリゼーション3.0の世界を再吟味し、その特徴についてみていくことにしよう。

グローバリゼーション3.0時代の初期、フラット化しつつあった世界に、新しいプレイヤーが登場して次第に大きなパワーを発揮し始めた。本書の第一章で記述したように13億人の人口を抱える中国を筆頭に、12億人のインド、2億人のブラジル、1.5億人のロシアなど巨大な自国市場と豊富な天然資源に恵まれた、「ＢＲＩＣＳ」と呼ばれる国々がグローバル社会の表舞台で力を誇示するようになったのである（**図表3-6**）。

その代表格ともいうべきは、中国である。１９９０年代後半から「世界の工場」と評され、年率10％を超える高度経済成長を10年以上維持し続けてきた中国には、２００１年のＷＴＯ加盟を契機に大規模な市場を解放し、世界経済の牽引車としての役割を果たすことが期待された。それに沿うように、中国は成長を遂げ、先進国への登竜門というべきイベントであるオリンピック（２００８年）や万国博覧会（２０１０年）を成功させ、それを経ても経済成長はとどまることなく国際的地

図表3-6｜BRICSの経済成長推移（2000～2022）

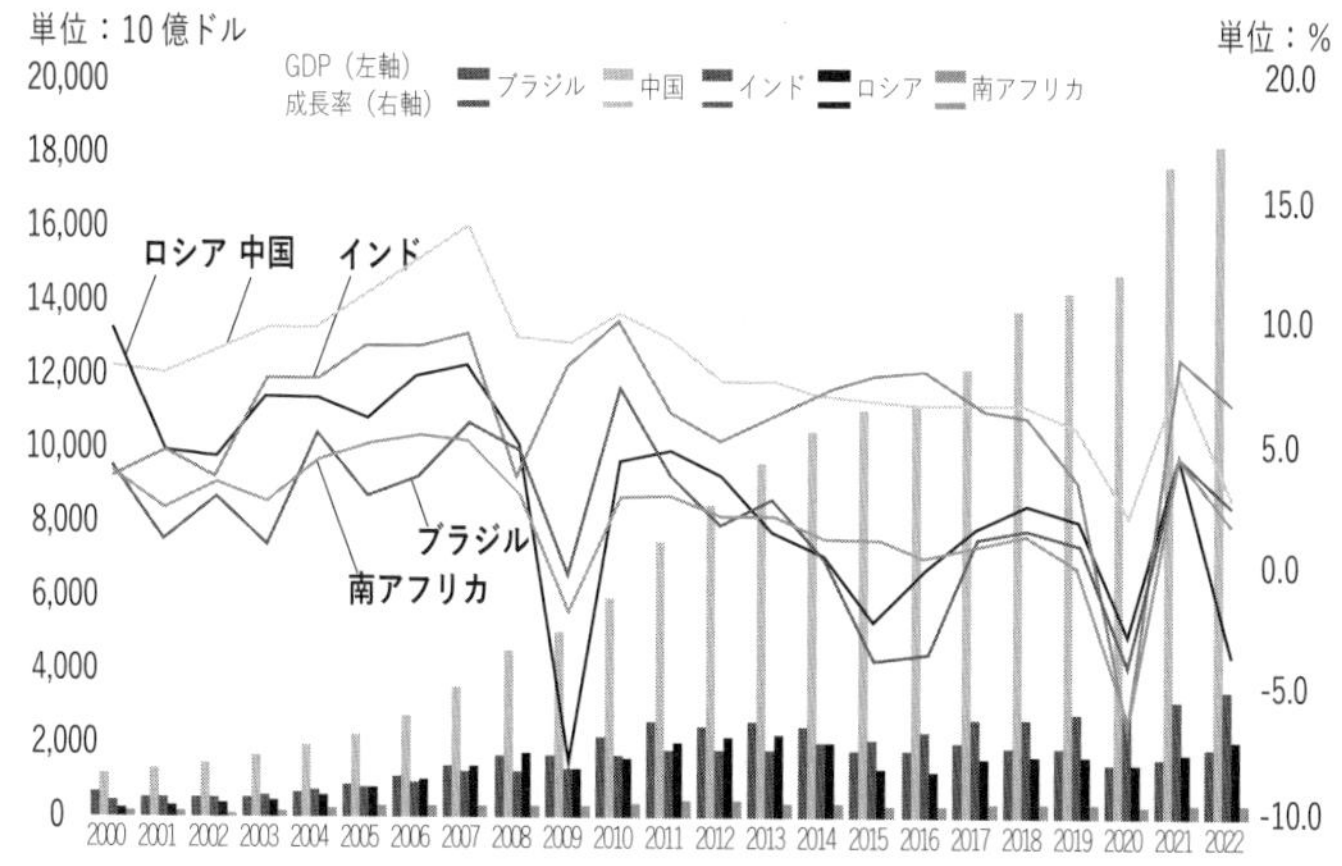

出所：IMF-World Economic Outlook Databases October 2022より作成

位を盤石なものにしてきた。

２００８年秋のリーマンショックも難なく乗り切って世界２位の経済大国となった中国は、２０２０年のパンデミックに至るまで経済成長を遂げてきた。近年賃金の上昇によって生産拠点としての魅力に翳りがみられ、急速に進む高齢化などの社会問題を抱えているものの、12億人を超える巨大市場は未だ魅力的である。政治的に２０１２年に胡錦濤主席の後を継承した習近平国家主席の下で共産党主導傾向をより鮮明にして、米国を凌ぐ軍事的覇権を求めていることに懸念があるとはいえ、多くのグローバル企業が中国市場を重視した戦略行動を展開している。

また、Y2K問題を契機にしてIT大国への歩みを着実に進めてきたインドも、国内総生産（GDP）で世界5位の経済大国に至るまで成長を遂げてきた。[20] 先進諸国や中国と比較して若年人口の比率が高く将来に亘って人口増が見込まれるインドは、旺盛な消費需要や拡大する貿易に加えて、直接投資のチャンスもあり潜在力を秘めた成長期待の高い国である。

他方、現在人口ボーナス期の頂点にあり、６％程度の安定した経済成長を継続しているＡＳＥＡＮ諸国も繁栄期を迎えている（**図表3-7**）[21]。域内では関税撤廃と非関税措置によって貿易と投資が円滑に行われ、周辺国家との貿易や経済協力の協定によって経済力が増強している。ＡＳＥＡＮ地域全体で見ると、賃金が比較的安いため生産地としての優位性も高く、すでに賃金コスト上昇が突出している中国から生産拠点を移転するグローバル企業も少なくない。今後は、所得の上昇につれて消費ブームも到来することは確実である。

近い将来、これら新興国が世界経済の牽引役としての役割を果たすようになることは、明らかである。ＩＭＦの経済予測によれば、２０００年までおよそ8割を占めていた先進国の世界経済成長寄与率が大幅に下がって4割程度になったのに対して、近年その6割程を「グローバル・サウス」と呼ばれる発展途上国が占めるようになってきた（**図表3-8**）[22]。

このように従前「後進国」あるいは「発展途上国」と呼ばれていた国々が経済成長を実現する一方で、20世紀末まで経済的政治的な強さを誇示してきた日米欧三極地域のパワーはかなり衰えつつ

図表3-7 ｜ ASEAN10ヶ国の経済状況とその他地域の比較

	一人あたりGDP ドル		名目GDP 億ドル		人口 万人	
	2006年	2020年	2006年	2020年	2006年	2020年
シンガポール	33,768	60,728	1,486	3,453	440	569
ブルネイ	34,869	26,468	127	120	37	45
マレーシア	6,355	10,361	1,705	3,376	2,683	3,258
タイ	3,367	7,160	2,216	4,998	6,581	6,980
インドネシア	1,765	3,931	3,963	10,622	22,456	27,020
フィリピン	1,471	3,326	1,277	3,616	8,679	10,877
ベトナム	996	3,514	843	3,429	8,462	9,758
ラオス	673	2,546	39	185	584	728
カンボジア	536	1,607	73	252	1,356	1,568
ミャンマー	284	1,527	136	813	4,789	5,320
日本(2020)		39,981		50,316		12,585
中国(2020)		10,525		148,626		141,212
インド(2020)		1,933		26,677		138,000
米国(2020)		63,078		208,938		33,123

出所：IMF-World Economic Outlook Databases October 2022より作成

ある。とりわけ、リーマンショックとその後全世界に広がった金融危機が、先進国を中心に景気後退をもたらした。その傷が癒えない中で、２０１１年、日本では東日本大震災とそれに伴う原発問題が経済的打撃を与えた。同年秋、欧州でも債務危機が始まった。それらの出来事が先進諸国経済の先行きをいっそう不透明なものにして、国際経済のバランスが「南高北低」に傾きつつある。

その傾向が普遍的かどうかを断定できないもののニュー・ミレニアム（新千年紀）を超えてわずか10年余で、世界経済を牽引してきた欧米先進諸国のパワーが減退し、グローバル・サウスが経済的に大きな発展を遂げて発言力を高めるようになったことは否定できない。[23] Ｇ５やＧ７ではなく、Ｇ２０による国際会議が頻繁に開催されるようになり、会議の中でＡＳＥＡＮ諸国や中近東諸国、

図表3-8｜世界経済成長に対する新興・途上国の寄与率の変化

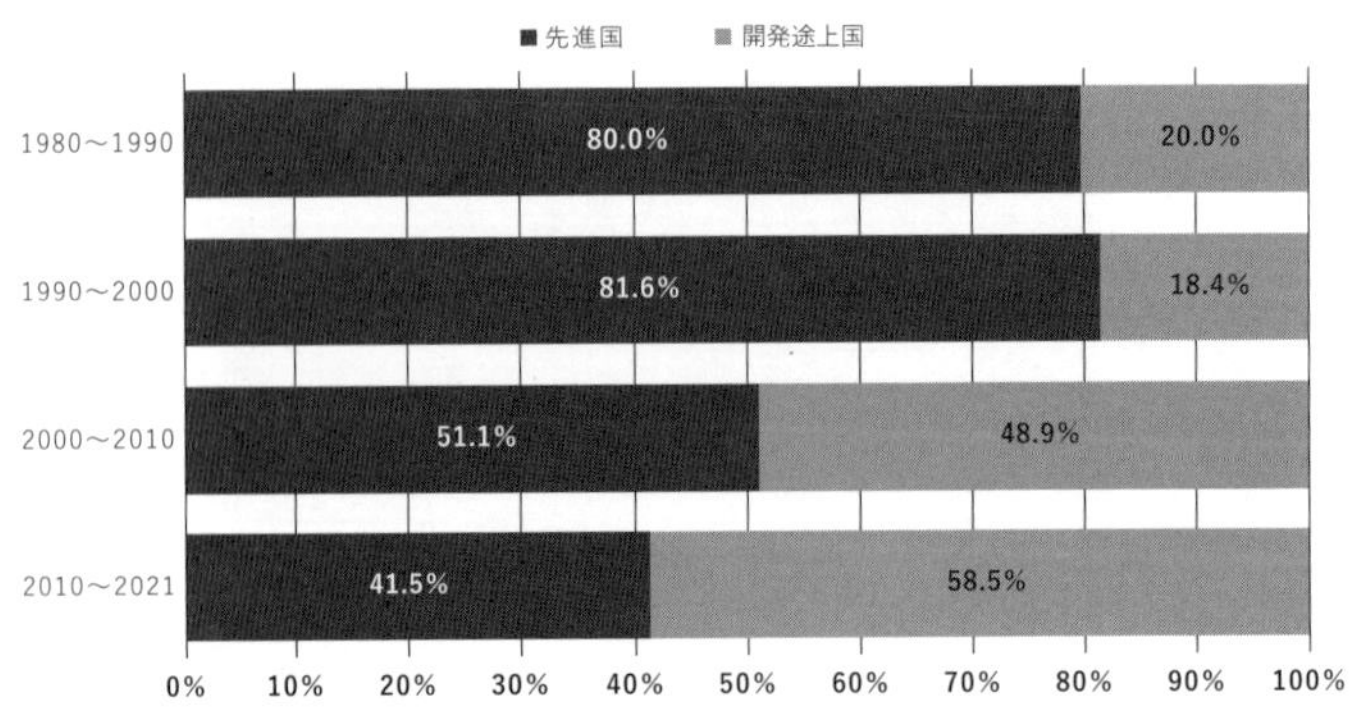

出所：IMF-World Economic Outlook Databases October 2022より作成

チリやブラジル、南アフリカなどの南半球の国々が重要な役割を演じるようになっている。ボーダーレス化やグローバル化をキーワードに、世界のパワーバランスが大きく変容しつつある。

新しいプレイヤーの登場とグローバリゼーション3.0を超えて進化する国際社会は、先進国だけでなくさまざまな国と地域が世界の中心となり得る「多中心型グローバリゼーション」へと移行しつつある。「フラット化した世界」とは、地球上の多くの場所が拠点となる「マルチセンターの時代」でもある。

その意味でも、21世紀になって20年以上の時が過ぎた現在なお、グローバリゼーション3.0は、さらに進化を遂げ新しい段階に移行しつつあるといえよう。

5．グローバリゼーション3.0の進化と日本企業

1990年代後半からリーマンショックに至るまでのおよそ10年の間、長期不況の真只中で生き残りをかけてグローバル化の進展に対応するために、わが国の企業も「経営のグローバル・スタンダード化」をスローガンに掲げてさまざまな施策を講じてきた。国際会計基準（IFRS）や時価会計への対応、株主利益や企業価値に重点をおいたコーポレート・ガバナンスの強化などである。また、国際標準化機構（ISO：International Organization for Standardization）による生産や物流、環境保全などグローバル・スタンダードへの対応も進めた。さらに、情報通信技術の進展によるサプライチェーンの高度化に伴って、それまでの閉鎖的取引慣行や硬直的で非効率な流通機構を見直し、弾力的でスピーディな国際的物流ネットワークの構築を進めてきた。

しかしながら、こういった施策が必ずしもわが国の経済にプラスの影響をもたらしたとはいえない。かつてGDPで世界第2位、一人当たりGDPでも第3位を誇る豊かな国であったわが国は、2010年に経済規模で中国に抜かれて世界3位になり、近い将来インドにも追い越されるだろう。平均年収でも2007年シンガポールに、2015年には韓国にも抜かれて、今やOECD平均よりも低くなってしまった。[24] とりわけ、リーマンショック直後の日本経済の状況は筆舌に尽くし

がたかった。

こうした事態に直面しながら日本は、グローバリゼーションの進化にどのように対処してきたのであろうか。ここでは、グローバリゼーション3.0初期の日本の経済社会の状況を検証するとともに、この時代を乗り越えてきた日本を代表するグローバル企業の企業行動についてみていくことにしよう。

1 リーマンショック前夜の日本企業

新世紀を迎えて5年余の年月を経たリーマンショック前夜、日本経済は不良債権処理にも目鼻がつき、バブル崩壊がもたらしたダメージから少しずつ立ち直ろうとしていた。高度経済成長期やバブル経済期のような華々しさの欠片もなく、成長率も著しく低かったが、2008年秋までに至る73ヶ月間に亘って緩やかな景気安定期を享受していた[25)]。

ところが2007年後半の米国の住宅バブル崩壊に端を発して、翌2008年秋には世界金融危機・世界同時不況の嵐が激しく吹き荒れた。足下の米国では世界最大の自動車メーカーのGM社とクライスラー社、フォード社のビッグスリーが経営破綻に追い込まれた。金融危機によってドルの価値は大幅に下落して、米国経済は多大な影響を受けた。この大きな津波の影響は米国企業に留まることなく、国際経済社会全体に多大な影響を与えた。

果たして、多くの日本企業も急激に業績を悪化させた。2009年日経平均株価は42・1％下落して7045円をつけた。これに連動して、それまで1ドル＝110円前後で推移していた為替レートは一挙に1ドル＝90円近い円高に振れた。その結果、輸出が大幅に減少し2年連続でマイナス経済成長となった。

この経済減速に対して小売流通業界はすぐさま反応し、長期景気低迷の下で進められてきた業界再編が加速された。流業業界再編の始まりは、それを数年遡る2001年の流通グループのセゾングループの解体からスタートしていた。斬新な経営とブランド力で一世を風靡し、西武百貨店を中核にパルコを擁して、スーパーマーケットの西友、コンビニのファミリーマート、生活雑貨専門店のロフトを傘下に展開していたセゾングループの解体に続き、2008年の世界同時不況を契機にして再編が進められて、わが国の流通業界は大きく変身した[26]。

わが国最初のスーパーマーケットで1980年代にはわが国最大のGMSチェーンであったダイエー・グループも再編を繰り返した結果、2015年にイオングループに吸収されて姿を消した。さらに、2010年には江戸時代から続く老舗百貨店の三越が単独での事業継続が困難になり、老舗百貨店の伊勢丹との合併を余儀なくされた[27]。こうした流通企業の離散集合は、以来首都圏に限らず全国各地で繰り広げられている。

他方、低価格高品質を武器に世界市場に製品を提供してきた製造業者も、リーマンショックによっていっそう厳しい状況に直面することになった。1980年代、世界のエレクトロニクス市場のトップランナーであった日の丸メーカーは、21世紀になって韓国や台湾の電機メーカーやEMSが台頭してきたこともあり、生産規模の縮小を迫られて大幅に業績を悪化させていた。[28] また、ITバブル崩壊後には、さらなる業績悪化に直面すると企業再編が進められた。NECと日立のDRAM部門を切り出して1999年に合弁でDRAM専業メーカーのエルピーダが設立されたが、それも2012年に経営破綻している。2022年にラピダスが登場するまでの10年間、この業界の第一線から日本メーカーが姿を消したのであった。[29]

さらに、2010年を前後して、ウォークマンやトリニトロン、ゲームのプレイステーション、PCのVAIOなどのブランドを掲げて業界をリードしてきたソニーや、幅広い製品ラインナップを揃えて社名変更してグローバル・ブランドを目指したパナソニック（旧松下電器産業）の業績でさえが低迷した。三洋電機の白物家電事業と同社のブランドが、世界最大の白物家電メーカーになった中国ハイアール社に売却されたのは2011年のことであった。2016年になって「目の付けどころがシャープでしょ。」をキャッチコピーに液晶デバイスのトップランナーであったシャープが債務超過に陥り、台湾のEMS企業の鴻海社の子会社となった。

自動車産業に目を転じると、エレクトロニクス産業ほどの悲惨さはないものの、国内市場の縮小とグローバル化によって少なからず辛酸を舐めた。「技術の日産」を標榜し、長年に亘ってわが国第2位の市場シェアを誇ってきた日産が、海外販売戦略で巨額の有利子負債を抱え、1999年に仏ルノー社の傘下となった。その後、「コスト・カッター」と異名されたカルロス・ゴーン氏の下でリーマンショックを乗り切ったが、それもあくまでルノー・グループの傘下企業としてであった。[30] 1996年からフォード傘下にあったマツダもリーマンショック後にフォードから離脱し、トヨタと業務提携を結んでいる。

それに対して、トヨタは、バブル経済崩壊後も業績を大きく悪化させることなく、21世紀初頭に創業家出身以外の経営トップの下で「グローバルビジョン」を打ち出し、着実にグローバル企業として地歩を固めて、2008年には新車販売台数でGMを抜いて、世界のトップメーカーの座についた。しかし、翌2009年米国市場で異常加速問題に端を発するリコール問題に巻き込まれ、さらに2011年3月の東日本大震災と同年夏のタイ・バンコク洪水などの自然災害、[31] それらに起因するサプライチェーンの寸断と電力不足、急速な円高といった多重苦に直面して未曾有の営業損失を出すに至った（**図表3-9、3-10**）。[32]

こうして、ドル箱市場の米国でブランドを失墜させるといった大きな課題にも直面したトヨタは、さらなる苦境に対峙しなければならなかった。というのも、その時期、米国政府の支援を受け

図表3-9｜トヨタの生産・販売台数推移

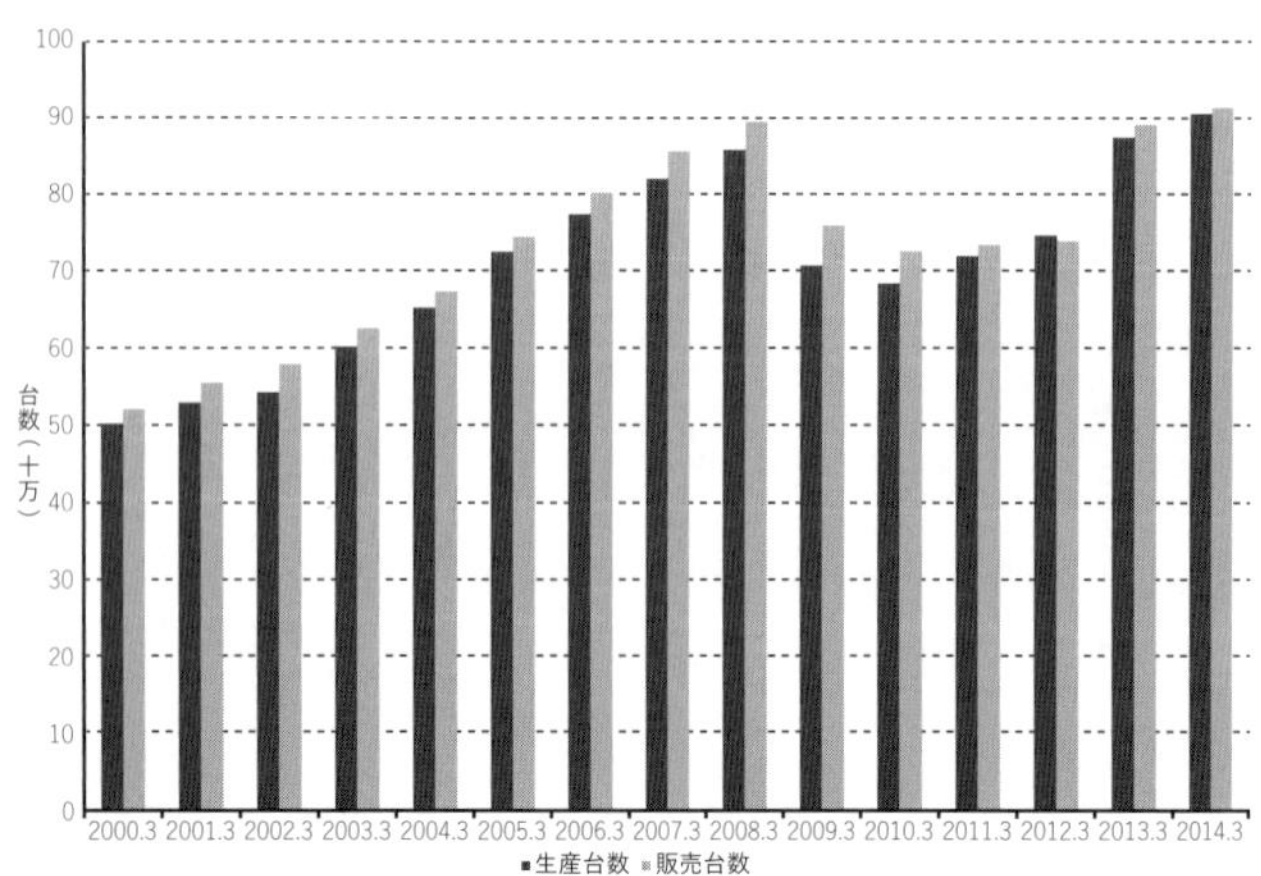

出所：トヨタ自動車のHPデータより作成

たGMとクライスラーの米国勢をはじめ、ルノー日産の欧州勢、低価格を武器にした韓国現代自動車などの競合他社が、リーマンショックの傷から癒え、米国での市場シェアを拡大しようとしていたからである[33]。車の構造的欠陥にとどまらず、消費者に対する姿勢や企業体質までに問題が波及することになった逆境が、トヨタを、それまで以上に力強くグロバリゼーション3.0時代に向けて企業進化の歩を進めさせることになったといえよう。

2 トヨタの挑戦

トランスナショナル企業に向けたトヨタの進化は、創業家出身の豊田章男氏の社長就任によって大いに加速された。新時代に向けて、「グローバルビジョン」を掲げた章男氏はいう。

図表3-10｜トヨタの売上高と営業利益推移

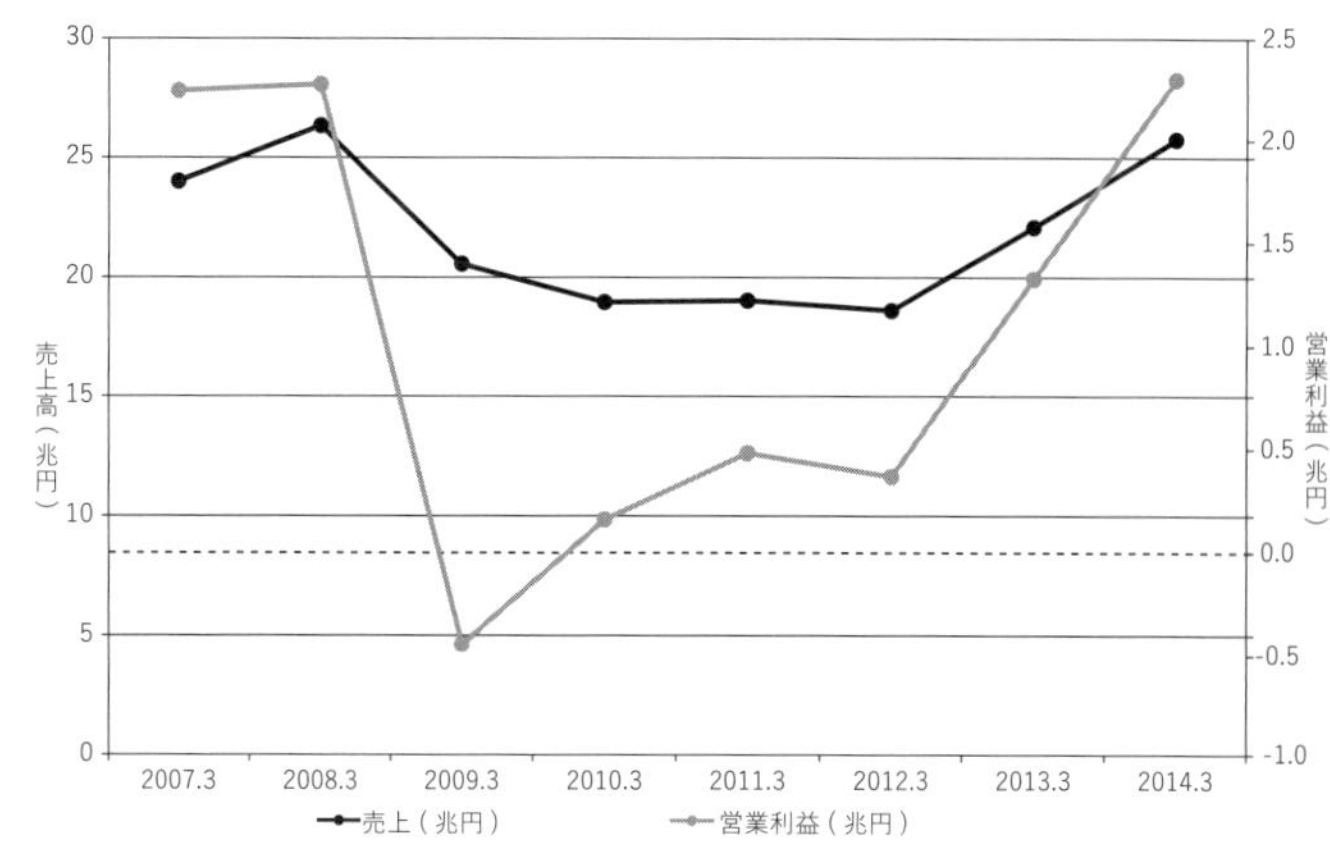

出所：トヨタ自動車のHPデータより作成

「ビジョンには、どんな企業であるべきか、ビジョンの策定により各地域で良き企業市民として持続的成長ができるようにとの思いを込めました。これまでのビジョンとの大きな違いは、グローバル企業として英語を使って各地のメンバーと一緒に考えたプロセスだという点です。（中略）安定的な経営基盤をもとに、何が起きるか分からない世界情勢の中でリーマンショックのようなことが起きた場合でも確実に利益を出し、税金を納め、雇用を確保できる会社を目指したい。15年の販売台数はトヨタとレクサスで900万台レベルを想定しています。」

このグローバルビジョンの下で、先ず取り組んだのはガバナンス改革であった。取締役を27人から11人に削減し、海外6地域に取締役クラスの責任者を配置して海外事業の意思決定を現地に委譲した。併せて、広報部を社長の直轄組織に位置づけて、社内外に向けてタイムリーな情報発信ができる体制を整えた。

２０１３年4月には集権的機能別組織にメスを入れ、本社の組織改編を実行した。北米や日本など先進国を担当する「第1トヨタ」、新興国を中心とする「第2トヨタ」、エンジンや変速機を手がける「ユニットセンター」、そして高級車レクサスを中心としたブランド車の「レクサス・インターナショナル」による4事業体制（ビジネスユニット制）の導入である。レクサス・インターナショナルを社長直轄にして、それ以外の３つのビジネスユニットを３人の副社長が責任を持つ体制にした。

また、供給側の都合で分断していた経営資源を市場の特性と目的に応じて市場軸で集約し、地域の分権化を進めることによって、急拡大によって綻びを見せていた開発や生産現場の再活性化を目指したのである。この決定は、従前の成功体験を生んできたトヨタの組織モデルの革新であり、トランスナショナル企業モデルへの挑戦であったといえよう。

さらに、２０１５年にはグループの部品事業の大がかりな再編にも踏み切った[34]。ディーゼルエンジン、マニュアルトランスミッション、ブレーキの3事業をグループの部品会社に順次移管・集約した[35]。こうした組織再編は、安全技術や環境技術が複雑化する中で開発要員を効率化し、トヨタ本体は先進技術に取り組みグローバルな競争力を高めることが目的であった。リーマンショック以降に「単純な拡大路線からの脱却」の一貫として打ち出した「新工場建設凍結」も解除した。2016年のトランプ大統領就任の影響で当初計画を縮小せざるを得なくなったものの、2020年には年産10万台規模のメキシコ工場を立ち上げた。こうしたトヨタの経営改革は、グローバル社会が大きく変化する中での生き残りを賭けた選択の1つであったといえる。

ところが、このタイミングで世界がパンデミックに突入したために、自動車産業も例外なく大きな影響を受けた。生産休止はほぼすべての国に及び、消滅する需要はリーマンショックを超えるともいわれた。実際にはその影響も思いのほか小さく、2021年3月期にはパンデミック以前の需要レベルまで戻った。というのも、各国の生産停止が長引いたために流通在庫が減って需給が引き締まっていたところに、IT技術の発展とパンデミックによる郊外型生活様式の広がりが加わって自動車需要が好転したからである。リーマンショック以降の取り組みによって、損益分岐点が200万台ほど下げられていたことも幸いした。

グローバリゼーション3.0時代に向けたトヨタの姿がより明確に打ち出されたのは、パンデミックが沈静化しつつあった2022年半ばのことである。多くの自動車メーカーがEV一辺倒へと傾斜していく中で、トヨタは、EVに限定せずに、ガソリンエンジン、水素エンジン、ハイブリッドエンジンなどパワートレインの全方位戦略を明らかにした。そうした選択は、「効率性と適応性」「グローバルとローカル」を同時に実現するトランスナショナル企業の基本コンセプトに則るものである。事実、２０２３年11月になると、脱炭素を進めるのはＥＶだけでないとして、自動車の環境規制で世界をリードしてきた欧州でも規制を見直す動きが出てきた。トヨタの選択こそ先進的で、先見の明があったといえるのかもしれない。

6．多様性には多様性で

これまで企業行動の国際化・グローバル化の進展について、日本企業の事業展開を中心に検討してきた。本章を締めくくるにあたって、日本企業が置かれている現在の状況と課題について考えることにしよう。

冒頭で述べたパンデミック終焉間近に始まった円安傾向は、２０２４年になってもいっこうに収まる様子がみられない。これまでの経験からしても円安が果てしなく継続するとは考えられないにしても、「ならず者国家（rogue nation）」のロシアによるウクライナ侵攻が続いている上に、習近平主席の中国や金正恩総書記の北朝鮮の動向も大いに気になる。その上、中東情勢も不穏で目を離すことができない。そうした不安定な国際情勢の影響もあって電気やガスの料金が30％以上高くなっていることを考えると、パンデミックの恐怖から解放されたとはいえ、生活者の不安は増すばかかりである。とりわけ、2度のオイルショックを体験し、資源高とインフレの同時襲来は良い結果をもたらさないという経験と記憶に支配されている昭和世代の老婆心は、日々募るばかりである。

さりながら、グローバリゼーション3.0に至るまでの日本企業のグローバル化の進化プロセスは、ベルリンの壁とソ連の崩壊、冷戦の終結、インターネットの普及などの各種イベントを通じて、自由な経済交流が地球規模で拡大してきた時期である。リーマンショックまでグローバル社会は「フラット化する世界」つまり「多中心化社会」に向けてリニアな歩みを進めていた。

貧富の格差や人権問題、地球環境問題など新たな課題が生じたことは事実としても、多くの国がBOP（Base of Pyramid）の世界から脱却して民主主義国家の体裁を整えるかに思われたし、それが期待されていた。

ところが、そうした思惑に反して、2010年代半ば以降になって混沌の時代が訪れた。世界は、再び覇権対立の時代を迎えることになった。米国で「MAGA（Make Amerika Great Again）」を掲げるトランプ政権が誕生すると、対中追加関税や対中禁輸策が実施された。それに対して、経済大国となった中国が輸出管理法の制定などで報復し、米中経済関係は悪化した。覇権争いは民主党のバイデン政権になっても尾を引き、今日に至っている。

対立は両国間に留まることなく、世界の国々を巻き込みながら、「分断」を現実のものとした。

それに油を注いだのが、新型コロナによるパンデミックであった。最初の発症場所がどこかに始まり、ワクチンの効果、ロックダウンなどパンデミック対応策を巡って米中両国の対立が続いた。

さらに、グローバリゼーション3.0のリニアな進化を歪めたもう一つの要因は、ロシアのウクライナ侵攻である。「戦争がなくなったわけではないが、それは国家とテロ組織による非対称な戦争であり、激しい総力戦は起こらない。巨大な軍隊同士が激しい会戦を行ったり、国民を総動員するような大戦争は、歴史の教科書の中だけの出来事になる」[36]はずだったフラットな世界は幻想と化した。新しい秩序の構築が目前まで迫っていたグローバリゼーション3.0時代は、その過渡期を経てプレイヤーが変わり、変化軌道がねじ曲がって流動性も高くなった。もたらされるはずだった「新しい秩序」がどのようなものであったのかを、もはやイメージすることすら難しくなっている。

ここに至るまで200年近く続いたグローバリゼーション2.0時代の後半、日本企業が他国のグローバル企業と伍して競い、時にそれらの企業に勝利できたのは、時代の潮流が概ね定まっていたからにちがいない。押さえるべきポイントがはっきりしており先行きの姿が明確で、進化の方向は定まっていたから、選択と集中が可能であった。ところが、その末期になってバブル崩壊と共に吹き荒れた環境変化の中で、進化の方向が不定向となって、それまでの成功体験が通用しなくなった。同時代に凋落した日本企業の多くは、過去を引き摺った経営システムに拘泥し、それ以前に手に入れてきた限られた情報と経営資源に依存した限定的な戦略行動を採った。要するに、変化する経営環境の中で生み出された多様性に適合するように舵を切りきれず、対応することができなくなったのである。

原材料や燃料となる天然資源を持たず、それらを外国に頼らざるを得ないわが国では、国内市場が一度飽和してしまうと、それ以上の規模拡大を期待できない。人口増加とともに拡大してきた市場は、拡大が止まると市場規模そのものが制約要因へと転じ、海外市場に活路を求めざるを得なくなった。

こうした条件下で企業行動を左右する重要要件は、長期間に亘って統制困難な為替相場である。市場環境が不安定で、技術軌道が不明確で、誰とどこで闘うのかも分からず、ルールも決まっていない状況では、「選択と集中」を実行することは不可能である。バブル経済崩壊後の30年間をみても、円の為替相場は最高1ドル70円から最低1ドル150円まで大きく変動している。「何を選択し、何に集中するのか」がわからない状況では、すべての変化に対応することのできる全方位戦略が必要となる。

逆説的に言えば、かつての日本企業の強さの源泉は、「選択と集中」にあったのである。たとえ方法や方向に齟齬があったとしても、何かを選択してそこに経営資源を集中させたことで強みを形成することができた。それが結果的に効率性を生み出し、要不要にかかわらず需要創造を可能にしたのである。その意味では、当時の日本企業の強みは、極めて戦略的、事前決定的な点にあったといえよう。ところが、平成の30年間の極端な為替相場の変動は戦略的であることを容認しなかった。

今後、世界がどのように変わっていくのかは未だ不明である。その点では、戦略的企業行動を志向し強みとする日本企業にとって極めて不利な状況であるかもしれない。そうして考えると、パワートレインを全方位で攻略することを打ち出したトヨタの意思決定は、これまでの戦略的強みであった「選択と集中」を敢えて棄却し、「多様性には多様性で対応する」という戦略的企業行動への転換であるといえるかもしれない。

「多様性には多様性で対応する」ことは、マルチセンター時代を生きる知恵だといえよう。

注

1) 日本経済新聞、2022年10月21日朝刊

2) Friedman T. L, (2005)、"The World Is Flat: A Brief History of the Twenty-first Century", Farrar Straus & Giroux、(伏見威蕃訳、『フラット化する世界』、日本経済新聞出版社、2006年)

3) 前掲書、p.21

4) Smith Adam, (1776)、"An Inquiry into the Nature and Causes of the Wealth of Nations", W. Strahan & T. Cadell, (山岡洋一訳、『国富論:国の豊かさの本質と原因についての研究』、日本経済新聞出版社、2007年3月)。スミスによると、国際貿易がいっそうに促進されるのは、A国がX財をB国より安く生産することができ、

B国がY財をA国より安く生産できるときである。すなわちそれぞれの国にとって最も効率的に生産可能な財に特化して貿易を行う場合両国にとって利益になり、両国の経済厚生が増大される。

5) Ricado David,（1817）、"On the Principles of Political Economy, and Taxation" John Muray（羽鳥卓也吉沢芳樹訳『経済学および課税の原理』、岩波書店、1987年5月）。リカードは、「安価な穀物、安価な製造品は、労働の価格たる賃金を安価にし、経済発展の推進力たる利潤率を増大させる」という「比較生産費説」を提起するとともに、「各国がより得意な商品の生産に集中し、それと交換に、それほど得意ではない商品を輸入した方が、お互いの利益になる」ことを指摘する。

6) The United Nations, Statistical Yearbook, 1953

7) 岩﨑尚人、「グローバル時代の日本企業」、『現代の経営』、1992年、p.15-43

8) 岩﨑尚人、「国際化の企業組織」、『現代の経営』、1992年、pp.87-103

9) 岩﨑尚人、細野央郎、「メガコンペティション時代のグローバル戦略」、成城経済研究第142号、1998年、p.11

10) 前掲書、p.13

11) 前掲書、p.8

12) 1960年代、都市銀行には13銀行が分類されていた。その後15銀行になったが、現在わが国の都市銀行は、三菱UFJ銀行、三井住友銀行、みずほ銀行、りそな銀行および埼玉りそな銀行の5行である。

13) 阪神淡路大震災とは、1995年(平成7年)1月17日5時46分52秒、兵庫県の淡路島北部の明石海峡を震源として、発生したマグニチュード7.3の災害である。

14) オウム真理教は、2018年死刑に処された麻原彰晃(本名松本智津夫)を教祖として組織されたカルト集団である。国家転覆計画すらも実行するようになり、1995年3月20日の地下鉄サリン事件は、宗教団体が平時の大都市を狙い、複数箇所を強力な化学兵器で同時多発テロを起こすという過去に類のない事件である。治安の良い戦後日本で起きたことも含めて、世界にも大きな衝撃を与えた。
15) Bartlett, C. A. and Ghoshal, S.(1989), "Managing Across Borders: The Transnational Solution", Harvard Business School Press.(吉原英樹監訳『地球市場時代の企業戦略』、日本経済新聞、1990)
16) 前掲書、p.68
17) 前掲書、p.71
18) 前掲書、p.70
19) 前掲書、p.77
20) 2022年10月時点SNS(国民経済計算マニュアル)に基づいたデータ
21) 「ASEANルネサンス(1)「日本一人勝ち」今は昔—6億人市場で大競争」、日本経済新聞、2013年7月2日、p.1
22) 日本貿易振興機構(Jetro)「世界経済・貿易・直接投資の現状」、2013年1月、原典:IMF統計
23) 「南高北低」とは開発途上国(南)の経済成長が高く、先進国(北)が低いことを示す造語である。しかし、その状況は既述のように、普遍的ではない。たとえば、2014年リーマンショック以来の米FRBによる金融緩和策の効果によって、急速なドル高となり、その結果、新興国に流れ込んでいたドルが米国内に還流し、新興国で10%近いインフレが発生して経済成長に翳りが見られるようになった。中でも「フラジャイル5」(ブラジルレアル、インドルピー、インドネシアルピア、トルコリラ、南アフリカランドの5通貨を指す)と呼ばれる通貨でその傾向が強かった。
24) 「一人あたりGDP、シンガポール、日本を抜く」、日本経済新聞、2008年7月5日夕刊、p.1
25) 73ヶ月間にわたる景気拡大期間は、従前戦後最長であった1965~70年の「いざなぎ景気(57ヶ月間)」を上回る期間であった。ただし、低成長率であったことから、「実感なき景気拡大局面」といわれた。
26) セゾン・グループは、西武百貨店、西友、朝日工業(西武化学工業)、西洋環境開発(西武都市開発)の4基

幹グループを母体とし、「生活総合産業」宣言によりクレディセゾン（西武クレジット）、西洋フードシステムズ（レストラン西武・吉野家Ｄ＆Ｃ・ダンキンドーナツ等）、朝日航洋、セゾン生命保険（西武オールステート生命保険）を新たな基幹企業に選定した。バブル時代を迎えて、インターコンチネンタルホテル、大沢商会、パルコ、ファミリーマートが加えられた。最盛期には13グループ体制であった。１９９０年代のバブル崩壊以降経営危機に陥り、２００１年に崩壊した。

27) 三越伊勢丹株式会社は、２０１１年に株式会社三越と株式会社伊勢丹が合併して発足した。両百貨店とも江戸時代の呉服店を起源とする老舗である。

28) ＥＭＳとは、「Electronics Manufacturing Service」の略で、電子機器の製造を受託するサービス、あるいはそれを請け負うメーカーのことである。

29) ラピダス株式会社は、２０２２年11月に、トヨタやＮＴＴ、ソニー、ＮＥＣ、ソフトバンク、デンソー、キオクシア、三菱ＵＦＪ銀行など日本を代表する大手企業8社が出資して作った最先端半導体量産会社である。企業が70億円を出資し、日本政府が約７００億円以上を支援した。

30) ルノーと日産を巡る不均衡な出資関係で、出資比率引き下げ交渉で両者が合意した。１９９９年に始まった両者の資本関係は20年の時を経て転機を迎え、対等な関係になる。日経新聞、２０２３年1月31日朝刊、p.1

31) ２００９年8月、カリフォルニア州で発生したレクサスＥＳ６５０の死亡事故に端を発した大規模なリコール問題である。フロアマットの欠陥に絡んで３８０万台、アクセルペダルの不具合で２３０万台、その後プリウス関連など含めて米国内でおよそ８００万台の連続リコール問題が発生した。ペダルとフロアマットの欠陥問題は確認され適切な対処が求められたが、死亡事故に関しては、２０１１年米運輸省が「急加速に原因に関してトヨタの電子制御装置に欠陥はない」との調査結果を発表し、その問題は収束した。

32) ２００８年秋に始まるサブプライムローン問題に端を発した金融危機のリーマンショックは、世界の自動車メーカーを奈落の底に追い込んだ。米ＧＭ社やメルセデスベンツ社との提携を打ち切ったクライスラー社が経営破綻した。欧州でもポルシェ社が経営危機に陥り、ＧＭ傘下にあったスウェーデンのサーブ社も破綻した。

33) オバマ大統領の自動車政策による資金供給やリストラによって、米国自動車市場は予想以上に早く回復した。また、ＶＷを筆頭に、ルノー・日産グループなど欧州メーカーも、市場シェアの高い中国経済の成長や自国通貨安などを追い風にして業績を回復させた。欧州勢の回復は顕著で、ＶＷの２０１２年の世界販売台数は２００７年比で45％増、ルノー・日産グループでも20％増を達成した。

34) 日本経済新聞、２０１４年11月29日朝刊

35) 週刊東洋経済、２０１４・12・13号、p.20

36) 小泉悠、『ウクライナ戦争』、p.15

第4章

日本的経営を再考する

1．二度の東京オリンピック

2021年7月23日、巨額な費用をかけて建て替えられた国立競技場で、第32回夏季オリンピック大会「東京2020オリンピック・パラリンピック」の開会式が開催された。17日間にわたるスポーツの祭典が、1年延期されてスタートした。長年にわたる努力と情熱、そして才能に満ちあふれた日本選手団は、金メダル16個、銀メダル5個、銅メダル8個と過去最多29個のメダルを獲得した。1964年の東京五輪大会で獲得したメダル数は10個であったから、同じ自国開催とはいえ、結果は雲泥の差である。

東京2020オリンピックから遡る57年前の10月10日、前日の大雨が嘘のような晴天の秋空の下で東京五輪大会が旧国立競技場で開催された。東西冷戦の真只中に開催されたその大会に94カ国、7060人が参加している。当時の参加選手は原則アマチュアに限られ、スポーツを生業にしているプロ・アスリートには基本的に参加資格が与えられていなかった。

仏人の近代オリンピックの父、クーベルタン男爵が唱えた「参加することに意義がある」という理念に叶っていた時代といえよう。もっともプロ・スポーツという枠組みが少なかった当時にあって東側諸国の選手の中には「ステート・アマ」と呼ばれる、国家が養成する実質的にプロフェッシ

図表4-1｜高度経済成長時代の経済成長率（1955～1975年）

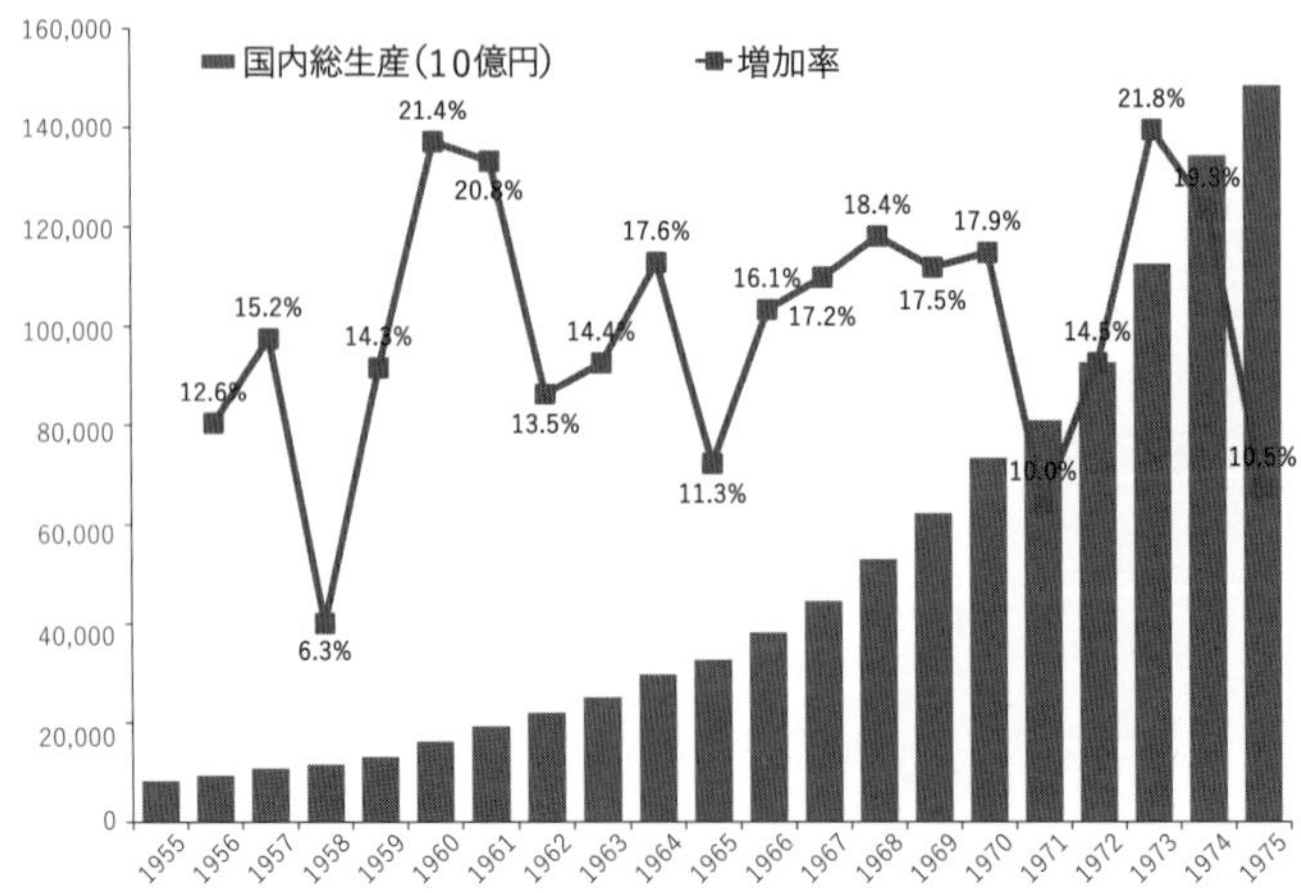

出所：内閣府国民経済計算年次推計 https://www.esri.cao.go.jp/jp/sna/data/data_list/kakuhou/files/files_kakuhou.html より作成

ヨナルであるアスリートが参加していたのも事実である。

最初の東京オリンピックを跨ぐ１９６０年代の約10年間は、日本の歴史の中で経済が最も大きく成長した時期である。第２次世界大戦敗戦直後の荒廃から立ち直る過程でインフラも徐々に整備されて、１９５０年代には年率９％台、60年代には年率10％以上の経済成長が続いた。所謂「高度経済成長期」である。１９５９年の東京大会開催決定以降は首都高速道路や新幹線、各競技設備の建設などによってオリンピック特需に湧き、続く１９７０年開催の大阪万国博覧会特需も追い風になって、首都経済圏と大阪経済圏の経済基盤が大いに整った（**図表４-１**）。

奇跡的ともいわれたわが国の戦後経済復興に対する世界の注目の様子は、ボストンコンサルティング社社長であった日本的経営の研究者アベグレンJ．C．（Abegglen S. C.）の「ハマー・カーンが『21世紀は日本の世紀である』と書いて日本を喜ばせた。」という記述からも理解される。[1]確かに、その時代、日本経済発展の秘訣として「日本的経営」が世界の関心を集めていた。しかしながら、そうした日本経済への興味も、1973年の第1次オイルショックによって一瞬にして沈静化した。

再び「日本的経営」への関心が高まったのは、二度目のオイルショックを経て、ハーバード大学の社会学者ボーゲル・エボラ　F．（Vogel. E. F）の『ジャパン・アズ・ナンバーワン』が刊行される1980年代になってからである。[2]それを前後して日本企業が国際的競争優位性を披瀝したことによって「日本的経営」への関心が高まって、海外のアカデミアでも日本企業の事例研究をベースにした経営理論が数多く発表された。[3]

企業経営の手本として日本的経営が喧伝される最中、日本社会を途轍もない荒波が襲った。バブル経済の崩壊である。「株価と土地の値段は、絶対に下がることはない」という神話は瞬く間に崩れ落ち、日本的経営を旗印にして世界を闊歩してきた多くの日本企業が業績を悪化させた。「国民の80％が中間層の豊かな国」を信じていた人々も、例外なくバブル経済崩壊の影響を被った。

以来、日本経済と日本企業の多くは、長期に亘って景気低迷に苦しむことになる。当然のように、

図表4-2｜主要国の平均所得（2021年）

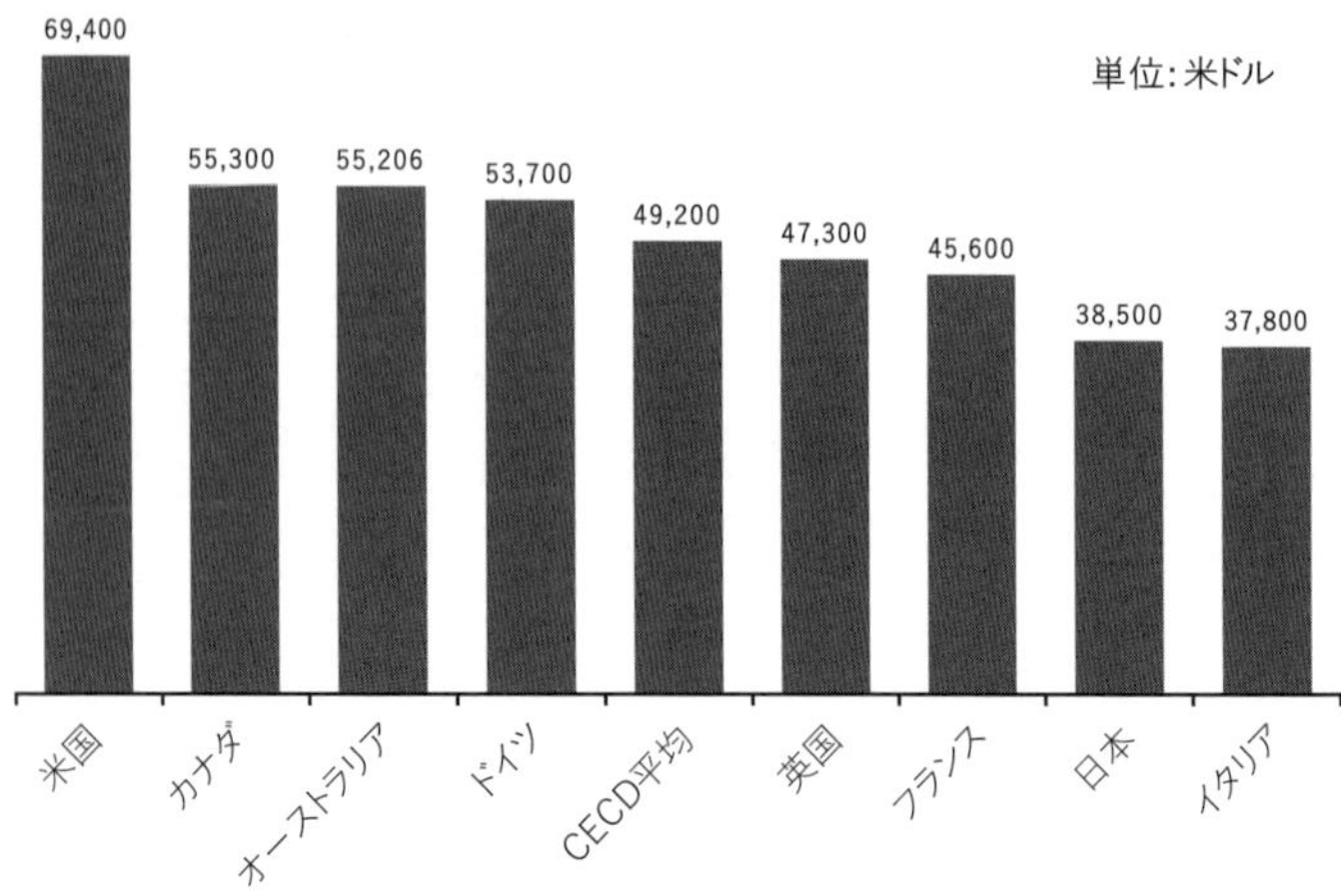

出所：OECD Employment Outlook（2021）より作成

「日本的経営」は時に真っ向から否定され、ほぼ30年間にわたって日影の身に甘んじた。とはいっても、日本の産業社会からそれが姿を消したわけではない。長期にわたる景気低迷の間も、この制度は受け継がれて隠然たる勢力を有していた。

長いトンネルを抜けて、日本経済に一縷の光が差し込み始めたのは、２０１１年３月の東日本大震災を経て数年後のことである。２度目の東京オリンピック開催招致決定が少なからず日本経済を活気づけて株価も上向くと、産業社会が景気回復の実感を口にするようになった。とはいえ、庶民の給与は30年以上前のバブル経済時代と同水準に据え置かれたままで、生活者と企業や政治との間に大きな認識のギャップは依然として存在していた（**図表4-2**）。

そうした中で、２０１８年、当時の安倍政権が

「ニッポン一億総活躍」をスローガンに「労働施策推進法（働き方改革推進法）」を施行して、「働き方改革」に着手した。生活者の経済力強化と生活改善策に向けて、国を挙げて取り組み始めた。バブル経済崩壊以降、姿を変えながらも日本企業の経営システムの底流を支えてきた「日本的経営」に引導を渡すと同時に、「メンバーシップ型雇用からジョブ型雇用」の流れを政策的に促進して、日本経済や日本企業が強さを取り戻すことを企図したのであった。

本章では、日本的経営とは、どのような経営システムで、それがどういった背景で確立し、バブル経済崩壊後の平成を通じてどのように変容してきたのかを検討すると共に、その功罪について振り返っていくことにしよう。

2. 日本的経営の「三種の神器」

「日本的経営とは何か」という問いに対してもっとも無難な回答は、日本的経営の「三種の神器」を示すことであろう。ここでは、日本的経営の三種の神器ともいうべき、「終身雇用」、「年功序列」、「企業内組合」の3つの社会的制度・雇用慣行の功罪を考えていくことにする。

1 終身雇用制度

履歴書の最終学歴欄に記載する教育機関を修了し、その年の4月に特定の会社に入職して、定年退職に至るまでの数十年間その企業と雇用関係を継続する制度が、「終身雇用制度」である。これは、長年にわたって日本企業の経営システムのベースを為す制度であった。[4]

この制度が日本に定着したのは1950年代以降のことであり、企業の労働力確保と定着率向上が当初目的であった。それから半世紀近くを経て2000年前後になっても、大企業のおよそ9割がこの制度を取り入れていた。[5] バブル経済の崩壊から10年後にはほとんどの企業がこの制度を採用し、さらにそれから20年経た現在に至っても少なくない企業でそれが続いている。

終身雇用制度の功罪について考えてみよう。

メリットの第一は、従業員の企業への帰属意識を高めることである。この制度の下で、従業員は突然の解雇を心配する必要がなく、長期的視野に立った生活設計が可能になる。企業が繁栄すれば従業員の生活の安寧も保障されるため、企業への帰属意識を強化し職務に対して勤勉な態度を醸成し、従業員間に心理的結合（仲間意識）を生み出すことができる。企業への帰属意識は、企業の成長に対する積極的なコミットメントを引き出す動因ともなる。思い起こすと、同族経営の中小企業に勤めていた亡父は、「会社が良くなれば、わが家も良くなる」が口癖であった。

第二のメリットは、人的資源を安定させることである。従業員の定着率が高ければ、教育訓練への投資が無駄になることもないし、熟練した技能の外部流出も回避される。つまり、従業員の離職によってもたらされる目に見えない労務費を抑えることが可能になる。また、この制度は技術革新の導入を容易にする。技術革新に伴う省力化に対する抵抗が生産プロセス改善の足かせとなることは少なくない。しかし、この制度の下では省力化に伴う人員整理に対する危機感が抑えられ、経営者は最新技術の導入を積極的に進めることが可能になる。古くは、産業革命期の英国では「ラッダイト運動」と呼ばれた工場機械の打ち壊しが頻発したが、失業への不安がなければこの種の運動も広がりにくかったはずである。[6)]

これらのメリットが、最初の東京五輪前後の高度経済成長期を支えてきたのであった。ところが、オイルショックやバブル経済崩壊などの経済状況の変化が、日本的経営の優位性の根幹を左右するデメリットを顕在化させることになった。

終身雇用制度の下では、人件費が固定費的性格を持つために経営の弾力性が損なわれる。欧米企業がレイオフ制度によって生産の弾力的調整を可能にしているのとは対照的に、日本企業では人件費が固定的なために経営に危機が迫ったとしても迅速な対応が困難となって、時として手の施しようのない事態にまで追い込まれてしまう。21世紀になって多くの企業がパートタイマーや契約社員を採用して雇用の多様化を実現したことの主眼は、人件費の変動費化にあった。

また、少子高齢化が急激に進む中での終身雇用制度は、年功序列制度と相俟って賃金の高い中高年者を多く企業内に抱えることで、人件費によって経営が圧迫されることもある。早期退職制度や成果主義賃金の導入は、人件費の高騰を抑制する施策に他ならない。

さらに、労働者の企業間移動が少ない状況はスキルの硬直化を招くことが懸念される。長期雇用はその企業内だけで通用する専門スキルの高度化を促進する一方で、変化の激しい経営環境下でスキルの陳腐化を急速に進める。また、その企業内部の常識を、当該産業や社会の常識だとする勘違いや思い込みに縛られることで新しいビジネス活動の支障にもなりかねない。

バブル経済崩壊後、こうした終身雇用制度のデメリットが表出したことによって、ミドルマネジメントの人員削減や早期退職勧告、子会社への出向などのリストラ（リストラクチャリング）が進められるようになったのである。

2 年功序列制度

日本的経営の「三種の神器」の中で、終身雇用制度と表裏一体の関係にあるのが、勤続年数が長くなるにつれて賃金が上昇し職位も高くなる「年功序列制度」である。勤続年数が増えるにつれて定期昇給によって定年まで賃金が増え続けるだけでなく、職位も上がるという制度である。この制度の根底には、経験や教育・訓練の成果は年齢とともに積み重なり、それに応じて企業に対する有形無形の貢献も大きくなるため、「過去の貢献にも報いるべき」という思いやりの思想が流れている。

年功序列制度のもつメリットの一つは、終身雇用制度同様に、従業員にとって長期的な生活予測が可能になるため安定感や安心感を与え、企業への忠誠心を高めることである。また、能力や業績を過度に強調しないので、労働者の自尊心を著しく傷つけることのない配慮や平等意識のメカニズムが組み込まれており、労働者の意欲や忠誠心を保つことが可能になる。さらに、長期的視野に立った業績評価や、集団あるいはチームをベースにした曖昧で包括的な評価が可能になる。温情に満ちたこの制度は、しばしばＧＮＮ（義理と人情と浪花節）マネジメントと揶揄されたが、日本的精神を反映しているともいえる。

しかしながら、企業内の経験やＯＪＴ教育の成果は、必ずしも企業の成果に直接結びつくものではないし、個人の能力や実績を直接反映するものでもない。そこで、中小中堅企業を含めた多くの企業が、ホワイトカラーを対象に職務遂行能力や実績を加味した評価システム（職能資格制度）を導入するようになった。能力や実績を加味するとはいっても、年功的色彩が強く残っていた。

年功序列制度のソフトな心理的配慮や平等志向の下では、賃金や昇進が労働意欲を引き出すインセンティブとして機能するわけではない。むしろ年功序列制は、人間関係能力や忠誠心などの要素を重視する制度である。そのため、個人の仕事の成果・実績を的確に評価して対価として昇給するなどの客観性に乏しく、権限と責任が曖昧な組織を生み出す要因となってきたともいえる。

終身雇用をバックグラウンドとした年功序列制度は、企業規模が拡大し成長率の高いときには平均コストが低下して競争力強化に有効となるが、成長率が低いときにはコストとポストの両面でマイナスとなる。そのため成長が期待できないときには、この制度の見直し論が出てくるのは必然であった。事実、第1次オイルショック以前に多く見られた日本的経営絶賛論は、景気悪化によって日本的経営悲観論に転じている。

3 企業内組合

「三種の神器」の第三は、「企業内組合」である。諸外国では労働組合が職種別産業別に組織化され社会的影響力を発揮している。それとは対照的に、わが国の労働組合は企業別に組織された単一組合が基本となっており、企業別に分断された組織になっている。欧米型の職種別・産業別労働組合と比べて、日本型の企業別組合では個々の企業組合がそれぞれに主体性を持って自己完結的に活動することが可能である。そのため、各企業の事業状況に柔軟に合わせて、労働者の利益と企業の経営効率との調和を達成する役割を果たしている。

また、内部昇進昇格が前提のわが国の人事制度の下では、同じ企業内で階層や職種を越えて価値の共有化が促進される。その結果、労使の相互理解が深まって、労使間の緊張が緩和して労使協力体制が構築しやすい。さらに、組合活動の管理運営体制に関与することを通じて管理職の育成にとっても重要な役割を果たす。一方で、企業内組合の下で労働者は企業の一員としての立場・意識が強化されて、労働者としての立場や意識が希薄になる。そのため、業績や社会的状況といった所属企業の事情を内面化し、経営者側の論理に従って妥協することも多くなる。とりわけ、景気低迷期には、労働組合は圧力団体としてではなく、労使協調体制をベースにした経営支援的役割が期待される。

このように、企業内組合の存在によって、わが国では労使協調型マネジメントが醸成・強化されてきた。しかし、企業側の都合で労働者側が自身の権利を放棄せざるを得ないことも少なくなかった。過度な労使協調体制は、企業にとってのステイクホルダーとしての労働者本来の立場を阻み、健全なガバナンスの障害となってきたことも事実である。

4 日本的経営の理論展開

これら「三種の神器」がそもそも日本企業の強みの源泉であったかどうかを巡って、日本的経営が理論化されるプロセスではさまざまな議論が展開されてきた。その代表的な議論の一つは、「三種の神器それ自体、日本企業に特有であるのか」という根本的なものであった。確かに、日本以外の先進国でも年齢や勤続年数と賃金の間に相関関係があることは知られていた。[7] また、日本的経営の特徴を、日本文化や日本人の心理特性の違いといった特殊論によって説明しようとする「文化論的アプローチ」では普遍性の有無が争点となったし、[8] 当時の日本的経営研究が分析対象と隔たりがある点を批判する見解も提起された。

日本的経営研究の大家である岩田龍子氏は、当時の様子を次のように評している。[9]

「戦後の約30年間、日本の経営学は、規範論の性格を持つアメリカモデルを普遍モデルとして受け入れてきた。このため、日本の経営の現実に対する理論的関心は低く、進んだ（と考えられてきた）アメリカモデルとの対比で、日本の後進性が指摘されるとか、日本の現実を少しでもアメリカモデルに近づけるという関心が持たれるにとどまっていた。日本の現実の中から、それに適合的な理論化を行うという努力は、皆無といっても過言ではない状態であったのである。」

日本企業が国際的な先進企業との企業間競争で伍して戦えるようになる以前、日本の経営学者たちは、日本企業の競争優位性がどこにあるのかを理論的に説明する方法を確立していなかった。そこで、日本的経営をジャーナリスティックに説明するために、日本企業の強さの源泉として、すでに社会制度として定着していた「三種の神器」を前面に押し出したのであった。要するに、「三種の神器」は、当時の日本企業の人事制度の特徴を単に示したものに過ぎなかったのである。そう考えると、第1次オイルショックによる混乱と日本経済の停滞によって、日本的経営への関心が失せてしまったのも当然である。

ところが、二度目のオイルショックを機に、日本的経営が再び脚光を浴びることになった。第1次オイルショック後に一挙に加速した減量経営によって、日本企業の業績は二度目のオイルショック以降急激に回復して、国際舞台で圧倒的な競争優位性を発揮するようになった。1960年代の高度経済成長期にこそ及ばないものの、1980年代には3～5%程度の経済成長を安定的に確保し、日本企業そして日本的経営はかつてないほどに脚光を浴びるようになった。前述の『ジャパン・アズ・ナンバーワン』の大ヒットはその証左である。

さらに、この時期、「三種の神器」などの社会制度は、人間と組織の関係のベースの形成と関連づけられるようにもなった。西山忠範氏は指摘する。[10)]

「日本においては、企業は労働者の生活の場であり（生活共同体）、欧米等の資本主義国のように、経営者は資本家である株主の身代わりではないから、経営者と一般労働者の間には隔絶感はなく、経営者も労働者の一員として、両者は同一性と一体性をもつ。日本の労働組合の体質が外国のそれのように戦闘的でなく、協調的であること、日本の組合が企業別であること、全社的な品質管理

（TQC）の存在、日本的終身雇用制など、所謂『日本的経営』の特徴とされている多くの現象は日本企業の構造的特徴と無関係ではなく、また、現代日本経済の急速な発展とも結びついている。」

こうして日本的経営研究では、日本企業のコミュニケーションや意思決定システムの特徴などに関心が向けられるようになった。たとえば、細かいマニュアルや職務記述書に基づいて仕事が進められず、上司の指示も大まかで包括的であることが多く、情報も公式的なルートで得るよりも個人的なつながりや人間関係・信頼関係で収集されることが多いといったことが、日本的経営の優越性の源泉として指摘されるようになった。

また、分業が曖昧で、各自の仕事が互換性を持ってそれぞれの担当者の協力によって進められる傾向にあったことから、経営の合議制や稟議制度、[11]頻繁に開かれる会議などを通じて制度的に情報の共有化が積極的に進められていたこと、あるいは「根回し」[12]などのセミフォーマルなコミュニケーション・ネットワークが重要視されていたことが、日本的経営の特徴として指摘されるようになってそのメカニズムの解明が進められた。

さらに、人事施策として行われるジョブローテーションが企業全体のコミュニケーションを促進して情報共有の実現に貢献することや、定期的に職場を変えることによって各職場の情報が個人に蓄積することでも組織全体の情報共有が促進されることが、日本企業の強みとなっている点も言及されるようになった。当時の研究について前出の岩田龍子氏は、次のように指摘している。[13]

「近年に至って、少数の経営学者が、日本の現実そのものに対して〝真面目〟な関心を持つようになった。その結果、日本の経営の現実が規範論等してのアメリカモデルと大きく乖離していること、しかし、それは、日本の社会における、社会的・文化的環境に適合するよう、長年の間に形成されてきた一つの適応形態であること、そのためそれは、日本の社会ではそれなりに機能を発揮するものであることが認識されるようになった。」

こうした先達の研究を下地にして日本企業研究を新たな方向に導いたのが、当時一橋大学教授であった野中郁次郎氏や伊丹敬之氏、神戸大学教授加護野忠男氏、明治学院大学教授寺本義也氏、東京大学助教授藤本隆宏氏といった気鋭の経営学者であった。彼らおよびその薫陶を受けた若手の経営学者たちは、日本企業の経営行動を分析し、新しい視点で日本的経営の実証研究を行い普遍的理論の構築を試みた。その結果提起されたのが、「知識創造」[14]「人本主義」[15]「暗黙知」[16]など日本発の経営コンセプトであった。また、欧米においても、日本企業のケーススタディをベースに『経営革命』[17]『コアコンピタンス』[18]『リエンジニアリング』[19]『ビジョナリー・カンパニー』[20]などの経営研究が公表され一時代を築いていた。

このように、日本的経営研究および日本企業研究は、その後の経営学研究に大いに貢献したのであった。

3．平成不況の中で

前節でみてきたように、「三種の神器」は日本的経営のエッセンスとは言いがたいものの、強い時代の日本企業の中核的競争力（コアコンピタンス）を醸成する上で重要な役割を果たしてきたことは確かである。次に、同時代の日本的経営を支えた制度が、平成の30年間で、どのように変容してきたのかをみていくことにしよう。

1 バブル経済の崩壊と長い不況の始まり

バブル経済が始まる2年前の１９８５年、米国ニューヨークのプラザホテルで開かれたＧ５（先進5か国蔵相・中央銀行総裁会議）後の急速な円高がわが国輸出産業に大打撃を与えて、日本経済に暗雲が立ちこめた。その事態に対処するために日本政府と日本銀行の講じた金融・財政施策がバブル経済を招いた一因であるといわれている。

円高不況に向けた景気刺激策が効き過ぎて金余り状態を招き、その結果、翌年末地価と株価が高騰した。１９８８年になると、覚醒した一般人がそれに乗じて、消費市場は一挙に活性化した。ま

図表4-3｜経済成長率と株価の推移（1985～2000年）

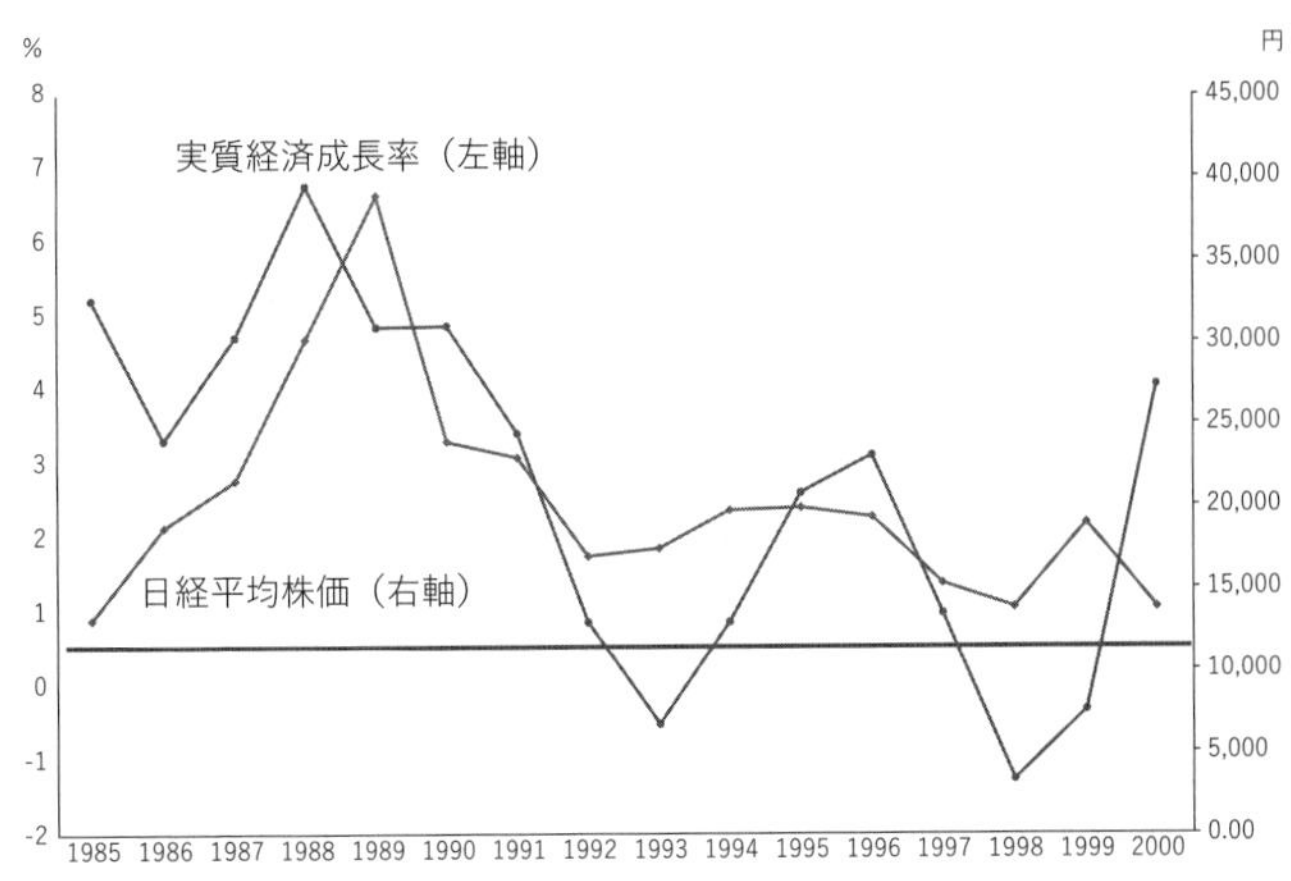

出所：IMF-World Economic Outlook Database（2021）より作成

た、内需拡大の掛け声とともに減税策が講じられると、富裕層を中心にバブル景気が燃え盛って日本全体が狂喜乱舞したのである。１９８９年年末の東京証券取引所の大納会で株価が史上最高値の３万８９５７円44銭を付けると、資産価格は頂点に達した（**図表４-３**）[21]。

しかしながら、実体経済の伴わないバブルの宴がそれほど長くは続くはずはなかった。果たして、１９９０年１月以降株価は反転して、９ヶ月後には半値になった。１９９３年には、そこからさらに６割を割るまでになった。高騰していた地価が大幅に下落した結果不良債権が増加した上に、損失補塡、利益供与、巨額損失隠蔽など金融機関の不祥事が発覚して、金融機関の破綻と政府による再生処理がスタートした。追い打ちをかけるように、アジア通貨危機が重なって大手金融機関の破

図表4-4｜高齢化の進展（1990～2000年）

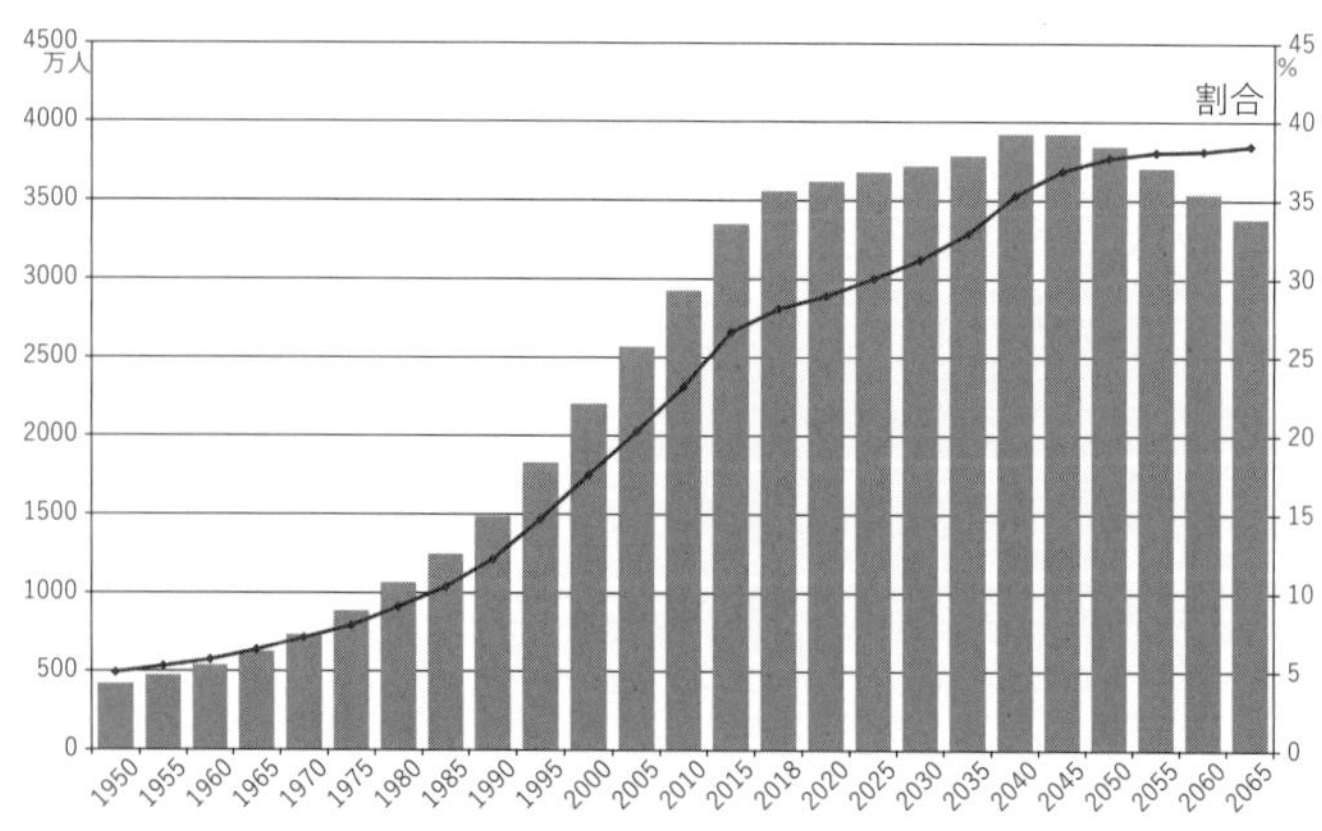

出所：『令和元年高齢社会白書』より作成

綻が続いたのである。[22)]

加えて、大手金融機関の破綻は、それらをメインバンクとしていた企業の倒産を招いた。金融ビッグバンによる規制緩和とメガ・コンペティションに加えて、未曾有の高齢化社会の到来が重なって日本企業を取り巻く経営環境は、いっそう不透明さを増した（**図表4-4**）。

ここに至って、わが国企業の多くが経営システムの限界を認識するようになった。もちろん一部の企業では、バブル経済崩壊直後から目の前の危機を乗り切るために、事業構造の転換を試みるとともに、組織管理構造の変革にも着手し始めていた。情報技術を活用してリエンジニアリングを進め、高コストなホワイトカラーのリストラを敢行し、生産拠点を海外移転するなど、さまざまなコスト削減策や合理化に取り組んだのであった。その結果、販売・生産現場における効率化は部分的に実現され、人件費削減もそれなりの成果をあげた。しかし、それらも所詮小手先の対応に過ぎず、構造変革というには中途半端なものであった。

こうして多くの日本企業が、バブル経済の崩壊によって露呈した日本的経営の綻びに対して、緊急避難的かつ対症療法的施策を講じたにもかかわらず、特段の成果を上げることなく、ただ企業に対する従業員の不信感を増長させるだけであった。

2 転換のキーワード

「終身雇用制度」と「年功序列制度」が、昭和の日本企業の成長に寄与してきたことは否定されるものではない。経済的・経営的な側面だけでなく、社会生活にも大きく貢献してきたことは評価されるべきである。これらの制度の下で日本企業の職場は、経済活動の場を越えて従業員の生活圏そのものを形成していたのである。

しかし、景気低迷期になると、経験年数に伴って従業員の能力が向上し、適切な能力開発政策を通じて有能な従業員が育成されて、高い成果がもたらされるというシナリオの通りに事が進まなくなってしまった。というのも、技術的にも市場においても、経験したことのない速さで変化が生じるようになり、時間をかけて積み上げてきた能力や技能を急速に陳腐化させる圧力が強くなってきたからである。さらに、年齢や勤続年数によって賃金が右肩上がりで上昇する制度を続けていくことも困難になった。要するに、経営環境が根底から変わり、日本的経営人事システムを機能させてきた前提条件が崩れてしまったために、デメリットが顕在化したのである。しかも、高齢化社会の到来という現実が事態をいっそう深刻なものにした。

そうした事態を解決する選択肢の一つが、成果主義人事制度への移行であった。人事管理の軸足を「年功」から「成果」へと変化させて、成果や貢献度に応じて報酬を支払う方式に切り替えることで事態を回避しようとしたのである。同時に成果主義的な要素の取り込みは、これまでの日本的人事システムの特徴だった「企業と人」の関係のあり方をも変容させた。

その一つが雇用と賃金の分離である。年功制と終身雇用制の下で、それらはセットで議論されてきたが、成果主義においては賃金制度と雇用制度は切り離して考えられるようになった。年功給に代えて成果や市場価格に連動して賃金を決める成果給を導入することで、業績の浮き沈みに対応して賃金額の調整を行うことが可能になり、人員削減という数による調整圧力を相対的に弱めることが期待された。

もう一つは、「終身」雇用から「長期」雇用への転換である。企業が雇用を保障することの意義は極めて大きい。もとより、わが国の法体系の下では解雇自体が極めて困難であるが、いったん解雇が行われると、年金や退職金、社会保険等の個人負担部分の処理が複雑になる上に、他の企業で雇用を得るためにも大きなコスト負担が伴う。つまり、終身雇用制では個人の生活の安定性を保障してきたのである。

それに対して、長期雇用システムの下では、能力開発の機会、福利厚生に関する選択も個人に委ねられる。「終身」から「長期」への雇用の転換によって、仕事の内容、個人の成長や生活についても「自己責任」が求められるようになった。こうした変化は、企業と従業員の関係を「自己責任」という概念の下で再構築することであり、それまでの「人事理念＝生活保障」という考え方の放棄につながった。

このように成果主義的制度への転換は、個々の従業員にさまざまな混乱と課題を突きつけただけでなく、労働市場全体にも少なからぬ影響を与えたのであった。

3 日本的経営の変容と人事システム

同時に、さまざまな矛盾や混乱、課題と限界を孕みながら、平成を通じて人事制度にも少しずつ手が加えられた。

第一は、「雇用形態の多様化」と、それに伴う諸制度の変更である。

終身雇用制度の下では、4月の新年度とともに新卒一括採用制度によって採用されたフレッシュ

図表4-5｜正規社員と非正規社員の数の推移（2005年～2020年）

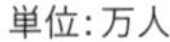

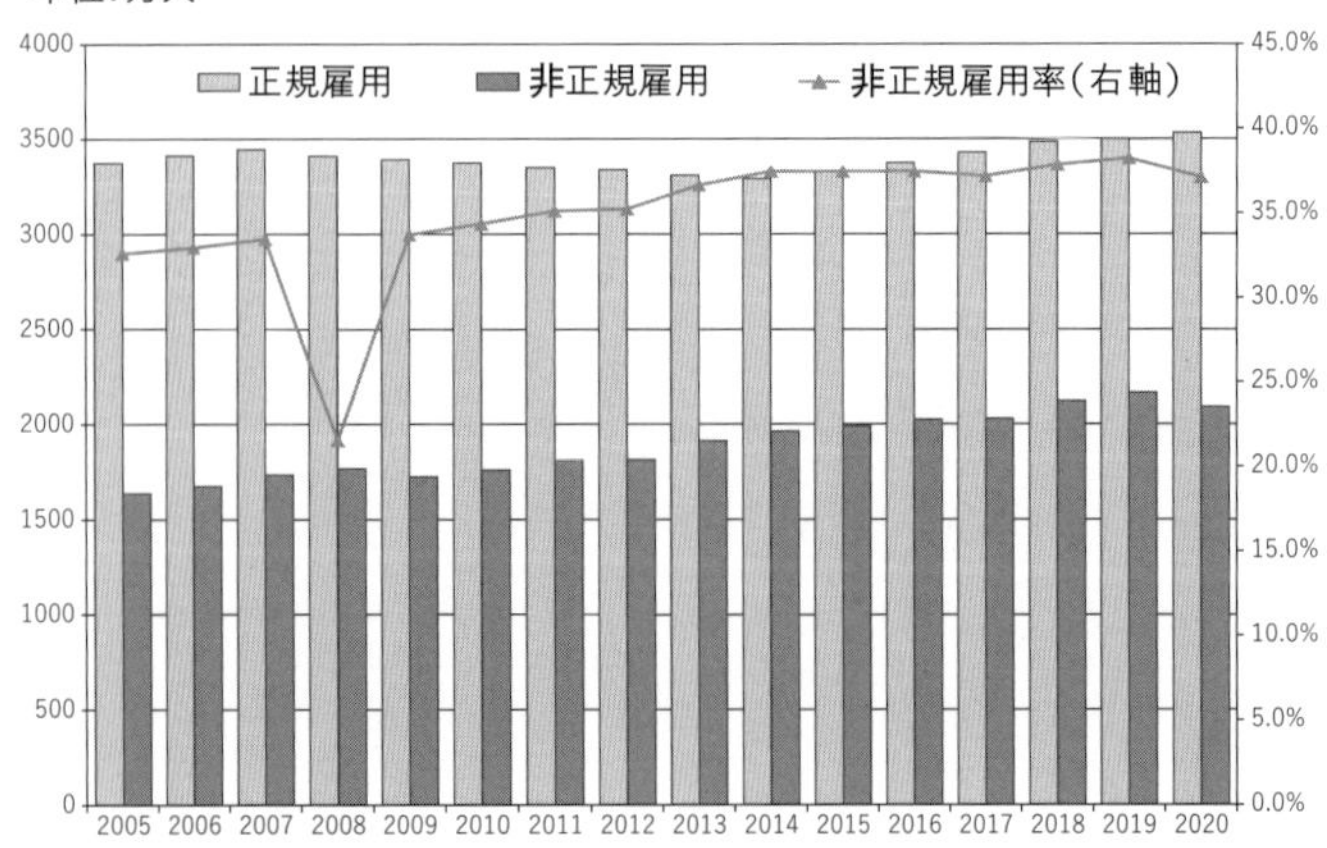

出所：労働調査2020版と2013版 https://www.stat.go.jp/data/roudou/rireki/gaiyou.html#ft_nen より作成

マンが、ほぼ同じスタートラインに立って企業人としての人生をスタートさせるのが恒例であった。基本的に、従業員の大半はそれ以前に職務経験がなく、例外的に中途採用者がいたとしても、彼らのほとんどは主流ではなく傍流の外様扱いで、昇進や昇格の面で不利な扱いを受けることが通例であった。

しかしながら、1990年代半ばを過ぎた頃から、特定の技能や能力、経験を有し即戦力として期待される「経験社員」が中途採用や通年採用で募集されるようにもなった。しかも主流派の中に組み込まれることも珍しいことでなくなってきた。さらに、平成不況の厳しいコスト削減圧力の下で、人件費の変動費化を促すことを目的に正規雇用の正社員の採用を抑制する一方で、パートタイマー[23]やアルバイト、期間契約や業務契約によって仕事に従事する契約社員、他企業から派遣される派遣社員[24]など「非正規社員」を採用して労働力を賄うようになってきた（**図表4-5**）。

元来、非正規社員とは期間工のように需要変動に応じて生産量を調整するために採用されてきたが、コンビニエンスストアやフードサービスなど非正規社員の労働力に依存する業種・企業が急増し需要が極端に高まったのである。さらに、自社内で囲い込んでいた社内業務を外部企業に委託するアウトソーシングを取り入れるようにもなったことで、専門業務を処理する新たな労働市場が誕生した。こうした環境変化で雇用形態の多様化が進んだ結果、定期採用、終身雇用を前提としてきた、わが国の人事制度に風穴が開けられたのであった。

こうした雇用形態の多様化と非正規社員枠の拡大は、女性労働者の雇用拡大や産業構造転換を口実にして、当初ポジティブに評価された。専業主婦が中心で「夫は外で働き、妻は家庭を守るべき」という性別役割分担が支配的であった平成初期に至る社会背景の中で、「専門的資格・技能の活用できる」、「時間的都合がよい」、「家計の補助になる」、「組織に縛られない」という理由で働き方の多様化は魅力的であった[25]。しかし、時を経るにつれて、非正規社員制度に対してネガティブな評価が目立つようになった時期のあったことも事実である。「正社員としての就業機会のなさ」を挙げる不本意非正規社員の割合が[26]、2003年には30％台へと大幅に上昇した時期である[27]。バブル崩壊直後から2004年まで続いた「就職氷河期」の余波であった[28]。

こうした批判の一方で、2010年を超えても非正規社員は増加し続け、不本意非正規社員の割合が少なからず減少した。というのも、学生や主婦が、時間や勤務地などのために非正規雇用を選択しているからである。このように、パートタイマーやアルバイトといった短時間非正規労働者の存在が、日本の人事システムの変容に多大なる影響を与えていることは確かである。

他方、近年になって、雇用の多様化は正規社員の多様化にも及んでいる。これまで日本企業の正規社員は、メンバーシップ型雇用制度の下で、無期雇用、フルタイム、直接雇用に加えて、職務、勤務地、労働時間（残業）が特定されていない無限定社員であることが特徴であった。しかし、近年ジョブ型雇用制度が強調されるにつれて、職務や勤務地、労働時間が特定される限定社員制度が拡大しつつある。従来の一般職正社員に加えて、エリア社員、時給正社員などの制度も広がってきた。無限定社員との待遇差など課題があるものの、正社員の多様化も進んでいるのである。

人事システム変容の第二は、勤務時間や勤務場所など「勤務形態の多様化」である。

平成時代の半ばを過ぎた頃から、「9時から5時まで」「いつものオフィスで」といった一律で画一的な勤務体制から、仕事の内容に応じた多様な体制が取り入れられるようになった。たとえば、一日の標準労働時間の中で出退勤時間を個人の状況に合わせて自由に選択できる「フレックスタイム制」や、労働時間を月単位・年単位で調整することによって繁忙期等に勤務時間が増加させても時間外労働としての取扱いを不要とする「変形労働時間制」、育児や介護などのための「短時間勤務」などが次々と制度化された。また、研究開発部門や情報システム部門の技術者などの賃金が時間以外の規準によって決定される職種に対する「裁量労働制」や、実労働時間の把握が難しい場合に適用が認められている「みなし労働制」なども導入されるようになった。

さらに、インターネットの普及と通信の高速化・大容量化を追い風に、情報通信技術を活用して時間と場所を自由に使った柔軟な働き方も推進された。テレワークやSOHO（スモール・オフィス、ホーム・オフィス）、フリーアドレスなどの新しいタイプのオフィスも誕生して、個々人の仕事のタイプに合わせて働き方や勤務場所が弾力化した。2006年政府が「IT新改革戦略」を発表して、2010年までに就業者人口の2割をテレワークにするといった目標を掲げたが、今もって、その目標は未達である。

パンデミック時の緊急事態宣言下で、政府が在宅勤務70%を要請したにもかかわらず、期待したほどリモート・オフィス化が進まなかっただけでなく、IT先進国といった幻想の実態を曝け出すことになったことは記憶に新しい。パンデミックの終息と共に、以前と同様にラッシュ時の電車は通勤客でごった返すようになったが、ICT社会が多少なりとも広がったことはプラスの効果であったといえるかもしれない。

人事システムの変化の第三は、評価基準の変更である。

経験年数や年齢を基準にした評価制度から、競争原理・市場原理に基づいた能力重視の制度、さらに成果を重視した制度が採り入れられてきた。高度経済成長期から安定経済成長に至るまで日本企業のほとんどが、年功序列をベースに一次評価者（直属の上司）による主観的評価を加味する評価制度を取り入れていた。しかし、馬車馬の如く働いて上司に忖度することが当然とされてきた常識が通用しなくなり、評価に対して客観性・公平性・透明性・納得性が求められるようになった。

ほとんどの大手企業で、当該職務の内容や将来の進路希望、目標、能力開発に関して自ら考えを申告する「自己申告制度」や、上司との対話を通して仕事の達成目標を設定してその達成度に応じて評価を行う「目標管理制度（ＭＢＯ）」を採用するようになった。また、上司だけでなく同僚や部下の評価を加味する多面評価（３６０度評価）を導入する企業も少なくない。

ポスト不足や技術・技能の多様化・高度化が進む中で、徐々に昇進・昇格制度に括弧付きではない成果主義的要素が多少なりとも取り入れられるようになってきたのも事実である。わが国で初めて成果主義的評価制度が導入されたのは１９８０年代半ば、２００４年頃までにおよそ90％が成果主義的要素を取り入れているとしていた[29]。

しかし、それから20年を経た今日に至っても、年功序列制度的慣行が完全に払拭されたかといえば、答えは否である。とりわけ、人材確保が難しい中小企業で成果主義的人事制度を採用している

図表4-6｜一人当たり国民所得の推移と国際比較（1990年から2022年）

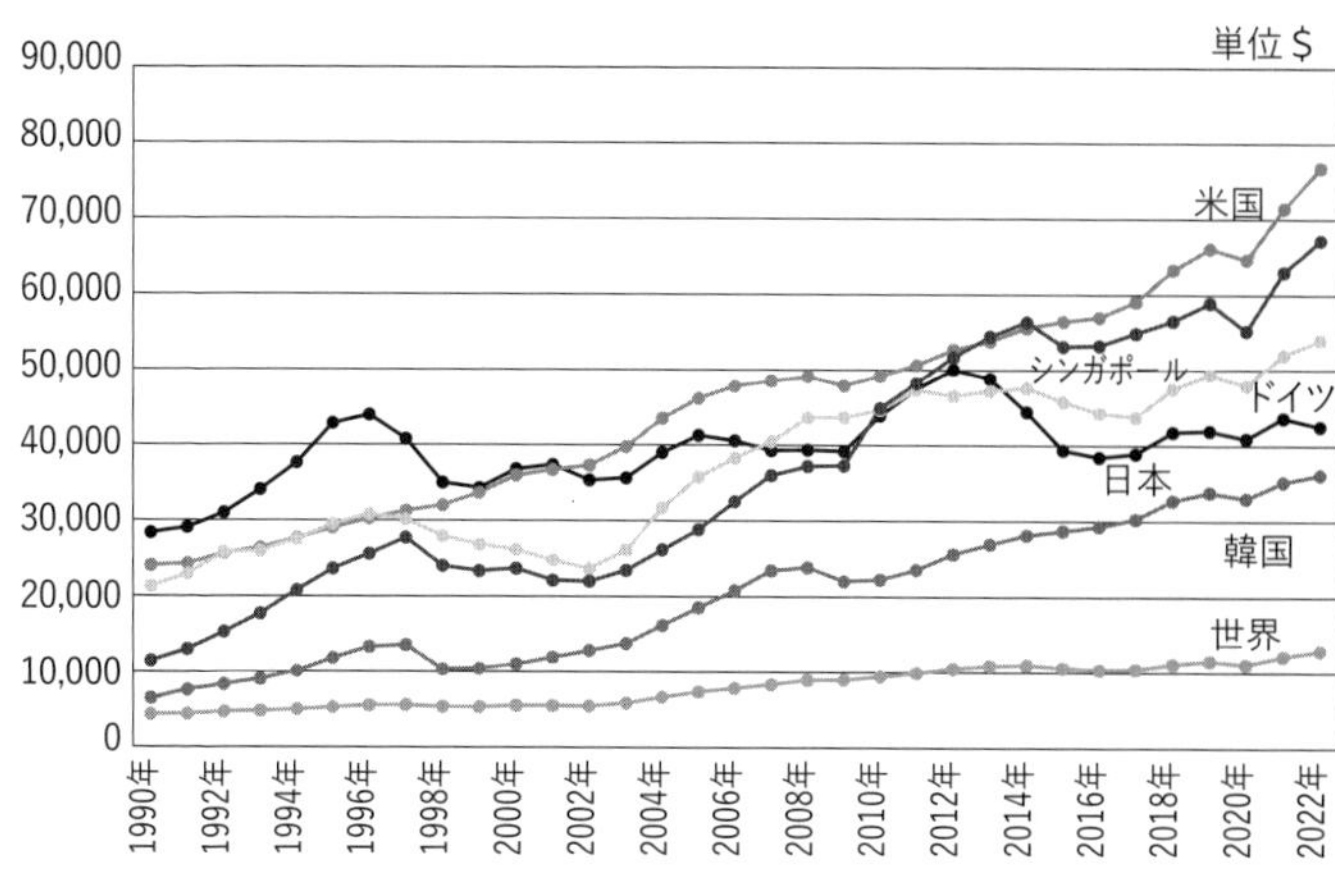

出所：World Bank national accounts data, and OECD National Accounts data files. より作成

企業の数は限られている。

第四は、賃金制度の変化である。

日本的経営の神器である年功序列も昭和時代後期にもなると、職務遂行能力に重点をおいた職能給や、職務の重要度・困難度に重点をおいた職務給など仕事給の要素を組み込んだ給与体系が採用されるようになった。もっとも、年功的要素がかなりの部分を占めていた[30]。

しかし、景気低迷が長引く中で、2000年前後になって大企業を中心に仕事給や成果給の比重が徐々に高められた。また、外資系企業など一部の企業で、年俸制やストックオプション（自社株購入権）[31]といった報奨金制度を導入する企業が登場しはじめたのもその頃である。蛇足ながら、こうした賃金制度改正の中で、一部の労働組合が

「成果主義的な制度導入によって成果や貢献などの評価に基づいて公平な賃金を得られることになるから、従業員のモチベーションもモラールも改善される」と実しやかに喧伝していたのは印象的であった。

何にも増して、賃金制度の最大の問題は、一人当たり国民所得が30年間とほぼ同額だということではないだろうか（**図表4-6**）。

最後は、福利厚生制度の変化である。

福利厚生制度には、在職期間だけでなく退職後の生活に及ぶものも含まれる。高度経済成長期以降の日本企業は、現金給与以外にも退職金や老後生活の糧である年金、社宅・健康保険・療養施設・住宅ローンの利子補給など多額の福利厚生費を負担してきた。平成不況前半期には、これら支出が増大し、総額人件費として企業経営を圧迫するようになりつつあった。加えて、これら福利厚生制度が多様化する労働者のニーズにマッチしていないことも問題であった。

そのため、企業が負担しきれない状況が予測されることから大幅に減額されたり、一律支給ではなく会社への貢献度によって退職金を査定するポイント制退職金や、退職金を月次給与の中に組込んで支払う退職金前払い制度を採用する企業も登場した。また、全社員に一様な福利厚生制度を適用するのではなく、多様化する従業員ニーズを個別に満たすカフェテリア・プラン[32]などの施策を取り入れるようになった。さらに、年金ファンドも、個々人の状況に合わせて選択できるようにもなった。

このように、日本的経営の変化と共に、福利厚生や退職後の生活設計なども、画一的で硬直的なシステムから弾力的で選択的な制度へと変化すると同時に、以前と比較して、より自己責任が求められるようにもなったことは確かである。

景気後退期の長期化とそれに伴う日本企業の失速によって、日本企業の人事制度は少なからず形を変えてきた。そうした制度改革の集大成として安倍政権が示した政策が、２０１８年の「働き方改革」である。

4. 働き方改革の挑戦

ここでは令和時代の労働環境を巡る改革の道標として、日本政府が示した「働き方改革」について触れておくことにしよう。

1 平成元年と令和元年

平成がスタートしたとき男性75・92歳、女性81・90歳だった平均寿命が延伸し、男性81・4歳、女性87・45歳と5〜6歳も長生きになった。その結果、高齢者人口が倍増し、総人口に占める高齢者の割合は平成初期の12・1％から令和の初めには28・4％になった。20年後の2040年には、男性の4割が90歳、女性の2割が100歳まで生存すると見込まれており、盛んに「人生100年時代」が叫ばれている。長寿は喜ぶべきことであるが、他方で出生率の低下（1・57から1・34人）に伴う少子化で人口減少期も目前である。[33] そうなると労働人口が減少することは確実であり、現状で頼りにするのは新規の女性就労者だけである。[34]

平成時代の初頭こそ「夫は外で働き、妻は家庭を守るべきである」といった昭和の常識が通用していたが、その象徴ともいうべき「鍵っ子」という言葉も今や死語である。女性のライフコースに対する意識も大きく変化したこともあって、男女を問わずワークライフバランスを重視するようになった。

平成の30年間は、昭和後半期の30年間より遥かに変化が激しかった。それにもかかわらず、一世帯あたりの平均所得にはほとんど変化がみられない。「生活が苦しい」と訴える国民が過半数を超えるようになり、「一億総中流」だった豊かな日本の姿は見る影もない。待遇格差の大きな非正規社員の割合は19・1％から38・3％に増え、共働きをしなければ生活が立ちいかない状況になった。子供に十分な教育を受けさせようとすると一人っ子となり、さらにその子供に迷惑を掛けずに「人生100年時代」を支える資金を獲得することは容易ではない。

「働き方改革」は、こうした厳しい状況から抜けだすための施策として打ち出された国策の一つである。もっとも、「働き方改革もまた、ポスト真実があちこちに顔をのぞかせている」との批判がないわけではない[35)]。「ポスト真実」の時代とは、事実が軽視され、嘘がまかり通ってしまいがちな時代のことである。

2 働き方改革実行計画

2015年、わが国最長期間の政権運営を担った安倍晋三内閣が、「GDP600兆円」「希望出生率1・8」「介護離職ゼロ」の三大目標実現を掲げて、「一億総活躍会議」を設置した。自ら議長に就任すると関係閣僚や有識者によって構成された会議で策定した原案を基に、「ニッポン一億総活躍プラン」を翌年に閣議決定した。強い経済実現への取り組みで生み出された成長の果実で、子育て支援、社会保障の基盤強化を実現しようというプランである。政府によれば、プラン実現のために不可欠なのが「働き方改革」であり、「多様な働き方が可能になるように、社会の発想や制度を大きく転換しなければならない」ということである。

当初、働き方改革の具体的政策として、「同一労働同一賃金の実現など非正規雇用の待遇改善」、「長時間労働の是正」、「高齢者の就労促進」が示された。翌年3月には「働き方改革実行計画」が決定され、業種・業態、規模などに応じて段階的に改革を進めて行くことを定めた「働き方改革を推進するための関連法律の整備に関する法律（働き方改革関連法）」が交付され、改革は順次進められていった。計画の多くは平成に表出してきた人事を巡る課題の解消である（**図表4-7**）。さらにいえば、この改革は企業と勤労者の関係を見直すことによって、新しいタイプの「日本的経営」を提起しようとする試みとも理解することもできる。

3 働き方改革が目指す姿

働き方改革の具体的施策は、⑴長時間労働の是正、⑵柔軟な働き方の拡充、⑶年次休暇と労働者の健康確保、⑷同一労働同一賃金の実現の4点である。

施策の第一は、長時間労働の是正である。2017年時点の日本の年間総実労働時間は1706時間で、2000時間を超えていた平成初期と比較すると300時間以上減少した。とはいえ、欧州の先進国と比較すると長時間労働であることに変わりなく、とりわけドイツと比べると300時

図表4-7｜働き方改革関連法／施行日一覧

<table>
<tr><th colspan="2">法律</th><th>内容</th><th>大企業への適用</th><th>中小企業への適用</th></tr>
<tr><td colspan="2">労働施策総合推進法</td><td>働き方改革に係る基本的考え方を明らかにするとともに、国は、改革を総合的かつ継続的に推進するための「基本方針」を定める。</td><td colspan="2">2018（平成30）年7月6日</td></tr>
<tr><td rowspan="5">労働基準法</td><td>労働時間の上限（第36条等）</td><td>時間外労働の上限について月45時間、年360時間を原則とし、臨時的な特別な事情がある場合にも上限を設定。（罰則付）</td><td rowspan="4">2019（平成31）年4月1日</td><td>2020（令和2）年4月1日</td></tr>
<tr><td>高度プロフェッショナル制度の創設（第41条の2）</td><td>職務の範囲が明確で一定の年収を有する労働者が高度の専門的知識等を必要とする等の業務に従事する場合に、健康確保措置や本人同意、労使委員会決議等を要件として、労働時間、休日、深夜の割増賃金等の規定を適用除外とする。</td><td rowspan="3">2019（平成31）年4月1日</td></tr>
<tr><td>年5日の年次有給休暇の所得義務（第39条第7項）</td><td>使用者は10日以上の年次有給休暇が付与される労働者に対し、年5日について毎年時期を指定して与えなければならない。</td></tr>
<tr><td>フレックスタイム制の見直し（第32条の3）</td><td>フレックスタイム制の清算期間の上限を1ヶ月から3ヶ月に延長。</td></tr>
<tr><td>中小企業における割増賃金率の猶予措置廃止（第138条）</td><td>月60時間を超える時間外労働に係る割増賃金率（50%以上）について、中小企業への猶予措置を廃止。</td><td>—</td><td>2023（令和5）年4月1日</td></tr>
<tr><td colspan="2">労働時間等設定改善法</td><td>勤務間インターバル制度の導入、短納期発注や発注内容の頻繁な変更を行わないなど取引上の必要な配慮の努力義務化など。</td><td colspan="2" rowspan="2">2019（平成31）年4月1日</td></tr>
<tr><td colspan="2">労働安全衛生法、じん肺法</td><td>産業医・産業保健機能の強化、高プロ対象者を除くすべての労働者を対象とした労働時間の状況の把握の義務化など。</td></tr>
<tr><td colspan="2">パートタイム・有期雇用労働法</td><td>短時間・有期雇用労働者について、①不合理な待遇差を解消するための規定の整備、②待遇差の内容・理由等に関する説明の義務化、③裁判外紛争解決手続（行政ADR）の整備など。</td><td>2020（令和2）年4月1日</td><td>2021（令和3）年4月1日</td></tr>
<tr><td colspan="2">労働者派遣法</td><td>派遣労働者について、①不合理な待遇差を解消するための規定の整備、②待遇差の内容・理由等に関する説明の義務化、③裁判外紛争解決手続（行政ADR）の整備など。</td><td colspan="2">2020（令和2）年4月1日</td></tr>
</table>

出所：「令和2年度版厚生労働白書」p.138

間以上も長時間であった。しかも、当時日本では「サービス残業」を強要するブラック企業が出没していることが頻繁に報道されていた。また、総労働時間の計算に短時間労働のアルバイトなどの非正規労働者が含まれていて、正規労働者の実労働時間は減少していないということも指摘されている。[36] つまり、日本の労働者の状況は、平成初期とほとんど変わっていなかったということになる。一方で、勤勉が売り物であった日本の労働者の労働時間が米国よりも短時間であることには少なからず驚きを与えたものの、所得格差を考えれば妥当である（**図表4-8**）。

改革の具体策の第二は、「柔軟な働き方」に向けられた施策である。前述したように、平成の30年間、わが国企業でもさまざまな働き方が導入されてきた。しかしながら、それらの制度は適用範

図表4-8｜総実労働時間の国際比較

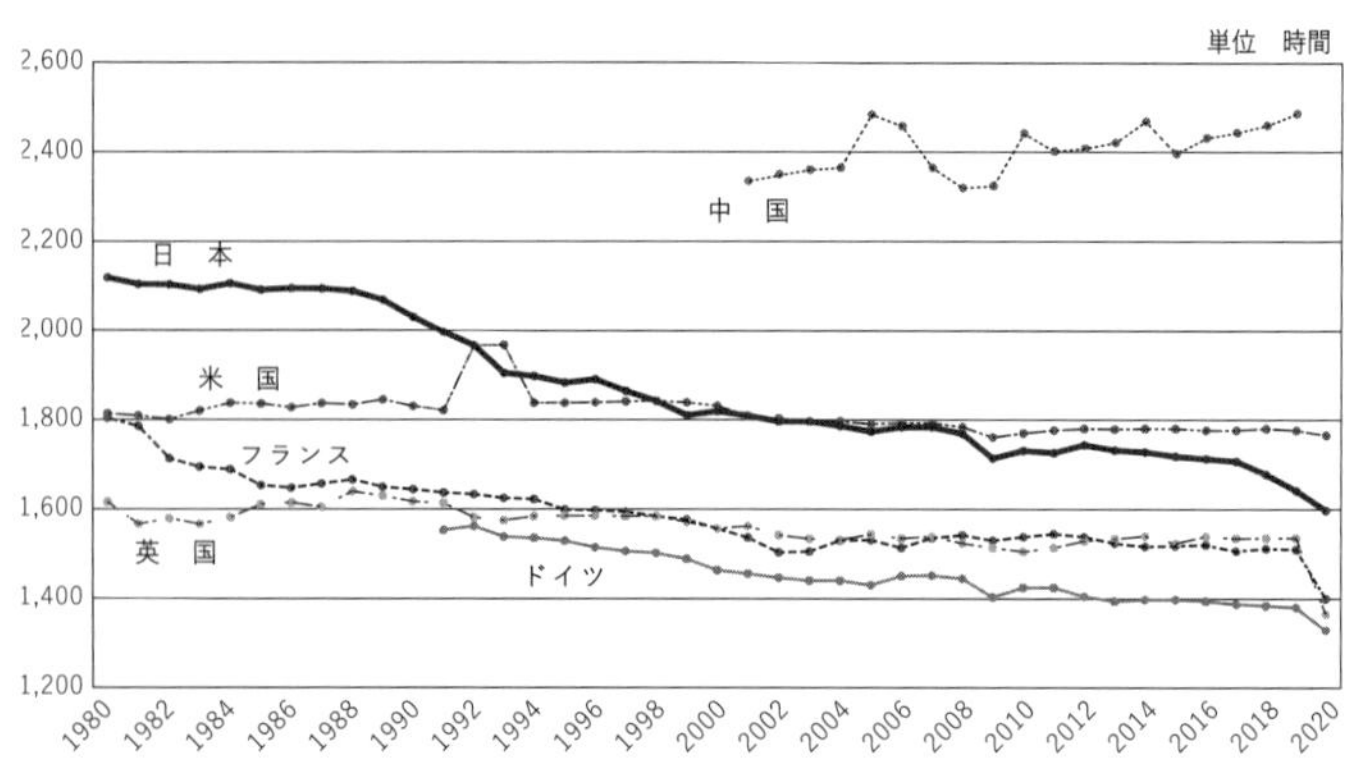

出所：OECDEmploymentOutlook（2021）および中国労働統計年鑑より作成

囲が限定的な上に制度設計も不十分で、労働者にとって不利益な制度も少なくなかった。働き方改革の実施によって曖昧な部分の是正を目指しただけでなく、副業や兼業、フリーランスの拡充が図られた。また、労働者の健康確保やワークライフバランスにも目が向けられて、有給休暇や年次休暇の取得の義務化などが強化された。

さらに、働き方改革の目玉ともいうべき施策が、同一労働同一賃金の導入である。終身雇用と年功序列を前提とした従前の雇用制度の下では、正規従業員と非正規従業員が同一労働であることはあり得なかった。非正規労働者が管理職に就くことはなかったし、非正規社員と正規社員との間には、賃金に関しても労働条件に関しても明確に線引きがなされていた。それに対して、働き方改革が目指すジョブ型雇用制度の下では、契約で定める職務によって賃金が決定され、同じ職務で賃金が違うことはあり得ない。要するに、同一労働同一賃金を強調する働き方改革が目指すところは、日本的経営の人事システムとは対極に位置するものであるといえるのである。

是非は兎に角、私企業の経営制度に対して国が重い腰を上げて手を加えようとしたことには意味がある。ただし、現在政府が目指している「経営者と従業員の関係」は、互いに自由で、自立的、そして契約に基づく関係であるという点で、この改革が目指しているのは極めてドライな社会であるという点については、今後、議論が必要となるかもしれない。

5. 悪循環からの脱却

平成時代はわずか4年あまりの短い好景気と、20年を超える長い不況の2つのフェーズに跨ぐ時代であり、この間に日本企業・日本経済は著しくパワーダウンした。併せて、かつて衆目を集めた「日本的経営」という経営システムの価値や矜持も失墜して、それは大きく変化した。

本章をむすぶにあたり、日本的経営の功罪が日本企業ないしは日本経済の低迷に、どのようにして影響を及ぼしてきたのかについて考えていくことにしよう。

図表4-9｜日本的経営のライフサイクル

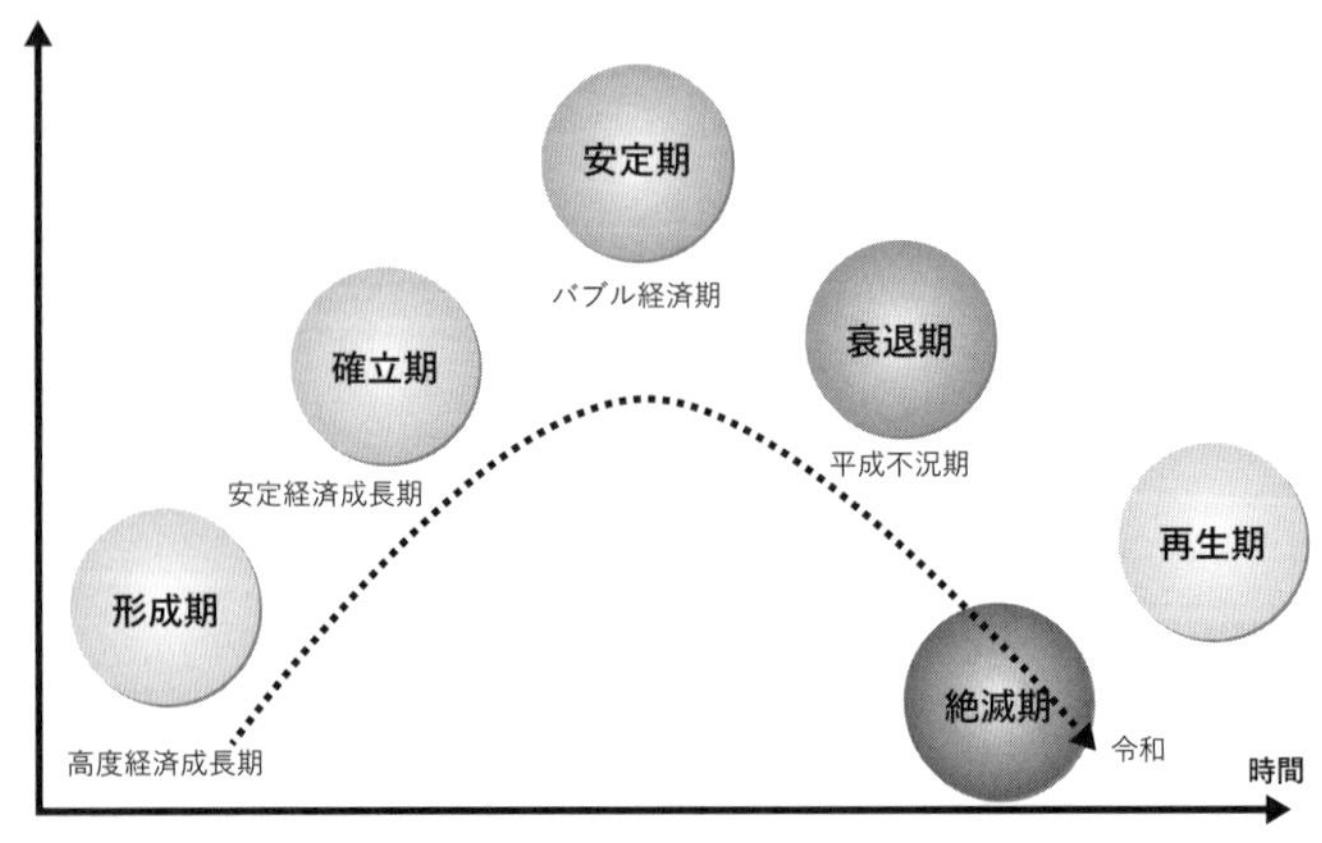

1 日本的経営のライフサイクル

日本的経営のライフサイクルを考えると、(1)高度経済成長期に至る日本的経営の「形成期」、(2)安定経済成長期の「確立期」、(3)バブル経済時代の「安定期」、(4)平成不況期の「衰退期」、そして(5)令和の「絶滅期」あるいは「再生期」となる（**図表4-9**）。日本的経営の「衰退期」に当たる平成時代、企業行動を支配してきたロジックの核心は、過去の否定と過去との決別であった。同時代、わが国企業の多くは、従前から得手だった連続性のある「改善（カイゼン）」を放棄して、不得手な不連続の「革新（イノベーション）」に重心をおこうとしてきた。そのため、この時代のリーダーシップはかつて一世を風靡した日本的経営の制度的デメリットを強調し、異なるシステムをいかに構築するかに焦点をあててきた。

確かに、チャレンジングなトップマネジメントやエグゼクティブ、ミドルマネジメントの姿は、いかにも威勢がよく、頼もしく、その試みが正しい選択であるかに映るだろう。とはいえ、革新や変革を無手勝流で進めることは危険である。目標やビジョン達成のために無理をすれば、途中で挫折するか、生き長らえたまま朽ちるか、いずれにしても将来に禍根を残すことになりかねない。そういったチャレンジも、成功すれば喝采ものである。

スタートアップ企業のように既存のビジネスが存在せずゼロからスタートするのであれば、攻めの一手で進んでも流す血は少ないかもしれない。犠牲にするものが少ない分、身軽で成功する確率も上がるに違いない。ところが、現存している組織や企業は既に現業で糧を得ており、ゼロからスタートする企業が掲げるようなロジックや方法、気合いや情熱だけで革新に挑戦するわけにはいかないことはいうまでもない。

経営環境の変化に合わせて事業構造（ビジネスデザイン）を革新していくことは、いかなる企業にとっても重要なことかもしれない。そのため、できるだけ迅速に新規事業や斬新なビジネスデザインを創出することが求められる。いかなる企業もライフサイクルの呪縛から逃れることはできないから、挑戦することは不可避である。とはいっても、インプットに回す経営資源を保有していなければ、革新や変革、挑戦もあったものではない。すべてかけてチャレンジできるのは、スタートアップ企業の特権である。失うべきものが少ないということは、スタートアップ企業の最大の強みといってもよいかもしれない。

その上、現状で事業を展開している企業の場合、ビジネスデザインの革新にチャレンジすると同時に、既存の組織管理構造（マネジメントデザイン）の変革に取り組むことも求められる。[37] ところがマネジメントデザインの変革には、殊の外、慎重さが必要である。マネジメントデザインには不可視な部分が多く、複雑な上に連続性をもったシステムである。その上、アルゴリズムだけでは動かない感情をもった人間が構成していることも考慮しなければならない。[38]

振り返ると、日本的経営が「安定期」を経てバブル経済崩壊に至るまでの間、日本企業の事業展開と「三種の神器」に守られた経営とは、実にうまくフィットして効果的に機能していた。ビジネスデザインとマネジメントデザインが見事に適合していたのである。

ところが、長期景気低迷で生業が不調になると同時に、グローバル化と技術革新が急速に進み、それらが複雑に絡み合って企業を巡る経営環境と企業活動との間に大きなギャップが生じたのである。そのギャップに対処するために、企業はすぐさま事業革新や経営変革に取り組もうとした。ところが、日本企業にとってバブル経済崩壊はあまりにも唐突かつ突然のことであったために、精度の高い設計図がない中で明確なプランを策定する間もなく、それまでの50年間に刷り込まれてきた組織管理体制を打破することを試みたのであった。一方で、その時点で事業構造に手がつけられることはほとんどなかった。

企業経営にとって時宜に応じて対症療法を施すことは必要不可欠である。しかし大きな変化を乗り越える場合には、先ずビジネスデザインの革新を進めて、それに見合った形にマネジメントデザインを変革していくのが道理である。ところが、同時代の日本企業の多くは、マネジメントデザインの変革だけで環境変化を乗り切ろうとしたのである。

それこそが、平成の初動ミスであった。

2 リーダーシップの悪循環

さらに、その後の展開にも問題があった。

バブル経済崩壊後に最初に変革に取り組んだリーダーの多くは、いわゆるメンバーシップ型雇用制度で雇用され[39]、高度経済成長やバブル景気の恩恵を一身に受けて、形成期や安定期の生粋の日本的経営の中で育てられ昇進・昇格してきた。つまり、事業を拡大し経営基盤の確立にかかわった成功体験者である。そうした彼らが、変化に対する理念もビジョンも持つことなく、また再興プロセスの困難さを察知することなく、自らのバックボーンであった日本的経営に手をつけた。彼らの多くは、成功体験を引きずり自らの権益に固執しながら、コスト削減を旗頭にリストラを断行した。そして、以後続く、変革シンドロームへ道をつけたのであった。

その後、かのリーダーたちが表舞台から退場した後を引き継いで変革を任されたのは、幼少期に高度経済成長期を経験し、壮年期になってバブル経済の恩恵を受けて、自力で事業の成長や成功を具現化する経験を持たない次世代リーダーであった。日本的経営衰退期に純粋培養されたリーダーである。エグゼクティブやミドルマネジメントなどの重要ポストに就いた次世代リーダーたちは、目前の経営環境の変化に対して自分達があたかもセンシティブであるかのように振舞い先導した。しかしながら、彼らは加速する環境変化を先取りできず、むしろそれに乗り遅れて最悪な場合には追い付くことさえできずに、新しいビジネスデザインを構想することもできなかった。

しかしながら、当然のように、自らのポジションの確保と維持には精を出した。「三種の神器」の罪を論い、功を求めて変革や革新をスローガンに掲げて、歴史や伝統を切り捨て破壊するターリバーンの如くにリーダーシップを発揮し始めた。「だめだったら、元に戻せばいい」と手当たり次第に手を付けていった。しかしながら、慣習や文化あるいは制度など組織が歴史の中で作り上げられてきた構造や状況は、一度消去されると復活させることが難しく、カオスはますます高まった。

繰り返しになるが、マネジメントデザインを変える際には、慎重かつ熟慮が必要である。部分最適と全体最適とは必ずしも一致するわけではないし、部分最適を繰り返していると、当初求めていた全体最適が何であったか分からなくなることすらある。「何を変えるのか」を考えると同時に、「何を変えてはいけないのか」まで思いを巡らせることが、変革期のリーダーシップに求められる重大な資質である。

変化の振れ幅が大きい経営環境の中にあってリーダーシップは、ビジネスデザイン革新に向けて創造力を大胆に発揮する一方で、複雑系であるマネジメントデザインを変革する繊細さと周到さを備えていなければならない。持つべきは、攻めと守りの「ヤヌスの顔」である。どちらか一方に長けているだけでは不十分である。思いつきや思い入れ、思い込みの強い、後方不注意でおっちょこちょいで、自尊心だけ強い卑屈なリーダーでは困るのである。

無論、平成時代のトップやエグゼクティブ、ミドルマネジメントの皆がそうだったといっているわけではない。しかしながら、平成末期のリーダーシップの平均値は、概ねこの程度であったのかもしれない。換言すれば、平成日本の凋落をもたらした根本原因は、日本的経営というシステムではなく、時代に仇なしてその中で培われ引き継がれてきた「リーダーシップの悪循環」にあったのではないだろうか。ＧＤＰと少子高齢化率以外のほとんどの指標で先進国中最低水準となった今、最早悪循環を引き継ぐリーダーシップは不要である。

3 悪循環を断ち切る

悲しいかな、かく言う筆者も、リーダーシップの悪循環の片棒を担いできた大いなる勘違い世代の一人である。そのため、言葉に重みや信憑性を欠くことを承知でいえば、「今こそ、悪循環を断ち切るチャンス」である。

令和時代がスタートし、パンデミックが終息した現在こそ、今後の日本の浮沈を占う重大な時であり、その担い手、主役は青年期や壮年期の血気盛んで働き盛りの人々である。平成の30年間を通じて、日本企業・日本経済は確実に弱体化した。ライフサイクルからいえば衰退期の後に来るのは死滅であるが、それをただ待つのも愚かである。昭和末期の残党の多くも退場しつつあるから、今こそ悪循環を断ち切る絶好の機会である。

幸か不幸か、この30年間に社会環境も経営環境も地球規模で大きく変わり、「何が正で、何が否であるか」の線引きも不鮮明になっている。かつて不適切であったものが適切に転じたかもしれないし、かつて適切であったものが不適切に転じたかもしれない。あるいは、かつて不適切であったものは依然として不適切かもしれず、逆も真なりかもしれない。

どちらにしても、不連続で魑魅魍魎が跋扈するグローバリゼーションが進展した現代社会には、処々にチャンスの窓が開いていることは確かである。東京2020オリンピックでメダルの数が激増したのは、アスリートの血の滲むような努力だけではない。新しい競技や復活した競技が増え、それに果敢に挑戦したことも大きな要因である。

矛盾と混乱に満ちた世界では、それを解消する手段を見つけることで大きなチャンスが生まれるはずである。不連続な今こそ、これまでの悪循環を断ち切ってやり直すことができるはずである。

注

1) ボストンコンサルティンググループ編著、『日本経営の探求』、東洋経済新報社、１９７０年、pp.1-2

2) 当時出版された書籍は、Vogel Ezra F., "Japan as number one", Harvard University Press, 1979（『ジャパン・アズ・ナンバーワン』、広中和歌子、木本彰子訳、１９７９）、オオウチウィリアム、『セオリーZ』、ソニー・マガジンズ、徳山二郎訳、１９８１年）などである

3) 当時の日本的経営研究で代表的で日本語に翻訳されたものとして、以下の研究が挙げられる。Peters Thomas J. & Waterman Robert H., Harper Collins, "In Search of Excellence", 1982（『エクセレント・カンパニー』、大前研一訳、1983年）、Peters Tom, "Handbook for a Management Revolution", Excel/, a California Limited Partnership, 1987（『経営革命』平野勇夫訳、TBSブリタニカ、1989）、Robert C. Christopher, "SECOND TO NONE", Crown, 1986（『日本で勝てれば世界で勝てる』徳山二郎訳、講談社１９８６）、Hamel Gary & Prahalad C. K., "COMPETING FOR THE FUTURE", Harvard Business School Press, 1993（『コアコンピタンス

経営』一條和生訳日本経済新聞社１９９５）』、Hammer Michael & Champy James, "Re-engineering the corporation", ボストンコンサルティンググループ、『タイムベース競争』、プレジデント社、１９９０、Harpercollins, 1993（『リエンジニアリング革命』野中郁次郎訳日本経済新聞社１９９８）、Collins Jim & Porras Jerry I., "Built to Last", Harper Bus, 1994、（『ビジョナリー・カンパニー』山岡洋一訳１９９５）、カーター D. E.、『コンカレントエンジニアリング』、ＪＭＡＭ、１９９２、藤本隆宏、B．クラーク、『実証研究製品開発力』、ダイヤモンド社、１９９３

4) ２０２１年現在、多くの企業では60歳を定年と定めている。

5) 樋口美雄、「長期雇用システムは崩壊したのか」、日本労働研究雑誌、No.525/April,2004

6) １８１０年代の産業革命期に英国の織物・編物工業地帯に起こった機械破壊運動。産業革命によって生まれた機械工業のため失業の危険にさらされた手工業職人や労働者による運動。

7) 岩田龍子、『日本的経営論争』、日本経済新聞社、１９８４、p.19

8) 前掲書、pp.45-72

9) 前掲書、pp.187-188

10) 西山忠範、『日本は資本主義ではない』、三笠書房、１９８１、p.98

11) 稟議制度とは、「稟議書」と呼ばれる書類を回覧して、当該の意思決定に関係する部門および職位の審議を経て多くの関係者の承認を得てから実行に移すという意思決定方法である。基本的には、情報伝達、承認権限の確認儀礼としての性格を持っているが、意見対立の解消、情報の共有が主たる機能である。日本的経営論の草分け的権威である小野豊明は、『日本的経営と稟議制度』（ダイヤモンド社、１９６０）の中で、「稟議制度は日本の企業経営のすべてであった」と記述している。

12) 「根回し」とは、コンセンサスを得るための非公式的なプロセスであり、上述の稟議制は、根回しを公式化したものと言われている。メリットは、職務権限の曖昧な部門間の意志疎通を促進することによって、腹蔵のない話し合いによって意見の食い違いを解消しながらよりよい解決手段を見つけだすことができることにある。

13) 岩田龍子、前掲書

14) 野中郁次郎、竹内弘高、梅本勝博、『知識創造企業』、東洋経済新報社、1996に詳しいので参照

15) 伊丹敬之、『人本主義』、筑摩書房、1987に詳しいので参照

16) 野中郁次郎一橋大学名誉教授がポランニーの研究を参考にして日本企業の特徴を解説している。

17) Peters Tom, "Handbook for a Management Revolution", Excel/,a California Limited Partnership, 1987(『経営革命』平野勇夫訳、TBSブリタニカ、1989)に詳しいので参照

18) Hamel Gary & Prahalad C. K., "Competing for the future", Harvard Business School Press, 1994(『コアコンピタンス経営』一條和生訳日本経済新聞社1995)に詳しいので参照

19) Hammer Michael & Champy James, "Re-engineering the corporation", Harpercollins, 1993(『リエンジニアリング革命』野中郁次郎訳日本経済新聞社1998)に詳しいので参照

20) Collins Jim & Porras Jerry I., "Built to last", Harper Bus, 1994(『ビジョナリー・カンパニー』山岡洋一訳日経BP社1995)に詳しいので参照

21) 当時の消費市場の状況については、拙著『コーポレートデザインの再設計』に詳しいので参照。

22) 1997年から1998年にかけて、北海道拓殖銀行(拓銀)、日本長期信用銀行(長銀)、日本債券信用銀行(日債銀)、山一證券、三洋証券など大手金融機関が、不良債権の増加や株価低迷のあおりを受けて倒産した。

23) パートタイム労働者には、時間パートと呼称パートの二つのタイプがある。彼らは一般労働者より労働時間が短く、通常週35時間未満の労働者をいう。森岡孝二『雇用身分社会の出現と労働時間』によれば、パートタイム労働者は有期雇用の低賃金労働者である。

24) 派遣労働者は、1985年に成立した労働者派遣法によって合法化された。当初、適用業種が限定的であ

ったが、1996年の改正で26業種にまで広がるとその後対象業種が拡大された。

25) 1985年の「男女雇用機会均等法」以降、育児・介護休業法やパートタイム労働法などが次々制定され、女性が働きやすい法整備がなされてきたこともあって、現在では、女性就業者のうち9割が雇用者であり、共働き世帯も65％以上を占めるに至っている。

26) 厚生労働省、「就業形態の多様化に関する創業実態調査報告」、2003年

27) 前掲書

28) 2020年、政府は就職氷河期世代の不本意非正規社員への対応をスタートさせている。しかしながら、その対応が遅きに失していると感じるのは、当事者である同時代の卒業生と、彼らを世に送り出した老教員だけであろうか。

29) JILPTが2004年に従業員数200人以上の企業を対象にして行った調査、「企業の経営戦略と人事処遇制度などに関する総合的分析」である。

30) 職能資格制度とは、個人の技能・知識・経験などの職務遂行能力に基づいて、従業員を評価し、社内での格付けが決定される制度であり、給与もそれに応じて支払われる。職能給制度は、職務内容が詳細に決められ給与が支払われる職務給に比べて自由度が高く、人材を機動的に配置することができ、従業員の能力開発意欲を引き出せるなどのメリットがある。成果主義が声高に言われたこともあって、職能資格制度に占める年功序列の割合はかなりの程度、払拭されてきたことは事実である。今に至って、それが完全に払拭されたかといえば、「その通りだ」と断言できないのも事実である。

31) 自社株をあらかじめ決められた価格で買うことのできるストックオプション(自社株購入権)などの高額報奨金制度である。

32) 企業が設定した福利厚生メニューの中から従業員が付与されたポイント内で、好きなものを選択できる制度である。1980年代米国で生まれた制度である。

33) 1989年の出生率と2021年の出生率である。出所は厚生労働省、人口動態統計。

34) もっとも、令和の今になっても、日本の男女格差は大きな問題として国際的にも取り沙汰されている。

35) 久原稔『働き方改革の嘘』集英社新書、2018、p.13

36) 日本の平均時間が短くなっている大きな理由として、全労働者の平均労働時間に、パートタイム労働者が含まれていることが指摘されている。一般労働者に限ると、年間200時間以上長くなる。森岡孝二、『雇用身分社会の出現と労働時間』、p.119に詳しいので参照。

37) 岩﨑尚人、前掲書を参照。

38) ハラリY. N.は、著書『21レッスンズ』の中で、生命体の活動はすべてアルゴリズムで決定されているとするものの、心だけは異なると指摘している。Harari, Y. N., "21 Lessons for the 21st century", Random House, 2018を参照。

39) メンバーシップ型雇用の対概念は、ジョブ型雇用である。前者の雇用タイプの典型は終身雇用制であり、後者の典型はプロフェッショナルの社外人材である。わが国でも日立、富士通、KDDI、資生堂などがその導入に積極的に取り組んでいる。

第5章

老舗の新時代

1．100年企業が乗り越えた時代の変遷

スペイン風邪が日本に上陸して猛威を振るったのは、Covid-19の襲来で世界が一変した2020年を100年程前に遡る、1918年のことである。今次のパンデミックで世界全体で約7億人が感染し約700万人が亡くなったのに対して、100年前のパンデミックでは死者だけで4000万人を超えていた。当時世界の人口が18億人程度であったというから、人口比で考えると被害状況は想像を絶するほど酷かったに違いない。

当時の人々は、われわれ以上に不便な生活を強いられていたことはいうまでもないだろう。テレビもインターネットもなく、庶民にほとんど情報が入ってこない中で、何を知って何を知らずに日常を送っていたのであろうか。当時の記録は限られているため微細な状況は推測するしかないが、外出の際にマスクを着用していたことは今回と同様である。

そうした無惨なパンデミックが落ち着く間もなく、1923年に関東地方を大震災が襲った。[1] 64年間続く昭和がスタートしたのは、その復興最中の1926年のことである。感染症、地震、経済恐慌、そして戦争という四重苦への幕開けであった。しかしながら、1945年8月のポツダム宣言受諾に至る前半の20年こそ戦渦に塗れていたものの、それ以降の昭和は、経済的にも豊かで社会

的にも安定した時代であった。

戦後の混乱期には、ホンダやソニーといった新興企業が数多く立ち上げられ、1960年代の高度経済成長期を経て世界市場を闊歩する国際派企業が数多く輩出された[2)]。1980年代になると、それらの企業に支えられて、日本経済は世界経済のリーダーの一角を為すまでになった。荒廃からの奇跡の復興劇を体現した舞台が昭和であった。

新興企業が次々と表舞台に登場する一方で、日本文化や伝統を守りそれを後世に伝える「老舗」と呼ばれる長期存続企業もまた不遇の時を乗り越えて生き残ってきた。昭和末期から平成初期の間に100年の歴史を誇っていた老舗が創業したのは明治時代で、平成後期に100周年を迎えた老舗の創業は大正時代ということになる。昭和の新人類がイメージする老舗は、このように大正時代以前に創業された100年企業である。そして令和の時代になると、1925年、すなわち昭和元年に創業された企業が100年企業ということになる。なるほど、元号によって老舗のイメージも大きく変わるのである。

2．老舗とは何か

本章では、歴史を生き抜き存続してきた長寿企業のコーポレートデザインについて、「老舗」の経営を通じて考えていくことにしよう。まず、「老舗とは何か」について考えていくことにしよう。

1 老舗の定義

コロナ禍の騒動によって、中小零細規模の多くの事業者が、「倒産か、廃業か」の選択を迫られた。老舗も例外ではなく、2021年年始には「老舗のコロナ倒産200件超」と報道された。「帝国データバンクによると、新型コロナウイルスの影響による事業歴50年以上の企業倒産は2020年1～12月、全国で202件に上った。倒産前に自ら廃業を決断する場合もあり、市場から消えた老舗はさらに多いとみられる。」[3)]

日経新聞によるこの報道で気になることの一つは、老舗企業の調査に長く取り組んで来た帝国データバンクが、老舗の定義を「事業歴50年以上」としている点である。この基準を採用するならば、2020年の時点でいうと1970（昭和45）年以前に創業した企業はすべて「老舗」の称号を手に入れることになる。[4] それに対して、東京商工リサーチの記事では「設立年を基準に創業100年以上の企業」を老舗としている。

「2017年に創業100年以上となる老舗企業は、全国で3万3069社あることがわかった。前回調査（2012年8月）より5628社（20・5％）増加した。最古の老舗企業は社寺建築の（株）金剛組（大阪府）の578年創業だった。（中略）業種別では、「清酒製造業」（850社）、「貸事務所業」（694社）、「旅館、ホテル」・「酒小売業」（各693社）が上位を占めた。」[5]

老舗の側にしてみれば、創業100年と創業50年では意味合いが変わってくるに違いない。創業からの年月が「老舗」と見做される条件のひとつであることは間違いない。しかしながら、それだけで、老舗か否かを決めるのも少々乱暴であるかもしれない。とりわけ、昭和100年時代の老舗には、存続年数だけではない老舗の矜持があるに違いない。

2 老舗企業経営の「三種の神器」

振り返ると、筆者が老舗研究に取り組み始めたのは、平成初期のことであった。明治学院大学名誉教授神田良氏との共同研究がその発端である。それから数年経て、1996年に、当時100年以上の歴史を有する老舗企業を対象に1回目のアンケート調査を行った。その調査結果によって、

「家の継承」「事業の継承」「家訓の継承」の「三種の神器」が老舗経営の重要な特徴であることを確認した（**図表5-1、図表5-2**）。

それから12年を経て実施した同様の調査でも、老舗のイメージとして「三種の神器」が支配的であることが再確認された。[6] 2回目に実施した2008年の調査では、「家の継承」と関連する所有について、「完全支配」と回答した企業が81％、「過半数支配」の企業が8％で、「過半数以下」あるいは「非一族支配」と回答したのはわずか10％程度であった。1996年の調査でもほぼ同様の結果で、[7] 老舗の「家の継承」が老舗経営の特徴の一つであることが確認された（**図表5-3**）。

二番目の神器である「事業の継承」に関連する項目について2回目の調査では、「事業が変わっていない」と回答した企業が28％、「主力事業は同じ」と回答した企業36％であった。それらに「一部変わった」企業を加えると、事業構造を大きく変えていない老舗が全体の85％以上を占めていた。1回目の調査に比べて特徴的であったのは、「一部変わった」や「完全に変わった」と回答した企業の割合が微増傾向にあったことである。ＩＣＴの発展やグローバル化、少子高齢化といった経営環境の変化が老舗のビジネスを少なからず左右したのであろう（**図表5-4**）。

第三の神器の「家訓の継承」にかかわる家訓の有無について、「なし」と回答した企業が36％なのに対して、6割以上が何らかの形の家訓を継承し、その中の47％が明文化した家訓を持っていた。明文化している企業が最初の調査に比べて多くなっていることから、世紀の変わり目を契機に家訓

図表5-1｜老舗企業の平均値

	1996年調査	2008年調査
年齢	198歳	143歳
継承	7代目	5代目
資本金	66百万円	62百万円
従業員	116人	126人
売上高	50億円	45億円

出所：『老舗の教え』および『中小企業の事業継続性に関する調査研究』より作成

図表5-2｜老舗の三種の神器

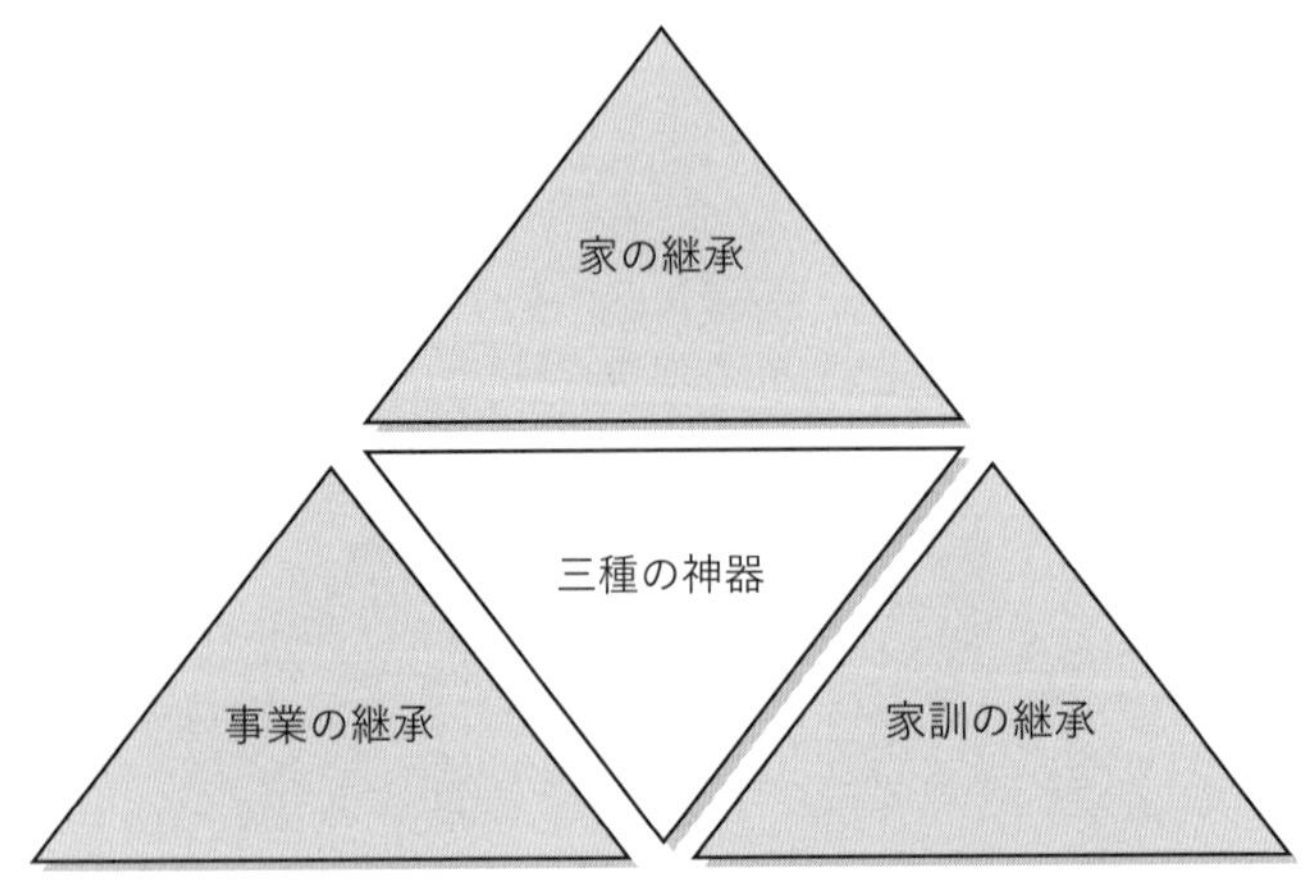

出所：『老舗の教え』および『中小企業の事業継続性に関する調査研究』より作成

図表5-3｜家の継承

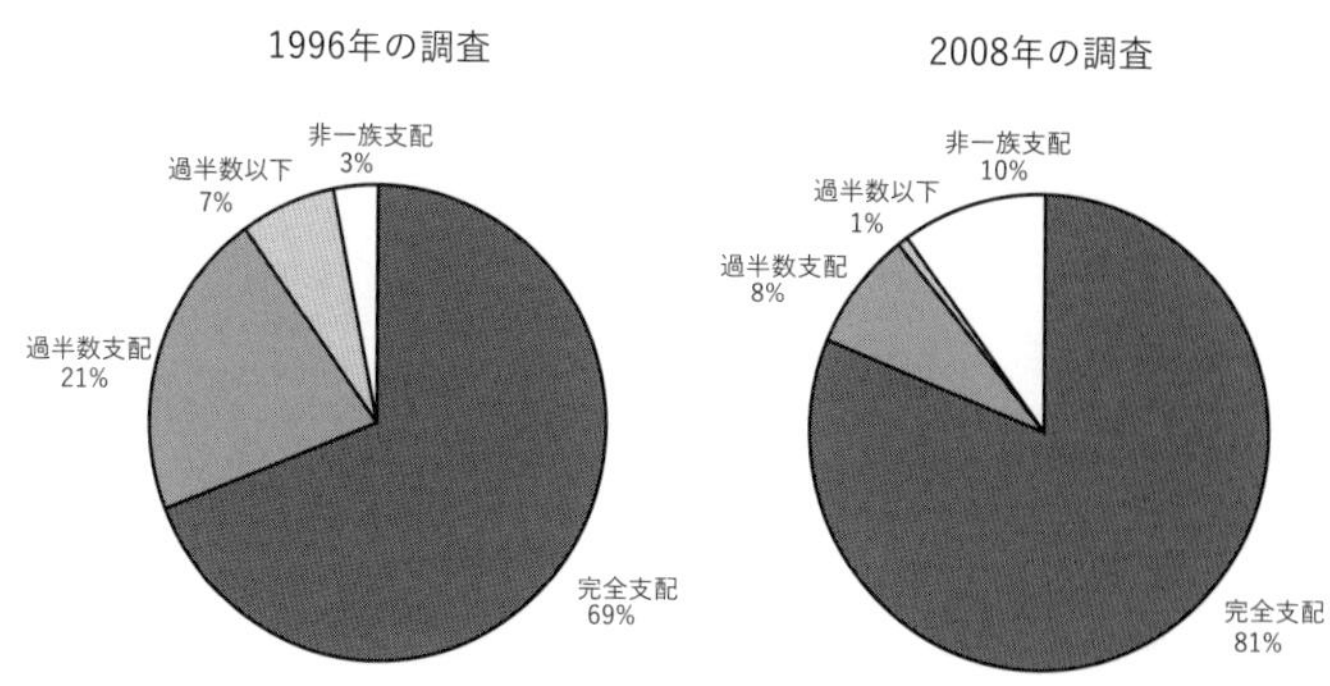

出所：『老舗の教え』および『中小企業の事業存続性に関する調査研究』より作成

図表5-4｜事業の継承

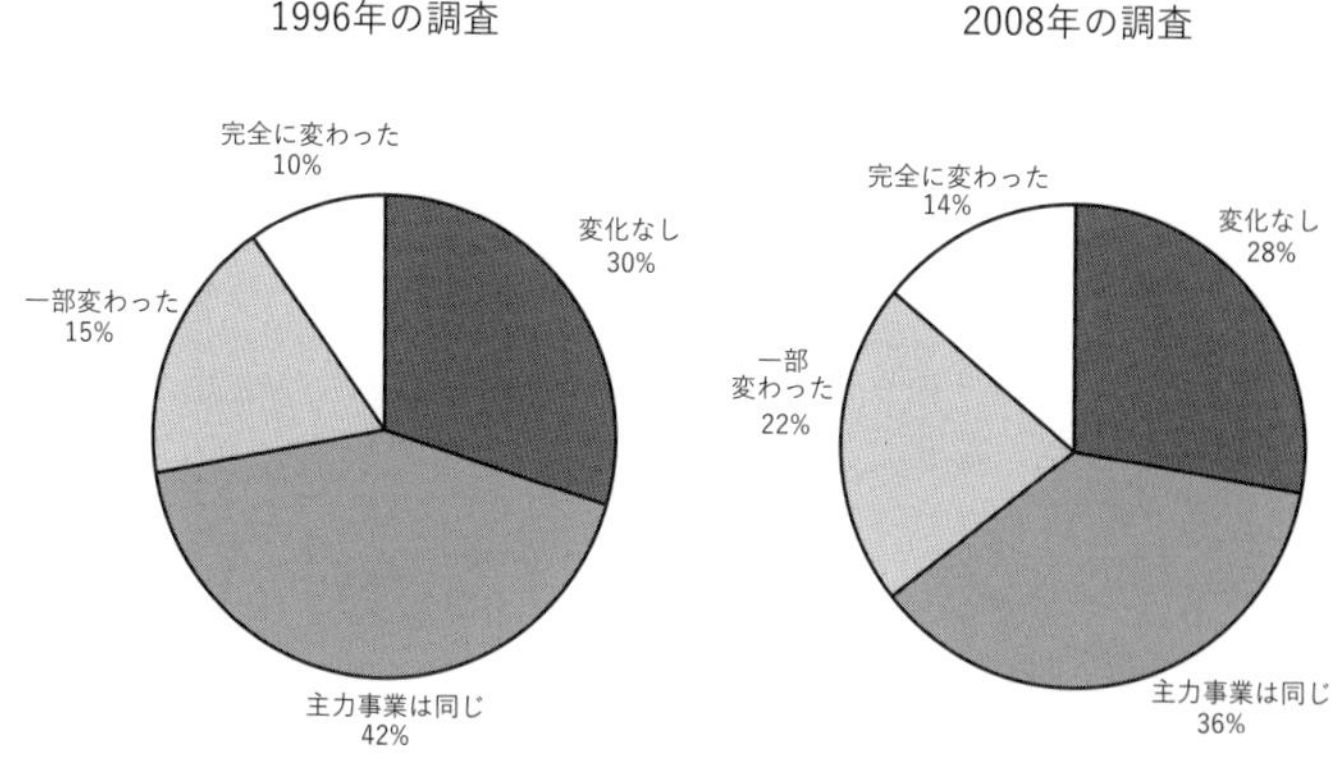

出所：『老舗の教え』および『中小企業の事業存続性に関する調査研究』より作成

図表5-5｜家訓の継承

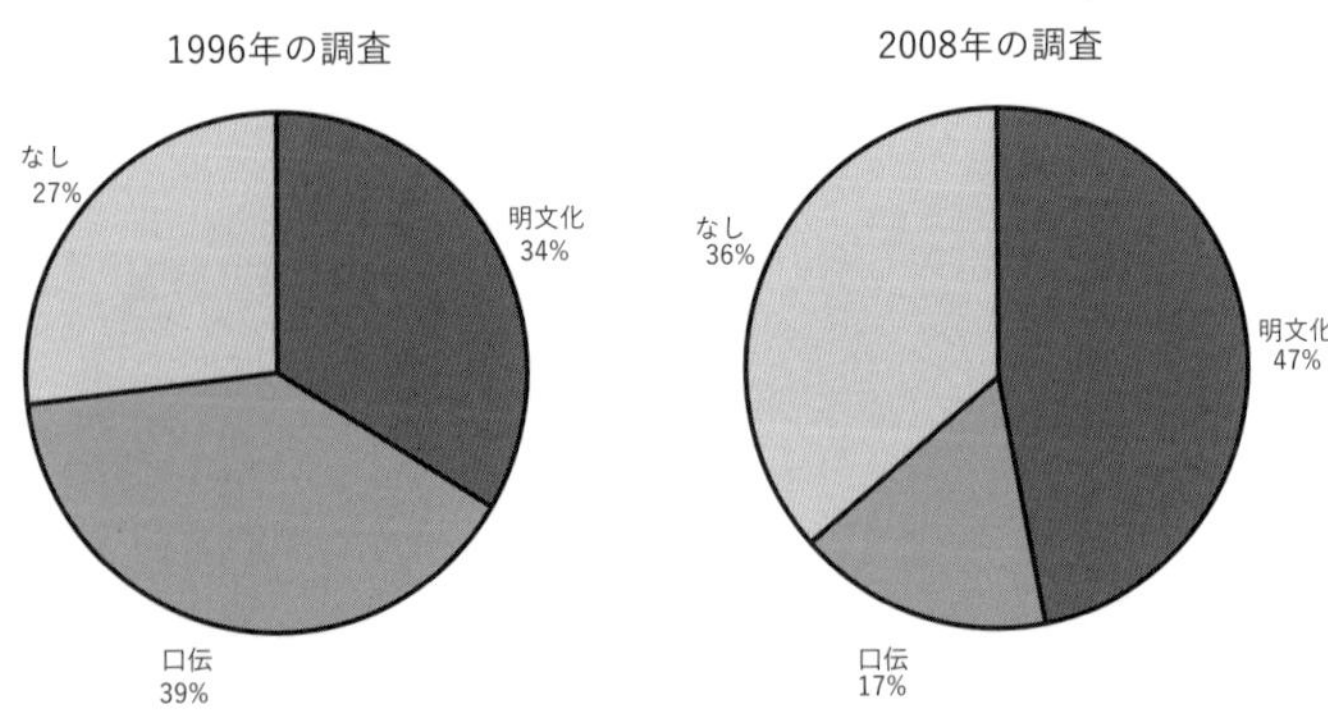

出所：『老舗の教え』および『中小企業の事業存続性に関する調査研究』より作成

の明文化を進めたためと思われる（**図表5-5**）。

こうした実態調査によって、明治時代や大正時代に創業された老舗企業の多くが老舗の「三種の神器」を経営基盤としてきたことが再確認されたが、それに加えて、時代の変化が老舗経営に影響を与えてきたことも併せて明らかになった。つまり、「老舗の三種の神器」だけが必ずしも、老舗経営のエッセンスではないことが明らかになったのである。

これらの事実を踏まえた上で、これまで積み上げてきた老舗企業の研究をベースにして、企業が長寿を保つための秘訣である「サステナビリティ・マネジメント」について考えていくことにしよう。

3．サステナビリティ・マネジメントのエッセンス

企業が長生きしていくためには、一時的に競争優位性を発揮するだけでなく、自らの強みを長期的に維持・強化するマネジメントが必要になってくる。ここでは、そうした長期存続企業の経営を「サステナビリティ・マネジメント」と呼ぶことにする。[8)] 持続的競争力の構築には、保有する経営資源とその活用の仕方が重要になることはいうまでもない。手持ちの経営資源のうち、どれをどのように活用して価値を創出するのかが、企業の戦略行動の第一歩である。競合他社が真似できない資源の獲得や、資源活用の方法を考え出すこともポイントであり、自社のユニークな歴史的資産とうまく連動させることができれば、他社が模倣することはより困難になる。

さらに、長期に亘ってさまざまなタイプの変化を経験し、それを乗り越えてきた老舗企業は、新参企業と比べて選択肢や選択肢の組み合わせを多く持つことになり、その点からもより有利に事を進めることが可能になる。

換言すれば、長期にわたって市場の表舞台で活躍してきた企業には、サステナビリティ（持続的競争力）を創出することのできるマネジメントが自発的にビルトインされてきたと考えることができる。

図表5-6｜老舗経営のエッセンス

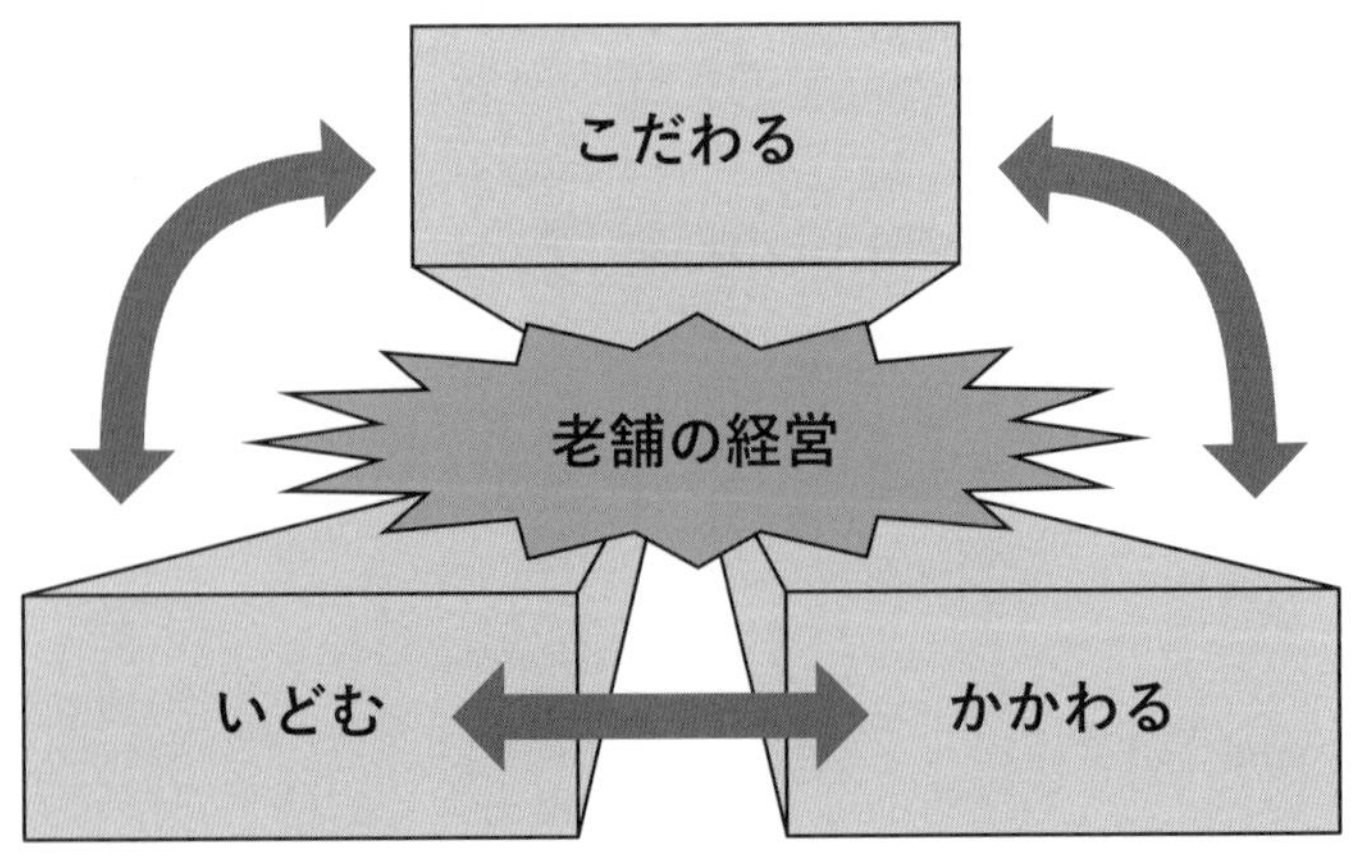

出所：神田良・岩﨑尚人「経営戦略と持続的競争力」より作成

これまで実施してきた老舗企業の戦略行動に関するアンケート調査や数多くの事例研究から、われわれはサステナビリティ・マネジメントのエッセンスとして「いどむ・かかわる・こだわる」の三つの要因を抽出した（**図表5-6**）[9]。これらの三つの秘訣について老舗企業の経営行動を踏まえた上で、令和の新時代の老舗経営について考えていこう。[10]

1 いどむ

老舗企業が、持続的競争力を構築するための経営行動のエッセンスのひとつは、「いどむ」ことである。

「いどむ」とは、市場・競争・技術の変化、経営体制・社内の常識に対する挑戦である。「三種の神器」を身に纏った老舗企業を一見すると、伝統を守り、歴史を継承して、長期的に存続している企業である。ところが、老舗はそのイメージに反して、経営環境の変化に対応するために戦略発想を変え、製品やサービスあるいはビジネスデザインの見直しを少なからず試みているだけでなく、る。ビジネスデザインの変化にマッチするマネジメントデザインの再構築にも積極的に取り組んでいる。

たとえば、薬局として明治初期に創業した資生堂は、今ではコスメティック業界のグローバル企業である。創業まもなく医薬品から化粧品へと事業を転換した際には「優雅でエレガント、銀座らしい気品」を醸し出す企業イメージへの転換を図って、1897年に発売された基礎化粧品オイデルミンを大ヒットさせた。商標を医薬品の効能の強さを表す勇ましい鷹のマークから、資生堂のシンボルとなる花椿マークへと変えた。また、関東大震災の影響で化粧品業界がダンピングで混乱に陥ったときには、それを回避するために販売店を巻き込んでわが国最初の「連鎖店制度（チェインストア制度）」を導入している。こうして自社ブランドを確立してきた。

1987年3世代ぶりに創業家出身として社長に就任した福原義春氏（前名誉会長）[11]は、コスメティック企業として世界的なブランド力の確立に向けて「企業文化の創造」を掲げ、トイレタリー事業を本体から分離するなど事業構造の転換を推進した。その結果、資生堂は1990年代末までにグローバル市場におけるブランド力を高めることに成功して、ハイブランドのコスメティックの国際的企業の仲間入りを果たしている。

こうしたブランド力強化の伝統と組織的経験が、魚谷雅彦前社長（現会長）の下での企業経営にも受け継がれている。[12] パンデミック下で売上収益が大幅に低下する中で、魚谷社長（当時）は広がりすぎた事業の再編を図り、高価格帯のブランドを展開する「高付加価値スキンビューティーカンパニー」の方針を打ち出して、マスマーケット向けのドラッグストア事業や低価格帯のスキンケア製品などを切り捨てた。その成否は兎も角、そうした決断は、資生堂が創業以来積み上げて来た「いどむ」にかかわる教訓の継承といえよう。

同様に、そうした挑戦的企業行動は、500年の歴史を誇る虎屋にもみられる。[13] 室町時代に創業した老舗和菓子店は、移り変わる社会変化に合わせて数多くの挑戦を繰り返してきた。たとえば、明治元年の東京遷都に際して創業の地京都を離れて、天皇家とともに新天地の東京に本社を移転した。それは、存亡をかけた大きな決断であったに違いない。新天地では、朝廷や公家をはじめとした主要顧客のほかに、広告戦略を展開して顧客開拓にも取り組み、「とらやの羊羹」を東京の代表的土産にまで押し上げた。

また、禁裏御用とはいえ戦後の統制時代には、原材料の調達に苦戦して喫茶店経営にも挑戦している。あるいは、経済成長期にデパートへの出店を促され全国展開を図った時には、和菓子だけでなく、日持ちする羊羹や最中、焼き菓子などの商品の充実にも取り組んでいる。その後生産体制の近代化にも挑んで、需要拡大に対応する体制を確立させたことも、老舗の挑戦である。

さらに、17代当主の黒川光博現会長は、時代の変化を見据えて和菓子専門店のドメインを超える新規事業「TORAYA CAFÉ」を展開した。パリ店などの海外出店の経験を生かし、和菓子と洋菓子の素材を組み合わせた「とらやがつくる、もうひとつのお菓子」文化の創造に挑戦している。

このように、和菓子専門店の虎屋は、節目節目で大きな革新に取り組むとともに、時代や原材料の変化に合わせて味を変え、技術の進歩とともに製造プロセスの改善にも取り組んできた。お中元やお歳暮などの贈答市場が縮小し、ネット社会の進展する環境変化の中では、高級専門店としての矜持や価値にも変化が求められる。2020年に若き18代当主への世代交代は、新しい時代の老舗に向けたスタートといえる。

ここで取り上げてきた業種も規模も異なる二つの老舗の事例が示すように、変化の激しい経営環境の中で新たな価値を創造していくためには、老舗であっても、事業構造の転換や革新を促進する知恵、そしてイノベーション創出のメカニズムをビルトインすることが不可欠である。業界内部の競争だけでなく異業種や新規参入企業との競争にも晒される変化の激しい環境の下では、老舗といえども、成長や発展、存続のために異質で新たな価値を創造し提供することが求められる。「いどむ」は、老舗経営のエッセンスの一つである。

しかしながら、「何を変えるか」だけに焦点を置くだけでは不十分である。同時に、「何を変えてはいけないか」ということにも十分な配慮が必要である。闇雲なチャレンジは、無謀以外の何物でもない。老舗にとって、築いてきた暖簾(のれん)は新興企業にはない財産・資産である。無手勝流の改革の結果、顧客や取引先のロイヤリティを破壊しブランドを失墜させてしまうなら、まさに本末転倒である。

長寿のためには、暖簾維持にとって何を「変えてはならないもの」であるかを明確にして、それを守りながら変革や革新に挑戦することが重要なのである。

2 かかわる

サステナビリティ・マネジメントの、二つ目のエッセンスは、「かかわる」ことである。

老舗が存続しているのは、顧客や市場はもとより、従業員や原材料供給者といったステイクホルダーとの関係が維持されてきたからである。ステイクホルダーとの相互作用は、老舗に限らずいかなる企業にとっても不可欠である。しかし、老舗にとって、時代を越え長期に亘って関係を続けていくステイクホルダーとの関係は単なる依存関係や補完関係に止まるものではない。長期的な関係を通じて、両社の間に双方向コミットメントが醸成される。互いの知識や経験を相互移転することによって、自らが学び育つだけではなく、カウンターパートも学び育つのである。また、異質な主体間の探索的行動は、単独で生み出すことのできない知恵や知識の創出を可能にする。老舗との関係にかかわる主体が、共に進化を遂げるのである。「共進化」である。

こうした互恵的な関係は存続に寄与するだけでなく、競争優位性の源泉ともなる。技術蓄積が自社だけで完結しない複雑な関係は、短期的に見ればコスト要因になるかもしれないが、ノウハウの蓄積方法が複雑であればあるほど、模倣が困難になって競争力を強化することにつながる。また、相互信頼をベースにした長期的関係は時間的・物理的な取引コストの低減にとっても有効である。さらに、関係者が共存共栄を図りながらコミュニティが協力して市場を育成・開拓していくことにもなる。

前出の資生堂は、かかわり作りの中で事業拡大を図ってきた。研究者とのかかわりが新製品開発に生かされる同社にとって、良好かつ有益で互恵的な関係は重要であるが、一朝一夕に構築できるものではない。優秀な研究者との継続的関係構築がノウハウとして蓄積され、経営資産になっているのである。同様に、「チェインストア制度」も、流通業者および顧客との関係づくりであった。化粧品業界全体が安易な安売り合戦に巻き込まれていた状況で、高品質な製品を適正な価格で販売するために築いた化粧品流通業者と共存共栄のコミュニティの下に、顧客との間の信頼関係が確立されたのである。

同様に、虎屋も「かかわる」ことで、長寿を守ってきた。たとえば、自社製品に用いる白小豆や寒天などの原材料の生産を委託している指定農場や指定工場に、資金的・技術的支援を行ってきた。自社独自の味や品質の確保のためには、彼らの成長と存続は不可欠であり、取引先のアイデアが新しい原材料や新製品を生み出すことにもつながる。さらに、虎屋にとって、日本の伝統文化を維持し浸透させることは、和菓子の文化や価値を残していくためにも重要である。社内に「虎屋文庫」を設置し、日本文化と和菓子文化の伝承伝播に取り組むことも重要なマーケティング戦略の一つなのである。

このように、老舗は、ステイクホルダーとの間に互恵的関係を構築・維持することによって、持続的な競争優位性を構築してきた。老舗に学ぶサステナビリティ・マネジメントの第二のエッセンスは、ｗｉｎ-ｗｉｎで「かかわる」ことである。

3 こだわる

老舗経営の三つ目のエッセンスは、「こだわる」ことである。

激変する経営環境に適応していくために「いどむ」ことは、必ずしも過去の事業や成果のすべてを否定し、まったく新しい事業や価値を生み出すことではない。すでに述べたように、「いどむ」とは企業や市場の文化的背景や歴史的文脈を的確に理解して、守るべきものを守りながらも変革を実現することである。つまり、老舗は「こだわる」ことを忘れて、ただ挑んできたわけではないし、過去に安住して変化を拒んできたという理由で長く生き続けてきたわけでもない。

時としてこだわりは保守的な行動を生み出すことから、「こだわる」老舗が、変化しないことの代名詞のように思われることも少なくない。しかしながら、「こだわる」とはいたずらに何かに執着していることを意味するわけではない。老舗の持続的競争力は、変えるものと変えないものとを識別し、自らのビジネスの本質にこだわることによって創出されているのである。こだわりを失えば、老舗としてのアイデンティティは消滅するかもしれない。商売や屋号の継承、家訓、創業一族による支配など、老舗の「三種の神器」は、こだわりの一部を体現したものであるといえる。

老舗にとって「こだわる」ことは、ビジネスの中に脈々と流れている事業基盤を維持し、製品やサービスの根幹を為すものであって、提供している製品やサービスそのものを指し示すわけではない。基礎化粧品の「オイデルミン」や羊羹の「夜の梅」といった個別の商品ブランドそのものがこだわりだというわけではない。それらを生み出すコンテクストやプロセスといった企業活動、具体的には事業ドメインの継続性や持続的競争力へのこだわりが、独自の製品やサービスを生み出すのであり、企業のレゾンデートルになるのである。

だからこそ、老舗企業が掲げるスローガンやビジョンの中に、殊の外、長い歴史の中で継承してきたこだわりを感じさせるのかもしれない。こだわりは、自社事業の強みの源泉であるコアコンピタンスを明確にして、企業としての事業構造や戦略行動に意味を与え、自社独自の経営資源の適正配分を実現する事業のコンセプトを描くことになる。「こだわる」ことは、自社独自の戦略的一貫性と独自の事業コンセプトを確立することと言い換えることができよう。

繰り返しになるが、企業の成長発展にとって、何を変え、何を変えるべきではないのかの識別は重要な課題となる。「自社のアイデンティティは何か」「他の企業との差異をどこに求めるのか」といった問いに対する解を見いだすことなくして、事業を拡大することも、組織エネルギーを集中させることもできない。変えないものが何かがわからなければ、「いどむ」方向を見出すことはできないし、誰とどんな理由で「かかわる」ことが重要なのかも明確にはならない。

このように、「こだわる」ことは老舗企業にとって最も重要なエッセンスである。

福原義春社長時代の資生堂では、長年蓄積してきた伝統と文化を経営資源として活用する「企業文化の創造」戦略によって、コスメティック事業を核にしたグローバル企業を目指していた。トイレタリー事業を子会社化して本社から分離するなどの施策によって資生堂というブランド力の強化に注力した結果[14)]、コスメティック業界のグローバル・トップブランドとしての地位を確立することができたのである。また、「選択と集中」を掲げた魚谷社長時代、「高付加価値スキンビューティーカンパニー」を打ち出して、マスマーケット向けのドラッグストア事業や低価格帯のスキンケア製品などを切り捨てることを決定した。どちらも、闇雲にブランドの分離や事業の切り捨てを行ったのではなく、資生堂ブランドにこだわり、それを守り続けるための取り組みである。

同様に、虎屋は、5世紀にわたる歴史と伝統、禁裏御用という格式に裏打ちされたブランドにこだわって、「高級和菓子専門店」というプライドを守ってきた。「虎屋文庫」や「とらや工房」は、千年を超えるわが国の伝統や文化の研究を通じて和菓子が持つ季節感や儀式、謂れや物語を市場に伝え、和菓子市場を育てる役割を果たしている。[15] これらは、歴史と伝統へのこだわりと、市場・文化とのかかわりの現れである。そうした老舗のイメージの一方で、近代的工場を建設しオートメーションでの羊羹づくりに取り組み、あるいは新業態の「TORAYA CAFÉ」を立ち上げた。「何を変えないか」の明確な意識が、こうした挑戦を可能にし意味を持たせているのである。

これまでみてきたように、老舗企業経営のエッセンスは、環境の変化に適応して変化していく「いどむ」、他者との関係を通して長期的に自社の強みを形成していく「かかわる」、そして歴史的な一貫性を実現するための「こだわる」の三要素に収斂することができる。老舗は、これら三つの要素を統合することによって「サステナビリティ・マネジメント」を実現して、長寿を確保してきたのである。

4. 継承から見る老舗企業

「老舗とは何か」、「老舗が老舗である」ことを確かめるための指標のひとつとして、老舗企業継承の代数、つまり何代続いてきたかということについて考えることにしよう。[16]「老舗の三種の神器」でいえば、「家の継承」である。

われわれの調査結果によると、老舗企業の経営トップの在位期間はおよそ25～30年で、2回の調査の間でほとんど差はなかった（**図表5-1** P.205参照）。仮に50歳で経営トップとして事業を継承して25年で勇退したとすれば75歳、45歳で継承したとすれば30年で75歳となる。[17]近年の長寿傾向や後継者不足による中小企業経営者の高齢化のために、2回目調査から10年以上経った今日、経営トップの在位期間は、ますます長期化していることが予測される。[18]また、過去の調査ではほぼ80%が創業家の完全支配ないしは過半数支配であったが、それも近年大きく変容している。[19]**図表5-7**にあるように、中小企業の現社長と先代社長との関係をみると、2017年から2019年までのわずか3年で同族継承の割合が7%程度減少しているのに対して、内部昇格や外部招聘の割合は顕著に増加している。

さらに、2013年から2019年の事業承継系M&A件数が3倍近くにまで増加している（**図

図表5-7｜事業を継承した社長の先代経営者との関係（2019年）

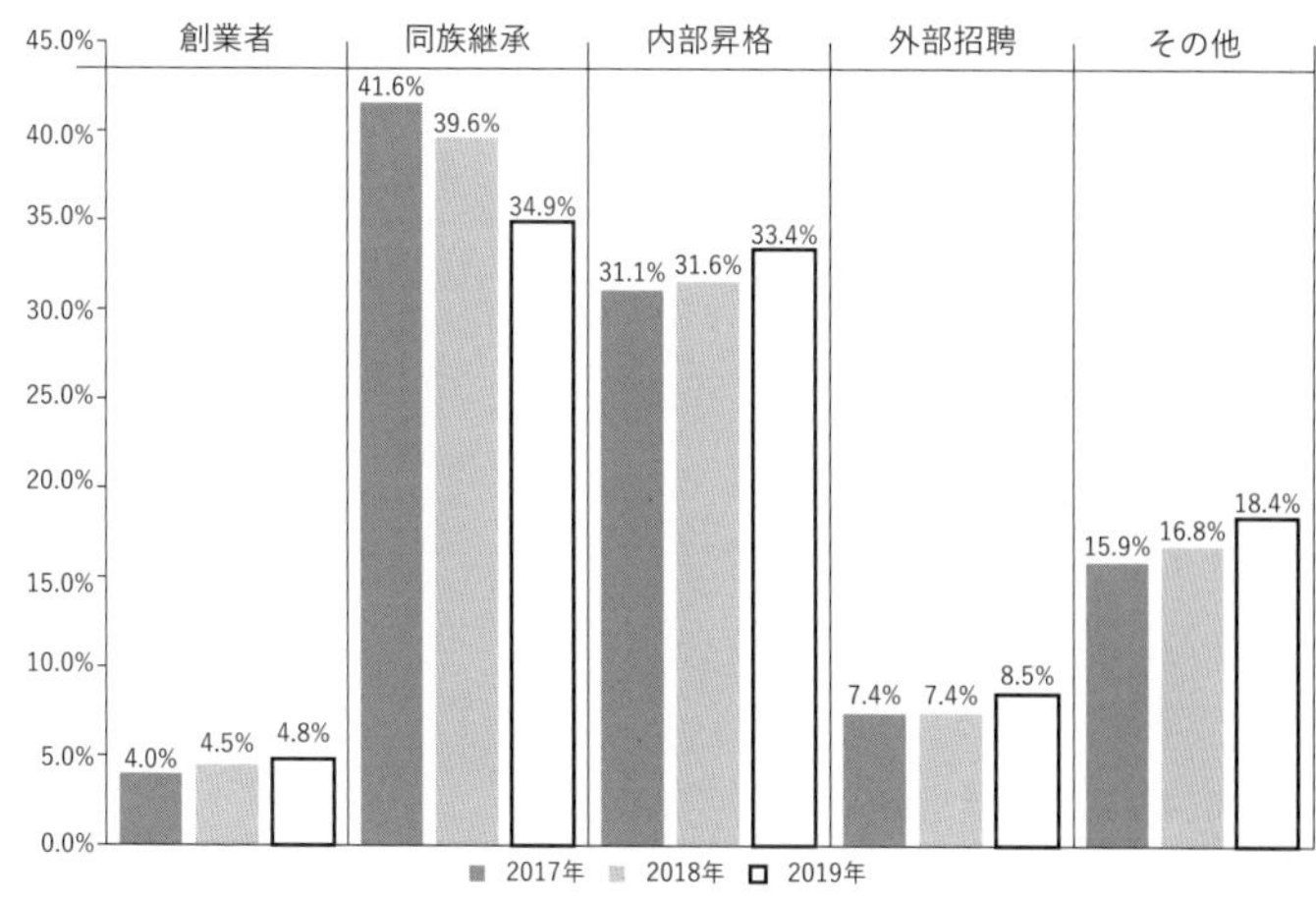

出所：「中小企業白書2020年版」

表5-8）。老舗に的を絞ったデータではないのでそのままあてはめることはできないかもしれないが、第三者による企業継承が増えていることは事実である。事実、これまでM&Aは大企業を中心に行われてきたが、比較的低コストで活用できるようになったこともあって、近年事業継続の手段としてのその活用事例が増えている。[20] 加えて、2019年12月に経済産業省が打ち出した「第三者承継支援総合パッケージ」の影響も小さくない。政策的にも、2025年までに後継者不在が原因で黒字廃業するかもしれない約60万社の第三者承継を実現するために、予算や税制などの支援を進めている。[21]

これらの諸点を鑑みながら、老舗企業の類型化を試みることにしよう。

図表5-8 | 事業承継系 M&A の推移

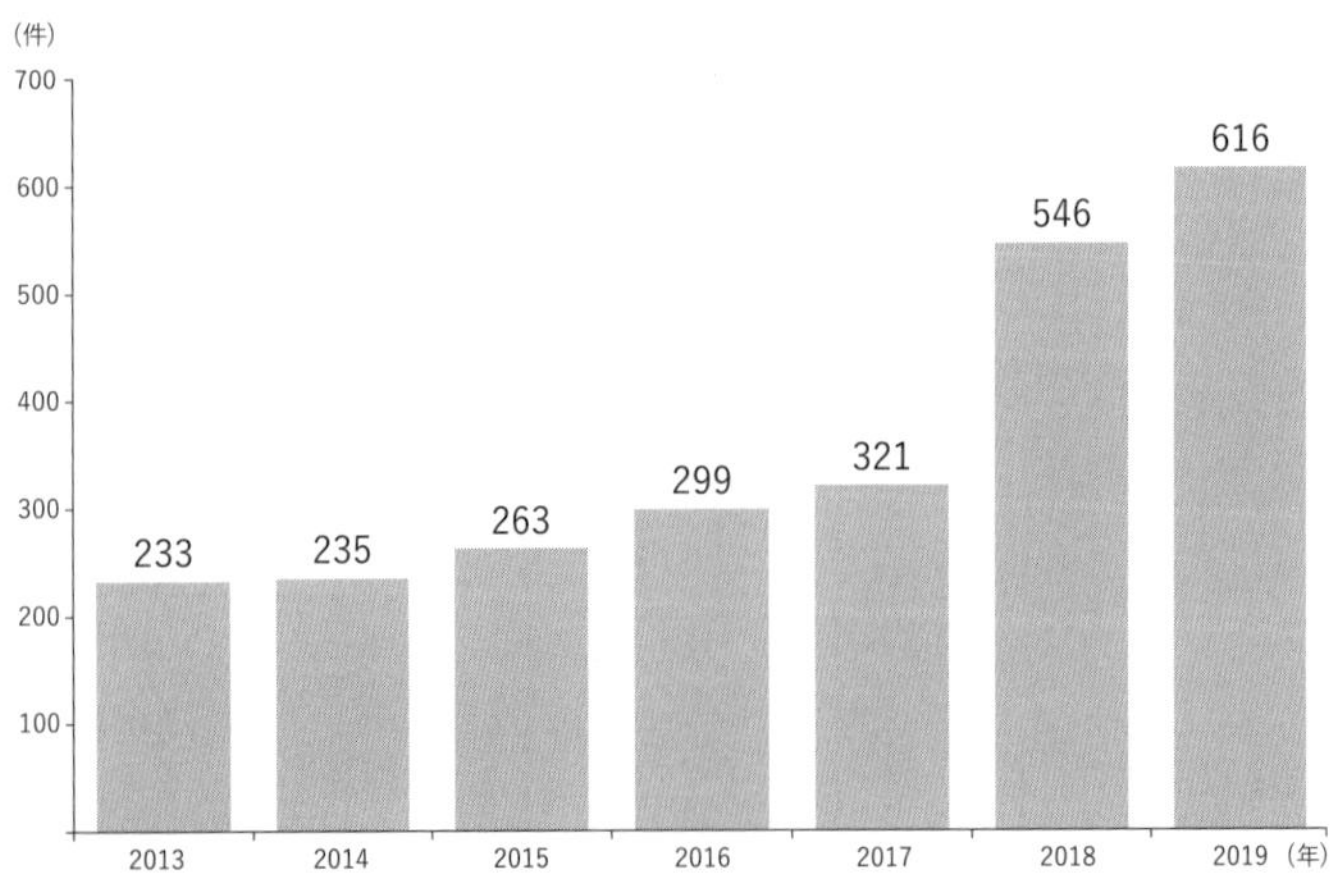

出所：「中小企業白書2020年版」

1 変わる「家の継承」

これまでイメージされていた老舗の多くは、創業家の長子によって承継されてきた組織であり、承継する事業も創業時代からほとんど変わっていない組織であった。仮に長子相続でなかったとしても血縁や血族とみなされている人物によって継承され、完全に同じ製品やサービスでなかったとしても事業形態の多くは、おおよそ従前と類することが前提とされてきた。

ところが、ここ50年、すなわち1970年以降、工業社会としての社会的基盤が整備され技術が飛躍的に進歩したことで、産業構造が大きく変化してきた[22)]。戦後間もなく誕生した企業や小規模だった企業が大企業に成長し、わが国の産業社会で中心的な役割を果たすようになった。その典型ともいうべきは、自動車やエレクトロニクスの産業群に分類される企業である。

戦後間もなく創業したスタートアップ企業の何社かは、2020年には創業70年を超える大手メーカーに成長している。そうした大企業のトップマネジメントが創業家一族出身といった事例はそれほど多くはないだろう。まして、発行済株式の大部分を個人や一族で保有している大企業はほとんど存在していないはずである。たとえば、創業家支配の資本金5億円中堅企業で長子が単独で相続する事例を想定したとき、支払い相続税はおよそ2億800万円となる。[23] それを長子が個人で支払うと仮定すると、10年の延納を選択したとしても、金利を含めて年間約2828万円の相続税支払いが必要となる。[24] 要するに、わが国の現行税制の下での「家の継承」は、それほど容易なことではない。

1937年に設立されたトヨタは、もうじき100年の歴史を誇る老舗企業になる。2023年まで創業家出身の豊田章男氏以前3代の社長は創業家以外の内部昇格者であったし、会長職に退いた豊田章男氏の後を継いだ佐藤恒治現社長も創業家以外の出身である。[25] しかも、トヨタの発行済株式における創業家の占有率はわずかであるが、[26] 豊田家の影響力は少しも揺らいではいないといわれる。蛇足ながら、日本の自動車産業の雄のひとつであるホンダは、創業者本田宗一郎氏の意向で創業時から親族が経営トップに就いたことはなく、経営における本田家の影響力はほとんどないともいわれている。

他方、エレクトロニクス産業に目を向けると、松下幸之助翁によって1918年に松下電気器具製作所として創業されたパナソニックは、すでに100年を超える老舗企業であるが、創業家出身の経営トップは近年登場していない。それどころか、創業家出身ではなく内部昇格によるトップであった大坪文雄社長時代の2008年、「松下電器産業」から「パナソニック」への社名変更が断行されて創業家の名が消滅している。

また、1946年盛田昭夫氏と井深大氏によって創業されてグローバル企業へと成長を遂げてきたソニーも、創業70年を超える老舗と呼ばれる資格を備えている。同社初の新卒サラリーマン社長の出井伸之氏が登場して25年を経た2021年4月、ソニーは本社機能を持株会社のソニーグループ株式会社に集約して、祖業であるエレクトロニクス事業を担うソニー株式会社はグループの一子会社になる抜本的な再編を行った。

このように、近年、老舗の三種の神器である「家の継承」は影を薄くしつつある。この傾向は大企業だけに限られることなく、中小零細企業でも数を増やしている。日本M&Aセンターの江藤恭輔氏は老舗企業のM&Aについて次のようにいう。

「休廃業企業の増加は、それだけ日本の伝統が失われることにもつながるが、2018年は老舗企業の伝統の技や味・文化を後世に残すための進化した承継型M&Aが数多く実行された。(中略)

M&Aが老舗企業の存続と発展を実現する非常に有効な手段ということは、徐々に世の中に認知されてきているが、そのきっかけとなったのは2014年に実施されたなだ万のアサヒグループHDによるM&Aであったと言えよう。なだ万は言わずと知れた日本屈指の老舗料亭であり、その起源は江戸時代にまで遡る。（中略）今後も、後継者不在で継続困難な状況に陥る企業は増加の一途を辿るばかりであり、それらの企業を存続させて、伝統と文化、技術や味を後世に残すためのM&Aも増えていくだろう。」[27]

2 変わる「事業の継承」

老舗のもう一つのキーコンセプトは、「事業の継承」である。

自動車業界とエレクトロニクス業界の4社の老舗企業の事情について考えてみよう。自動織機事業から分離独立したトヨタの主力事業は自動車の製造販売であり、自動車産業の世界一のメーカーにもなっている[28]。それに対して、バイクメーカーからスタートしたホンダは、自動車市場参入の国内最後発メーカーである。現在同社は創業者本田宗一郎氏の夢であった小型ジェット機の生産開発にも取り組むなど「モビリティ」全般を事業ドメインと位置づけている。もっともそれらすべての事業は創業者の構想の中に組み込まれていたというから、その意味では「事業が継承されてきた」

といえるかもしれない。同様に、パナソニックとソニーという2社のエレクトロニクスメーカーは、技術進歩の中で多様な製品を製造販売し、あるいは時にはそれにかかわるサービス事業を展開してきたという点でいえば、概ね事業が継承されてきたといっても良いかもしれない。

しかし、年月を経る間に主力事業の市場が大幅に縮小してしまうこともあるし、技術進歩によって巨大市場であってもそれが完全に消滅することもある。1990年代後半まで拡大していた写真フィルム市場がデジタルカメラによって瞬く間に駆逐されると、世界最大の写真フィルムメーカーの米国コダック社が市場から退出した。わが国でも、サクラカラーで名を馳せていたかつての小西六写真工業、後のコニカが写真フィルム市場から撤退している[29]。

対照的に、世界の写真フィルム市場でこれらの企業と激しいバトルを繰り広げてきた富士写真フイルム（現在の富士フイルム・グループHD）は、現在でもグローバルな大企業として成長を続けている。そこに至る過程で、同社が事業ドメインを大きく変えたことはつとに有名である。現在同社は広範な分野の研究開発力を誇る化学メーカーであり、電子機器メーカーである。1934年に大日本セルロイド（株）の写真フィルム事業の一部を切り出して設立され創業86年の歴史を誇る富士フイルムHDも大手老舗企業ということができる。

こうして見てくると「事業の継承」も「家の継承」と同様、かつてはほぼ同じ製品を同じ流通経路で市場に展開しているか、同じ事業が引き継がれているかに関係なく、長期にブランドを継承し

図表5-9｜老舗のタイポロジー（分類）

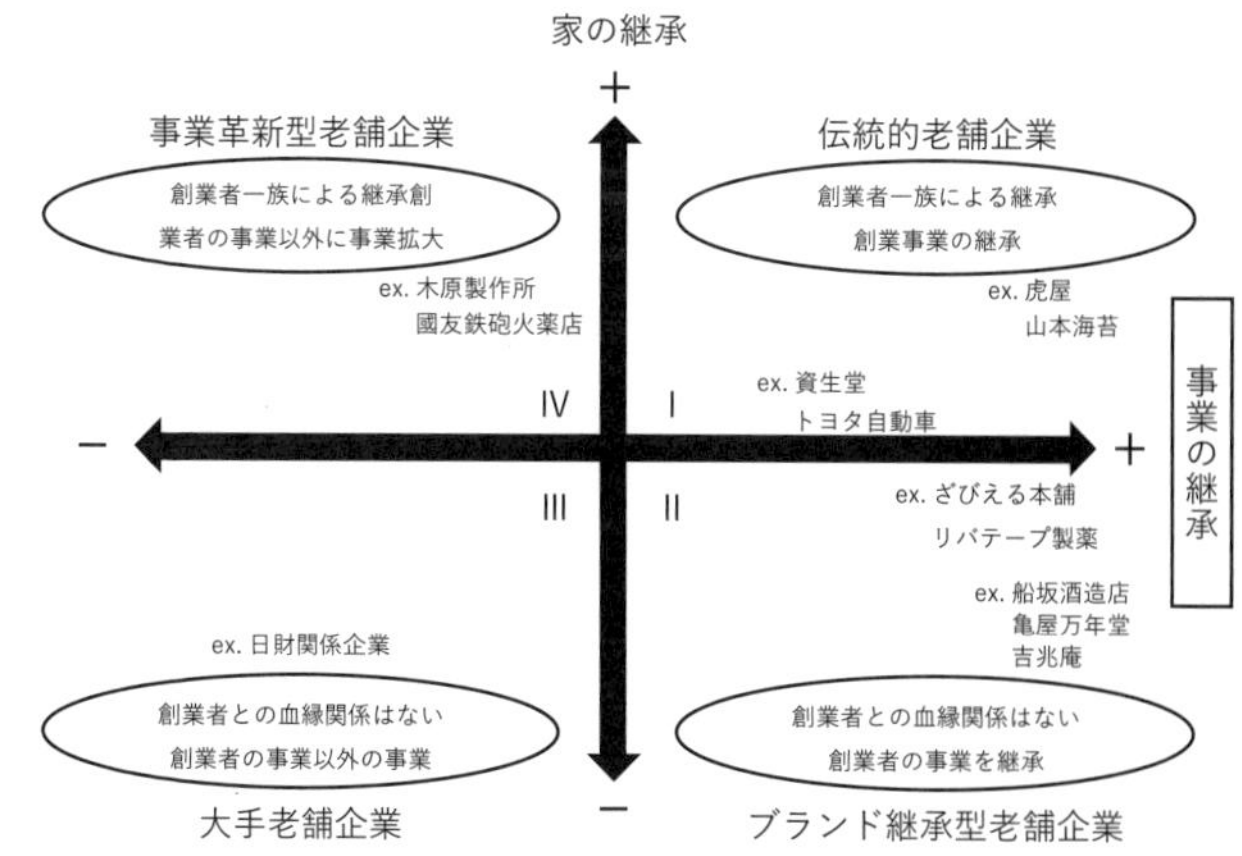

ている企業は、概ね「老舗企業」と呼ぶことができるはずである。

3 老舗企業の4分類

図表5-9は、「家の継承」と「事業の継承」という二軸で、老舗企業の分類を試みたものである。

縦軸の上方（＋）は、血縁の関係の強い創業者一族によって組織が継承されている「家の継承」度が強いことを示し、逆に下方（－）は血縁関係のない人物ないし企業に組織が継承され、「家の継承」度が低いことを示している。老舗企業に関する多くの研究で、**図表5-9**の象限Ⅱと象限Ⅲに分類される企業は、少なくとも、老舗企業の典型事例として扱われることはあまりなかったはずである。しかし、このタイプの企業を老舗企業ではないとして研究対象から排除すべきではないことは、これまでの議論のとおりである。[30]

他方、横軸の「事業の継承」では、右側（＋）にいくほどコアビジネスが創業当時と変わらず「事業の継承」度の強いことを示し、逆に左側（－）では創業時とコアビジネスが異なることを示している。「家の継承」とは違い、これまでの老舗研究においても、コアビジネスが創業当時から変化していても、屋号が同じであれば老舗企業として扱われることが一般的である。技術革新が進み、製品・サービスの機能や生産プロセス、消費者の嗜好が変化する環境では事業ドメインの変化も当然であり、歴史の中でコアビジネスが変化しても連続性を持った老舗企業として認識されるのも妥当である。[31]

図表5-9の象限Ⅰは、創業者が立ち上げたビジネスと現在のコアビジネスの業種業態がほぼ同じで、現在に至るまで創業者一族によって経営が継承されてきた企業である。ここに類別される企業の多くは、従前から典型的な老舗として認識される中小中堅企業である。和菓子専門店の虎屋のように、江戸時代あるいはそれ以前から家業を営んできた企業をはじめとして、東京都中央区の日本橋周辺で現在でも本社や店舗を抱えているような企業である。ここでは、これら企業を「伝統的老舗」企業と呼ぶことにする。

それと対照的な老舗企業群が象限Ⅲに分類される老舗であり、ここでは「大手老舗企業」と呼ぶことにする。屋号や企業名は創業時代から引き継いでいることが多いが、意思決定に大きな影響を及ぼす所有者や経営トップは、ほとんどの場合、創業家と血縁関係がなく、現在のコアビジネスと創業期のコアビジネスとの間にほとんど重なりがみられない老舗企業である。明治以降に当時の財閥一族によって出資・設立された財閥系企業から分離され独立した企業や、明治時代以前から展開してきた事業で得た蓄財を原資にして事業を拡大してきた大企業などもそこに分類される。たとえば、前出の資生堂や、ビールメーカーのキリンである。トヨタや日産、パナソニックやソニー、あるいは老舗百貨店が合併して成立した三越伊勢丹[32)]や高島屋[33)]などのデパートがここに分類される。

象限Ⅱは、「ブランド継承型老舗企業」である。それら企業の支配的所有者は創業者の一族や血縁関係者ではないが、創業期から受け継いできたコアビジネスを中核事業として展開して屋号や製品名を継承している企業である。当該企業の従業員がオーナーの意向を受けて所有権を譲渡されたり、前オーナーが所有権を他社に譲渡したなど何らかの事情でオーナーシップを移転させた企業群である。また、近年では既述の事業継承M&Aによって有力企業グループの傘下に収まったという企業の事例も少なくない。従業員や取引先が所有権を継承した事例として、大分県の銘菓ざびえる[34)]や薬品メーカーのリバテープ[35)]であり、事業継承M&Aの事例としてアサヒビールが買収した高級割烹のなだ万[36)]や、同業のシャトレーゼの系列下に収まった東京銘菓の亀屋万年堂[37)]、地元の旅館・レストラングループの傘下に入った飛騨高山の舩坂酒造店[38]などをあげることができる。

象限Ⅳは、「事業革新型老舗企業」と呼ぶ企業群である。所有者ないしは経営トップが創業者の血縁であり、屋号こそ継承しているが、創業期から受け継いできたコアビジネスではない、あるいはターゲットとする顧客層が異なる新規ビジネスを展開している企業群である。一定期間一族によって企業が継承され順調に事業を拡大してきたが、社会状況の変化によって需要がなくなったために、新しい事業市場を開拓して成立した老舗企業である。

たとえば、種子島に伝来した銃を解体研究して日本初の銃製造を行った國友鉄砲鍛冶集団の末裔が1901年に創業した國友銃砲火薬店[39]は、現在も銃の輸入を手掛けてはいるが、主力事業は花火大会や花火打上げの企画、現場設営や打上げ作業である。また、かつて葉たばこの乾燥機製造を手がけていた木原製作所[40]は、現在食品の乾燥事業をメイン事業としている。禁煙・嫌煙運動の高まりの中で、JT（日本たばこ産業）を大手顧客とした乾燥機の業績が著しく落ち込んだために、乾燥技術を応用し新製品を開発し新規顧客を開拓した。そうした事業革新をリードした現社長は、前社長の長子である。

5．変化の時代における「老舗」の再定義

市場環境や技術環境、あるいは競争環境や制度・慣習といった経営環境の変化は、長寿の老舗企業にも、新しいタイプの企業を登場させるようになってきた。目まぐるしく変化する現代社会において、何をもって老舗とするかに、一律の基準を設けること自体が難しくなっているのかもしれない。老舗も時代の流れに逆らうことはできないのである。

本章の結びとして、冒頭でも取り上げた老舗の時間軸について改めて考えてみることにしよう。

1 時代の変化によって変わる、時間軸

冒頭でも述べたように今から約100年前にスペイン風邪が流行した1920年代初頭、およそ18億人だったと推定される世界人口が、2020年には77億人にまで増加している。[41] そして、現在およそ195カ国といわれる独立国の数も、100年前は50カ国程度に過ぎなかった。その時を前後して、世界の覇権は、「汎ブリタニカ（パックス・ブリタニカ）」から「汎アメリカーナ（パックス・アメリカーナ）」へと移行した。[42] しかし、その米国の経済的・政治的パワーも、第2次世界大戦直後

の絶頂期に比べると、著しく減退している事実は否定できない[43]。

米国が覇権を握ったのと同時代、プロレタリアートによるユートピア社会を目指したロシア革命（1917年）によって、社会主義・共産主義国家が誕生した。しかしながら、20世紀最後の10年になって、ソ連に追随した国々の大半が民衆の意思とパワーで消滅して資本主義に改宗した。この流れの中でも社会主義を標榜し続けながら、現実的には市場開放政策を進めることで経済大国に成長した中国が経済的にも政治的にもパワーを強めて、米国と覇権を競うまでになった。驚くべきことに、21世紀最初のわずか10年で世界情勢は大きく変化したのである。

他方、情報通信分野に目を向けると、同様に、わずかな期間で大きな変化が訪れている。1907年わが国で電話事業がスタートして、全国の加入電話数が100万台に達するまでには30年近くの時を必要とした。ようやく200万台になったのはさらに20年近く後の1955年のことであり、それ以降は住宅用電話の加入者数が大幅に増えて、1981年には4000万台に達して、ほぼ「一家に一台」となった。それに対して、NTTドコモが1993年に本格的にスタートさせた携帯電話サービスでは、開始から3年後の1996年には契約数が1000万件となり、3G（第三世代携帯電話）がスタートした2001年には5000万件を超えている。2019年時点の携帯電話の普及率は139.2％である。携帯電話のサービス開始から25年間ほどで、「一家に一台」から「一人一台半」へと変わったのである[44]。なるほど、電話ボックスが街中から姿を消すはずである。

『サピエンス全史』で世界的名声を博したイスラエルの歴史学者のハラリによれば、この100年間はホモサピエンスが登場して以来、最速で社会構造の変化が促された時代である。[45] 確かに、この間には新しい産業が生まれては消え、消えては生まれた。数十年前に時代の寵児ともてはやされた産業や企業の中には、現在姿を消してしまったものも少なくない。サピエンスが登場してから現代人に近づくに従って、衣・食・住に関わる知識や知恵、技能や技術が進歩し、それに伴って協働や組織化も進んだ。[46] 旅館や飲食店、食品・衣料品製造など衣・食・住にまつわる産業に「伝統的老舗企業」が多く見られるのはその証左である。それだけ歴史ある産業なのである。

世界最古の企業といわれる寺社建築の金剛組が創業したのは西暦578年である。[47] わずか1500年ほど前のことであるから、人類史から考えるとつい最近のことである。金剛組創業から第1次産業革命に至るまでの約1200年間の科学の進歩と比べると、1920年から2020年までの100年間の科学の進歩スピードは比較にならないほど速く、それだけ社会の変化も大きいはずである。自らの経験を思い起こしても、20世紀最後の20年間と、21世紀の最初の20年間の変化のスピードには大きな差を感じる。

学生時代に住んでいたアパートには、電話はもちろん、風呂もなかった。[48] 待ったなしの急用で使われるのは、ＳＭＳでも電子メールでもなく電報であった。部屋に風呂がなく、近所の銭湯に通っていた。部屋には小さなブラウン管のカラーテレビこそあったが、パソコンやタブレットはまだ影も形もなかった。音楽はレコードかラジカセで聴いており、[49]カセットウォークマンが誕生して移動中にも音楽が聴けるようになるまで数年を待つことになる。それから10年ほど経って音楽用コンパクトディスク（ＣＤ）が誕生し、[50]時を同じくしてパーソナル・コンピュータ（ＰＣ）が登場している。

その10年後、21世紀が近くなると、携帯電話とノート型ＰＣを常に携え、転送速度は遅いもののインターネットに接続してメールでやりとりをするのが日常となった。その後は、処理速度と記憶容量、通信速度が向上する度にＰＣを買い換えることになった。

音楽を聴くデバイスはウォークマンからiPodに乗り換えたが、携帯電話がスマホに進化するとiPodも不要になり、ノート型ＰＣも軽量のタブレットに換えた。併せてブロードバンドが一般的になり通信回線が３Ｇから４Ｇへと切り替わると、映画はもちろんネット経由で、新聞や雑誌だけでなく書籍を読むのにも電子ブックを用いるようになった。その方が軽量だし価格も若干安価である。専門書であれ、文学作品であれ、推理小説であれ、注文したら場所を選ばず瞬時に手に入れることができるのは何よりである。[51]さらに、運転中にもAudibleで「読書」までできるようになった。[52]

思い起こすと、この40年の間、電子データの記録メディアも、カセットテープ、５インチフロッピーディスク（ＦＤ）から３ .５インチＦＤ、ＣＤ、ミニディスク（ＭＤ）、フラッシュメモリースティックやハードディスクドライブ（ＨＤＤ）などを転々と渡り歩いて、今ではクラウドを通じて、いつでもどこでもデータにアクセスすることができる状態になっている。

21世紀生まれのZ世代やα世代の若者は、スマホがあればテレビやラジオ、ＰＣでさえ無用の長物だと言うだろう。確かに彼らは、昭和を生きた人々よりも遥かに上手にスマホを活用し、現代のネット社会で生きる術を知っている。とはいえ、昭和を生き令和になって高齢者の仲間入りを果たした今時の老人も、若者ほどではないにしろ、それなりにスマホを使いこなしている。昔の経験が今に役立つかどうかは別にして、何かしら経験の蓄積があるという点では、老人にも一日の長があるかもしれない。仮にそうでないとしても、若者同様に同時代を生きたことには変わりなく、多少コンテクストが異なっていたとしても、その時代の出来事や事象、技術を少なからず共有していることは確かである。如何せん、老化そのものは回避し難く、老眼や難聴、集中力や記憶力の低下、手足の機能や運動能力の衰えといった生物的な制約が若者と比べた時の劣位の原因や、決定的な弱点になっていることを否定しているわけではない。

そうした加齢に伴う能力の低下を伴う人類とは異なり、ゴーイングコンサーンである企業には、時を重ねることによる生物的制約は存在しない。

これまで取り上げてきたように、5世紀に亘って和菓子を作り続け一族経営によって繁栄してきた虎屋も、薬局から化粧品メーカーに転じグローバル企業に成長した資生堂も、それぞれの時代に、歴史の波を幾度も乗り越えてさまざまな変化を体験してきた。戦後の混乱期にホンダやソニーが時代を乗り越えて老舗へと成長したのと同様、その時代既に老舗になっていた虎屋や資生堂も同じ混乱期をそれぞれのやり方で乗り越えたからこそ現在でも存続している。

1970年前後スタートアップ企業だった半導体メーカーも、世紀の変わり目に産声を上げたSNS企業も、江戸時代から続く老舗も、時々に時代を共有し現代まで襷を繋いできた。そう考えると、老舗の方がより長期間に亘ってさまざまなタイプの変化を経験し適応してきたことになる。しかも、人類が老化するのに対して、企業には老化がない。「大企業病」と呼ばれる企業特有の疾病を患うこともあるが、すべての長期存続企業がこれを患うわけでもない。[53]

2 温故知新の経営学

ここまでの論から類推される「老舗と呼ばれるに相応しい企業年齢」についての私見を述べるとすれば、「老舗か否かは年齢つまり企業が存続している長さによってのみ決定されるものではなく、何歳から老舗であるということに殊更こだわる必要はない」ということである。それには3つの理由が考えられる。

第一の理由は、「〇〇年前」のような時間軸が相対的な概念に過ぎないということである。30年前にわれわれが調査を行った時の「100年前」は明治時代であったし、「50年前」は昭和初期、「30年前」は高度経済成長期であった。こうした時間軸でいうと、確かに30年前には、老舗の年齢を「100年」で測ることに相応の妥当性や納得感があったかもしれない。一方で、「十年一昔」や「ドッグイヤー」ということがいわれた時代であり、半分の「50年」という年数で老舗を仕切ることにもそれなりに納得感があった。

ところが時代が令和を迎えると、2020年の50年前は1970年であって、昭和人の感覚からすると、老舗の仕切りとしては今ひとつ納得感がない。昨今の50歳は、30年前と比べると外見的にもかなり若作りで、自分が「老舗」であるといわれても抵抗がある。とはいえ、50年前というと平成を一挙に越えて昭和の時代まで遡るわけで、「高度経済成長期→オイルショック→安定成長期→バブル経済→バブル崩壊→平成不況」を越えて令和まで辿り着いたことを考えれば「老舗」と呼ぶことに妥当性はある。このように、「〇〇年前」という基準は、個人の年齢や時代背景によって規定される相対的概念に過ぎないのである。

二つ目の理由は、老舗であるか否かの基準は、業種や業態、その裏付けとなる技術によって大きく左右されることである。世界最古の企業である金剛組は寺社建築業であり、寺社建築という業種と技術は1500年前も現代と変わらず必要とされていた。だからこそ、1500年の歴史を誇る金剛組を、創業50年の他業種寺社建築企業と比較することは可能である。それに対して、コダック社は、長い歴史を乗り越え一時は世界市場を制覇した写真フィルムの老舗企業であったが、写真フィルム市場自体が壊滅したことで老舗の地位を失ってしまった。

その一方で、第2次世界大戦前後まで数百年続いた工業化社会から、情報化社会、ネット社会へと変化したきたこの50年間に、さまざまなビジネスモデルによって事業展開する企業が誕生してきた。広義に捉えたときには同じ業種業態に分類されたとしても、既存の価値と異なるまったく新しい価値を創ることによって勢力を急速に拡大する企業が経済の主役に躍り出たのである。

たとえば、1975年に創業されたソフトウエア開発のマイクロソフト社やデジタルデバイス製造のアップル社を、ICT産業の「老舗企業」に括ることに抵抗を示す人は、ほとんどいないはずである。この2社は、人間ならまだ働き盛りである。ソフトウエア開発を手がけていたIT企業はそれ以前から数多く存在していたにもかかわらず、マイクロソフトとアップルが「ICT企業の老舗」と見做されるのは、この2社がもたらしたイノベーションがその後のIT産業の方向性を決定づけたからである。つまり、老舗の年齢は事業特性や技術特性とも関わる相対的な概念なのである。

存続年数だけで老舗を決定できない第三の理由は、企業の長寿を可能にするさまざまな方法が出現したことに伴い、さまざまなタイプの老舗が登場してきたことにある。このような状況では、「伝統的老舗」、すなわち創業者一族が所有を継承し創業当時の事業を継続している企業だけを老舗として特別扱いしても意味がない。時代に合わせて事業ドメインを変化させつつ１００年を越えて存続してきた大企業を「老舗企業ではない」と断じることはできない。

買収によって存続した企業を「老舗ではない」と決めつければ、血縁の連続性にこそ第一義的価値やブランド価値の源があるということになってしまう。それでは長期存続企業の経営に意味や価値を見いだすことができなくなるだろう。

当然のことながら、長期存続企業の経営の方法論には、学問的にも実務的にも大きな価値がある。また、現代の経営環境の中にあって、持続的競争優位性を構築するサステナビリティ・マネジメントの必要性が認められている。「老舗」すなわち長期にわたるサステナビリティ・マネジメントを成功させてきた長期存続企業の経営特性や戦略的エッセンスを探究することは、予測困難な今の時代を乗り越えていくために必要不可欠である。

新時代の老舗企業は、自らを「老舗」と呼ぶ矜持を持つ企業であるといえよう。[54)]

注

1) 1923年9月1日の関東大震災である。190万人が被災し、10万5000人が死亡あるいは行方不明となった。

2) 1960年代にはセコムやウシオ電機、70年代にはキーエンスやDHC、日本電産、80年代にはHIS、ファンケル、ソフトバンクやユニクロといったベンチャービジネスが設立されている。

3) 日本経済新聞、2021年1月25日、朝刊。

4) 帝国データバンクは、一部の調査で老舗企業を30年以上の企業としている。

5) 商工リサーチ全国「老舗企業」調査より抜粋。http://www.tsrnet.co.jp/news/analysis/20161202_01.html

6) (財)中小企業総合研究機構、『中小企業の事業継続性に関する調査研究』、2010年、に詳しいので参照。岩崎尚人、神田良は、そのプロジェクトでアンケート調査および事例研究を担当した。

7) 1996年実施のアンケート調査結果に関しては、神田・岩崎『老舗の教え』1997年JMAMに詳しいので参照。質問項目の一部や調査対象企業なども異なるため、すべてを併記して比較することはできない。

8) 神田良・岩崎尚人、「経営戦略と持続的な競争力」、『経済研究(明治学院大学)』、105号、1996年、59-85頁。Iwasaki, N.&M.Kanda, "Sustainability of the Japanese Old Established Companies",『成城大学経済研究』、132号、1996年、pp.1-32に詳しいので参照。

9) 神田良、岩崎尚人前掲書を参照。

10) 老舗経営研究会、「コンシステンシー・マネジメントに向けて―資生堂の新・成長戦略」、おいでるみんv o l. 6、資生堂企業資料館、1998年に詳しいので参照。岩崎は当該研究会の研究プロジェクトメンバーであった。

11) 株式会社資生堂 名誉会長、株式会社福原コーポレーション 取締役会長であったが、2023年8月30日、

92歳をもって永眠された。

12) 2013年日本コカコーラ(株)から資生堂社長に転身した「プロ経営者」として評される経営者。現在、同社代表取締役会長を務めている。

13) 『虎屋の五世紀』に詳しいので参照。

14) 福原義春、『文化資本の経営—これからの時代、企業と経営者が考えなければならないこと』、文化資本研究会、ダイヤモンド社、1999年に詳しいので参照。

15) 虎屋文庫は、昭和48年(1973)に創設された。そこでは、同社の歴史的資料を収集保管するとともに、様々な菓子資料を収集して、展示会の開催や機関誌の発行を通して、和菓子情報を発信している。とらや工房とは平成19(2007)年10月、「とらや工房」を開業した。1978年から富士山麓で羊羹を中心に製品づくりをしてきた御殿場工場から少し離れた山間の「東山旧岸亭(岸信介元首相の屋敷委)」に隣接する場所にある。そこでは、大福や人形焼、どら焼きなどの菓子作りを見学することができる。

16) 継承代数や継承者の数も、時間軸と捉えられる。

17) 中小中堅企業に比べて、上場企業の社長在任期間は一般的に6~7年と相対的に短い。

18) 中小企業庁、『2020年版中小企業白書』、2020年、pp.1-132。

19) 前掲書、pp.132-133。

20) 前掲書、pp.140-142。

21) 木内登英のGlobalEconomy&PolicyInsight、https://www.nri.com/jp/knowledge/blog/lst/2020/fis/kiuchi/1106

22) 岩﨑尚人、『コーポレートデザイン再設計のエッセンス』、成城経済研究第232号、pp.61-99、2021年に詳しいので参照。

23) 計算式は、「5億×50%-4200万=2億800万」である。税理士の友人に計算を依頼した結果である。

24) 計算式は「2億8000万÷10年+2億8000万×3・6%=2828万8000」である。

25) トヨタ自動車の歴代社長

1	豊田利三郎	1937～1941年
2	豊田喜一郎	1941～1950年
3	石田退三	1950～1961年
4	中川不器男	1961～1967年
5	豊田英二	1967～1982年
6	豊田章一郎	1982～1992年
7	豊田達郎	1992～1995年
8	奥田碩	1995～1999年
9	張富士夫	1999～2005年
10	渡辺捷昭	2005～2009年
11	豊田章男	2009～2023年
12	佐藤恒治	2023～

出所：トヨタ自動車HPより作成

26) 豊田家による株式所有率がどの程度であるか明確に示された資料は見つからなかった。しかし、金融関連企業を除いた大株主の中で、豊田自動織機の株式保有率が、２０２０年時点で６・９％であったことから推察される。

27) 中小企業にM&Aをためらわせる理由について、日経ビジネス２０２１年2月15日号に詳しいので参照。

28) トヨタは、２００7年に販売台数で世界トップであった米GM社を抜き、自動車生産台数で世界一の座をついた。

29) 小西六は、ミノルタに吸収されて、現在コニカミノルタとなっている。

30) わが国では老舗に限らず、天皇家や将軍家においても血縁による相続が途絶えた場合には、養子・養女による承継が行われてきた。まして、少子高齢化社会の中で後継者不足の中で既存企業の存続を図る上で、血縁による「家の継承」を求めることに妥当性がなくなりつつあるからである。

31) 技術体系が大きく進歩するとともに、企業ガバナンス体制が変化する中で企業の前進を突き詰めると「事業の継承」とはいえない企業が多くなる。

32) 三越伊勢丹HDは、旧三越(株)と旧伊勢丹(株)を傘下に置く持ち株会社である。三越は、1673年に三井家が出店した呉服屋越後屋に起源を持つ。他方、伊勢丹は、1886年創業の伊勢屋丹治呉服店を起源としている。2008年に両社によって、共同持株会社を設立して、その下で経営統合した。

33) 1831年に大阪で創業された百貨店である。

34) (株)さびえる本舗は、敗戦直後に設立された九州大分市の老舗菓子メーカーである。老舗菓子メーカーであったが、創業家が廃業後、営業担当の従業員が創業家に請われて2001年に再建に取り組んだ。

35) リバテープ製薬(株)は、1878年創業の九州熊本市の老舗薬品メーカーである。1967年関連取引先企業が共同出資で再建し、同社の役員に経営を委託した。

36) (株)なだ万は1830年創業の老舗料亭である。2014年にアサヒビールHDの傘下入りし、2016年に子会社化された。

37) (株)亀屋万年堂は、1938年に創業された老舗菓子専門店である。2021年シャトレーゼHDが全株式を取得し、完全子会社化した。洋菓子ナボナで有名であった。

38) (有)舩坂酒造については、岩﨑尚人、「老舗のイノベーター」、成城大学大学院経済研究、2019年に詳しいので参照。

39) 國友銃砲火薬店については、前掲書『中小企業の事業継続性に関する調査研究』に詳しいので参照。

40) 木原製作所については、岩﨑、前掲書に詳しいので参照。

41) BC.1000年の世界の人口は3・1億人、1500年には5・0億人であった。それが、2000年には60億人に増大した。現在も人口増加は続いている

42) 世界の経済的・政治的覇権を第1次世界大戦まで握っていたのが英国であり、その後の覇権を握ったのが

米国であった。それぞれの時代をこのように表現する。岩﨑、2021年、前掲書に詳しいので参照。

43) 1960年の主要国のGDPシェアは下記のようである。当時、米国は世界の43%を占めていたが、IMFによれば2020年には24・6%にすぎない。それに対して、中国は16・4%を占めるまでになっている。

44) 1981年当時の世帯数が約3582万世帯である。2019年の人口が約1億2500万人であることから、大きく実数とはずれていない。

45) Yuval. NoahHarari,"Sapiens:ABriefHistoryofHumankind",Vintage,2015/4/30(『サピエンス全史』柴田裕之訳、河出書房新社、2017/3/27)

46) 前掲書

47) 金剛組については、金剛利隆、『創業一四〇〇年—世界最古の会社に受け継がれる一六の教え』、ダイヤモンド社、2011年に詳しいので参照。

48) 電話の普及率はまだ低く、一人住まいで電話を持っていた学生はほとんどいなかった。

49) ラジオとカセットデッキが一体になった機器で、カセラジ(カセット・ラジオ)と呼ばれることもあった。

50) ソニーと蘭フィリップ社に共同開発された第1世代光ディスクのCDのソフトとハードが上市されたのは1982年である。

51) ただし、現段階ではすべての書籍が電子化されているわけではないから、本物の書籍を手にするには24時間ほど待たなければならない。

52) Audibleとは、アマゾン社が提供する音声図書のこと。

53) 大企業へと成長した企業が陥りやすいといわれる組織の老化現象である。組織の硬直化、リスク回避の風土、トップが現場を把握できない、組織内ポリティックスの横行、不要なポストの増大などの組織的課題がその兆候として指摘される。こうした組織では、経営環境の変化に適応することができず、企業の成長や進化を期待することができないといわれる。

54) 今後、老舗の矜持とは何かの研究課題となるかもしれない。

第6章
ニュー・ノーマル時代のリーダーシップ

1. スローダウン現象と平成時代

バブル経済崩壊という未曾有の津波が日本経済を直撃して以来、今日に至るまで大半の時を占めていたのは、昭和天皇崩御とともに始まった平成時代である。この間にわが国では、すべての事象のスローダウン化が始まりつつあった。

もちろん、平成とスローダウンとの間に、特段の因果関係や歴史的必然があるわけではない。「昭和／平成」という時代の区切りと「加速化／スローダウン化」という社会変化との間の時間軸の一致は単なる偶然に過ぎない。しかし、元号に拘わる昭和世代は、その偶然にも何となく意味を感じるのである。新しい時代の到来と新元号との間に特別な関係があるわけではないが、新しい時代への教訓やメッセージは、元号を冠することで伝わり易くもなる。来るべき「昭和１００年」も同様である。[1)]

本書を結ぶにあたり、再び平成時代を振り返り、その時代から何を学び、新しい時代に向けて、何を考え、何をすべきかについて検討していくことにしよう。

オックスフォード大学教授で地理学者のダニー・ドーリング（Dorling D.）は、先のパンデミックを次のように評している。

「2020年、人類は前例のない形でスローダウンした。10億人がいつもしていることの大半を止めたのだ。さらに、何十億人もの人が、それによって大きな影響を受けた。[2]」

ドーリングによれば、「スローダウン現象」はパンデミックを契機にスタートしつつある新時代の特徴を示すキーワードの一つである。この用語は、社会制度の中で示される何らかの数値の差分の減少、つまり増加のスピードが「減速」している状況のことである。冒頭でも触れたように、スローダウン現象は、Covid-19パンデミックによって引き起こされたわけでも、それと時を同じくしてスタートしたわけでもない。

「スローダウンは既に始まっている。それはとてもよいことだ。スローダウンが起こらなくて、総人口がどんどん膨れ上がり、社会の経済格差がどんどん広がり、一人当たりの消費量がどんどん増えれば破滅を迎えるだろう。・・・いま進んでいるスローダウンは、あらゆる事が加速していくという前提に大きな疑問を投げかけるものであり、私たちは未知の領域に足を踏み入れている。[3]」とドーリングはいう。

スローダウン現象はパンデミックに起因しているわけではないにしても、来たるべき新時代のシンボル的出来事になることは間違いない。

図表6-1｜世界の人口推移と増加数の推移（1950～2022年）

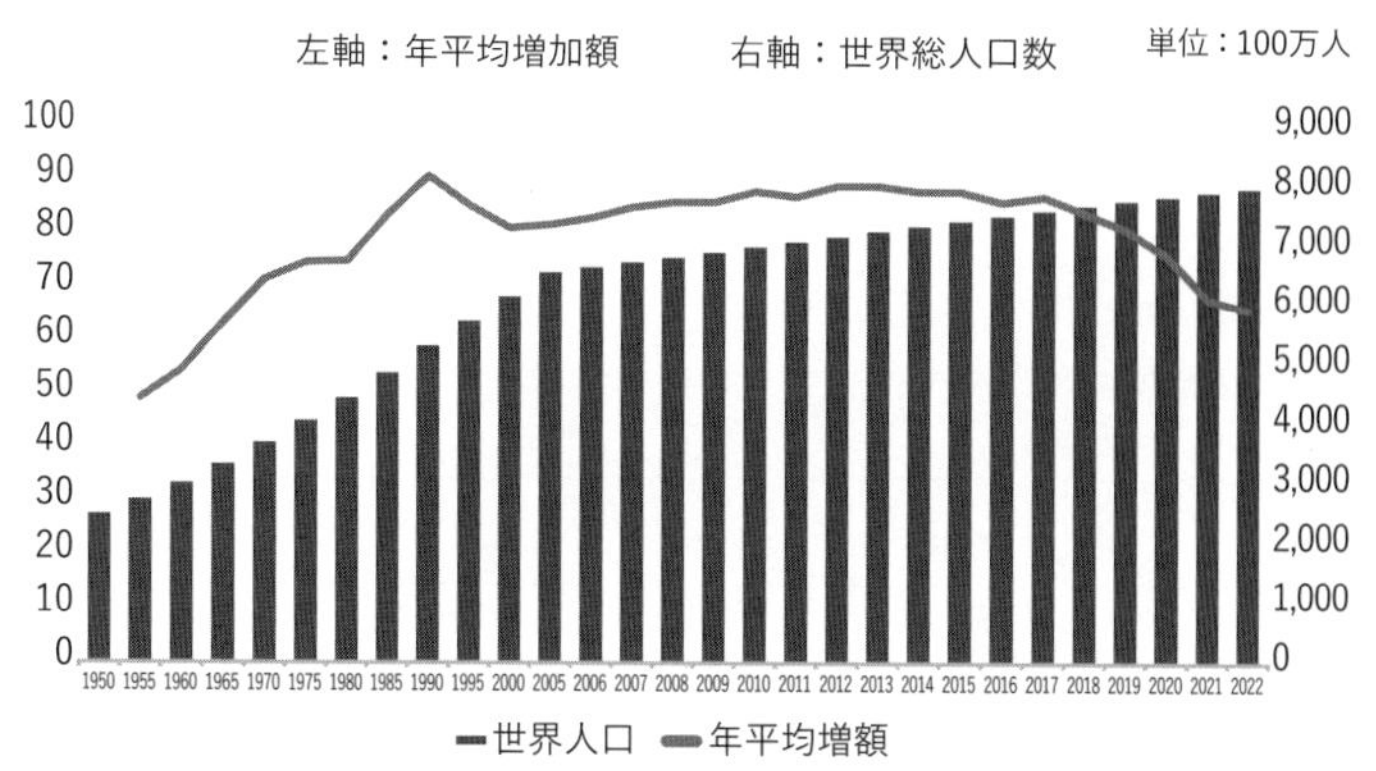

出典：UN, World Population Prospects : The 2022 Revision より作成

1 スローダウン現象の実際

ドーリングは、近年、世界の総人口や出生率などの人口動態、世界各国のGDPや1人当たりGDP、賃金水準などの経済動向、情報やテクノロジーに関わるイノベーション率などの数値の増分がスローダウン（減速）傾向にあると、時系列線によるグラフを示して指摘する[4]（**図表6-3**、**図表6-4**、**図表6-5**を参照）。

たとえば、2030年には150億人になると予測され実しやかに喧伝されていた世界の総人口予測が、「2040年に80億人でピークになり、その後減少していく」[5]と大幅に修正された。そうした人口の激減シナリオについて異論もあるが、基本的に、人口のスローダウンは自動的に進むということが議論の前提になっている。[6]事実、世界

図表6-2｜世界の出生率の推移（1960～2021年）

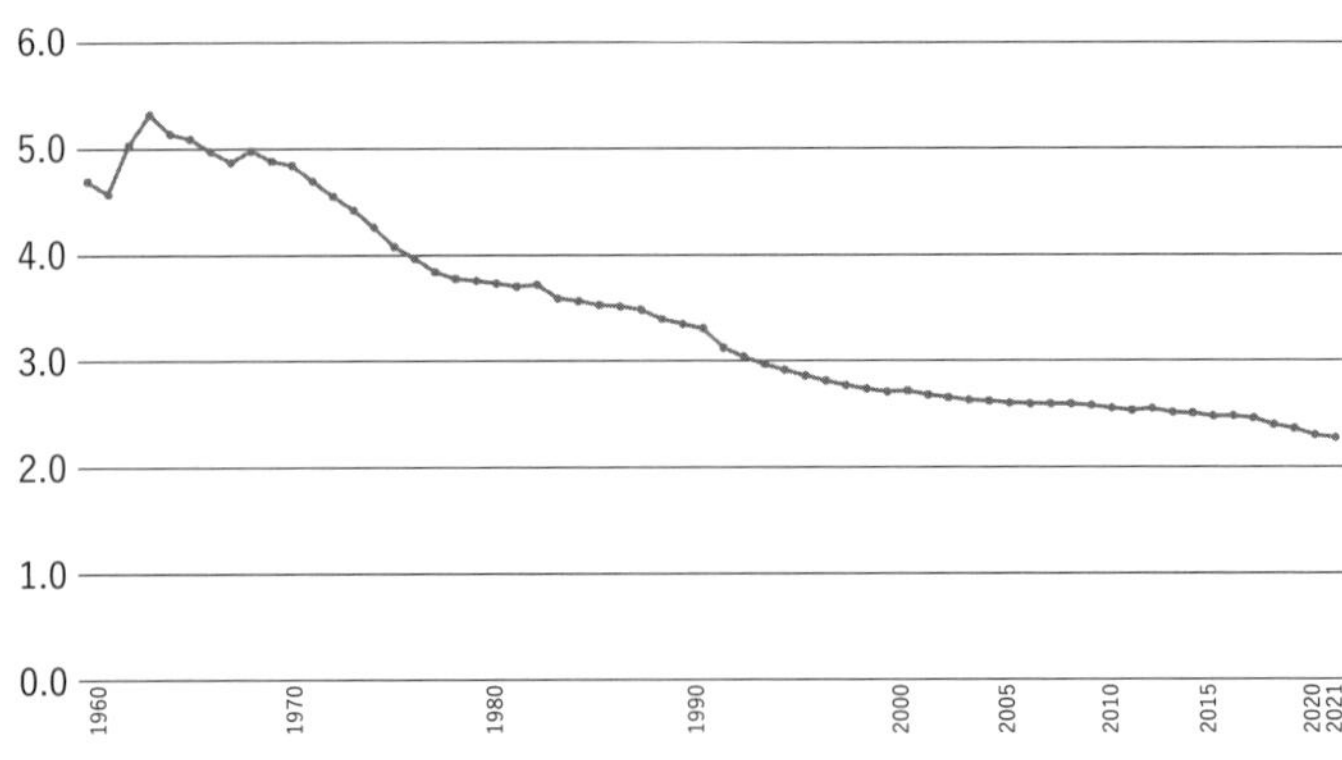

出所：世界銀行　datacatalog.worldbank.org より作成

の人口増加数は１９９０年をピークにして減少傾向にあるし（**図表6-1**）、人口増の要因の一つとされてきた出生率は、２０００年を前後して減速している（**図表6-2**）[7]。世界の総人口は、スローダウンを目前にしているのである。

同様に、経済動態に関してもスローダウン傾向がみられるという。ドーリングは、「世界の一人当たりＧＤＰと増分の推移」（**図表6-3**）を示して、世界の一人当たりＧＤＰの成長率が２００６年最も伸張し、その後徐々にピークの水準が下降していると指摘する。[8] 確かに、２００６～２０１８年のトレンドでスローダウン傾向がみられる。また、米国の一人当たりＧＤＰの推移（**図表6-4**）を見ても絶対的変化がもっとも大きかったのは１９９８年と１９９９年であり、２００５年以降その増加率は減少している。[9] ２０００年代に著し

図表6-3 | 世界の一人当たりGDPと増分の推移

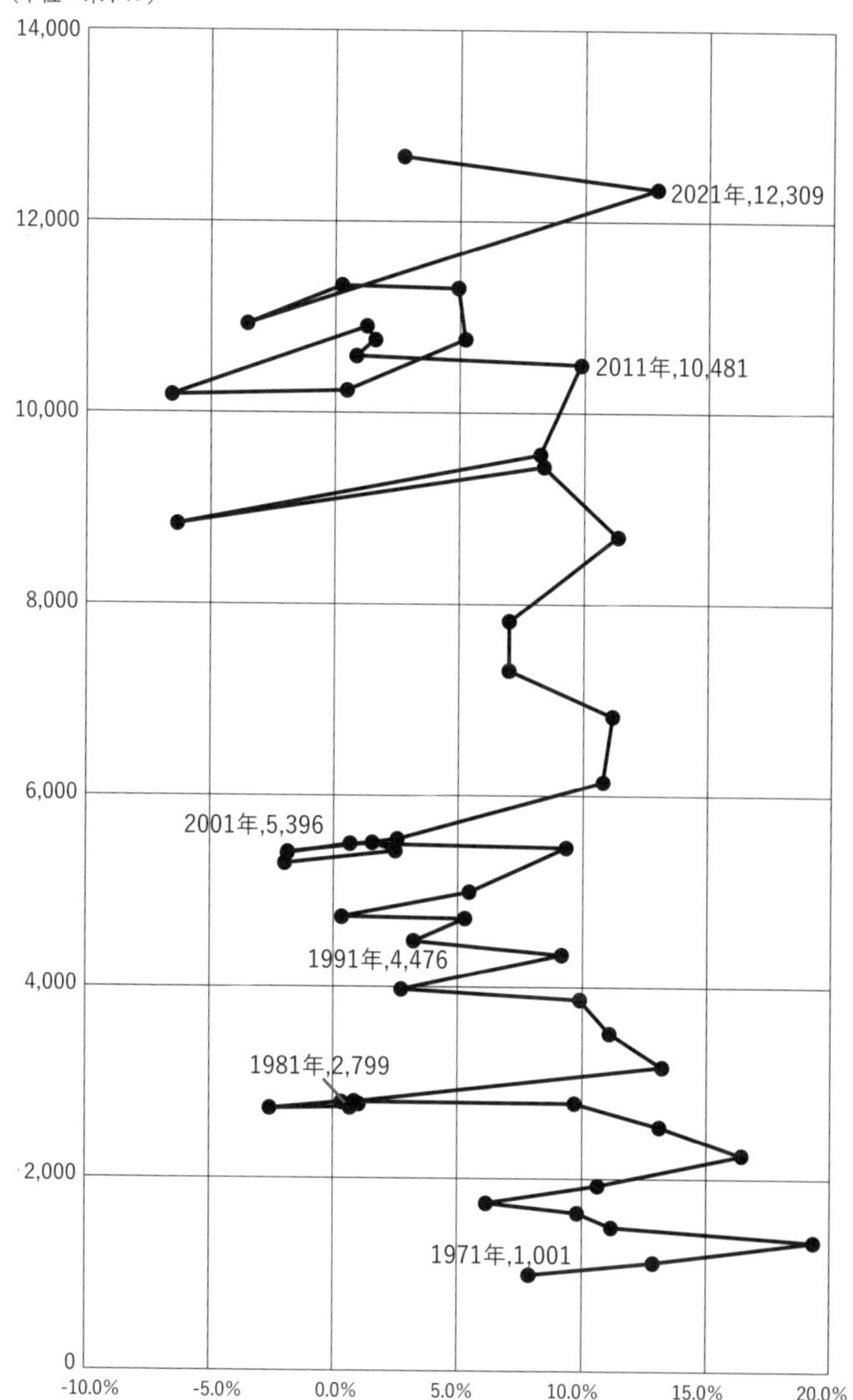

出所：世界銀行 datalog.worldbank.org より作成
（ダニー・ドーリング『Slowdown 減速する素晴らしき世界』、p.325を参照）

図表6-4｜米国の一人当たり GDP と増分の推移

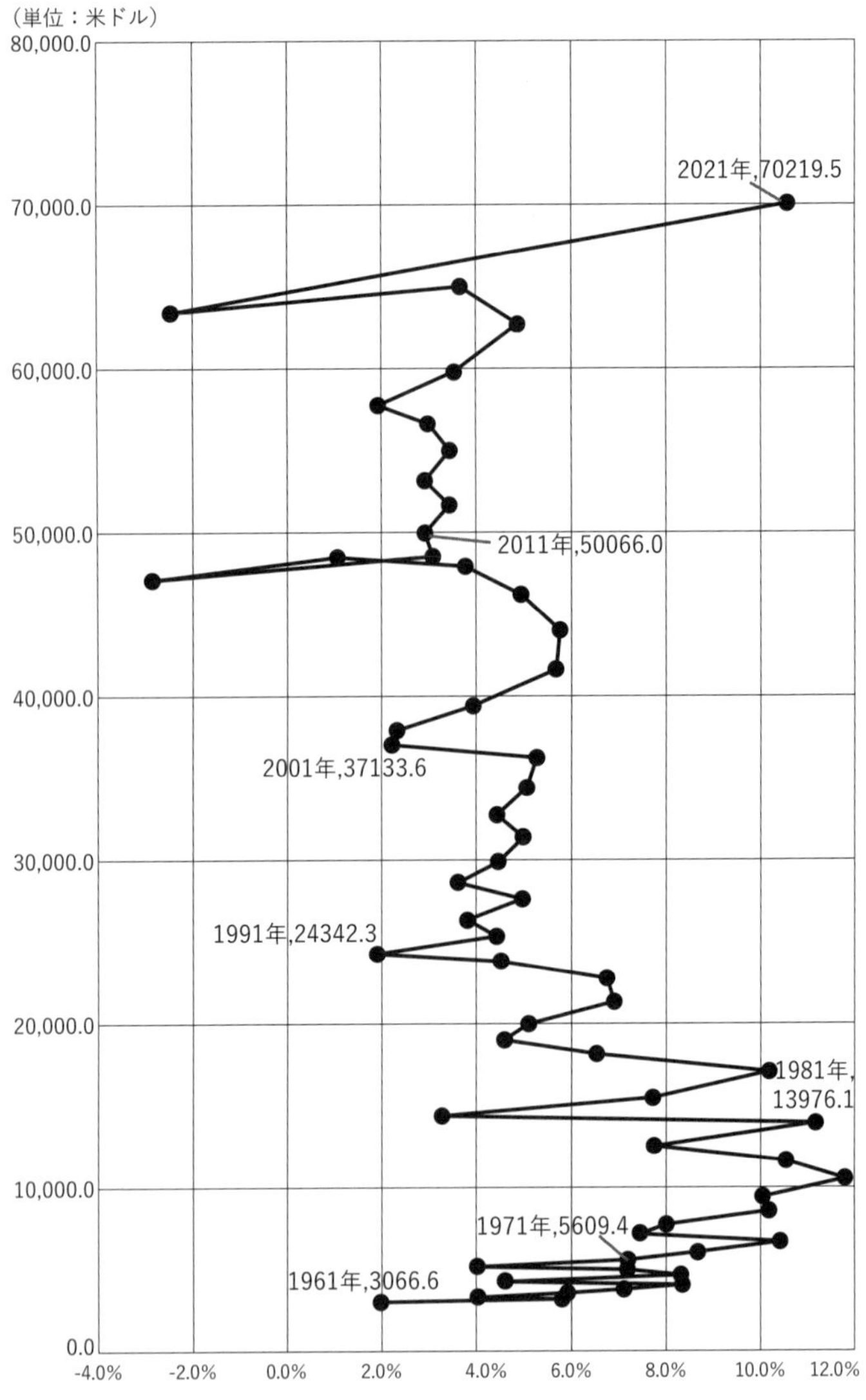

出所：世界銀行 datalog.worldbank.org より作成
（ダニー・ドーリング『Slowdown 減速する素晴らしき世界』、p.331を参照）

図表6-5 | 中国の一人当たり GDP と増分の推移

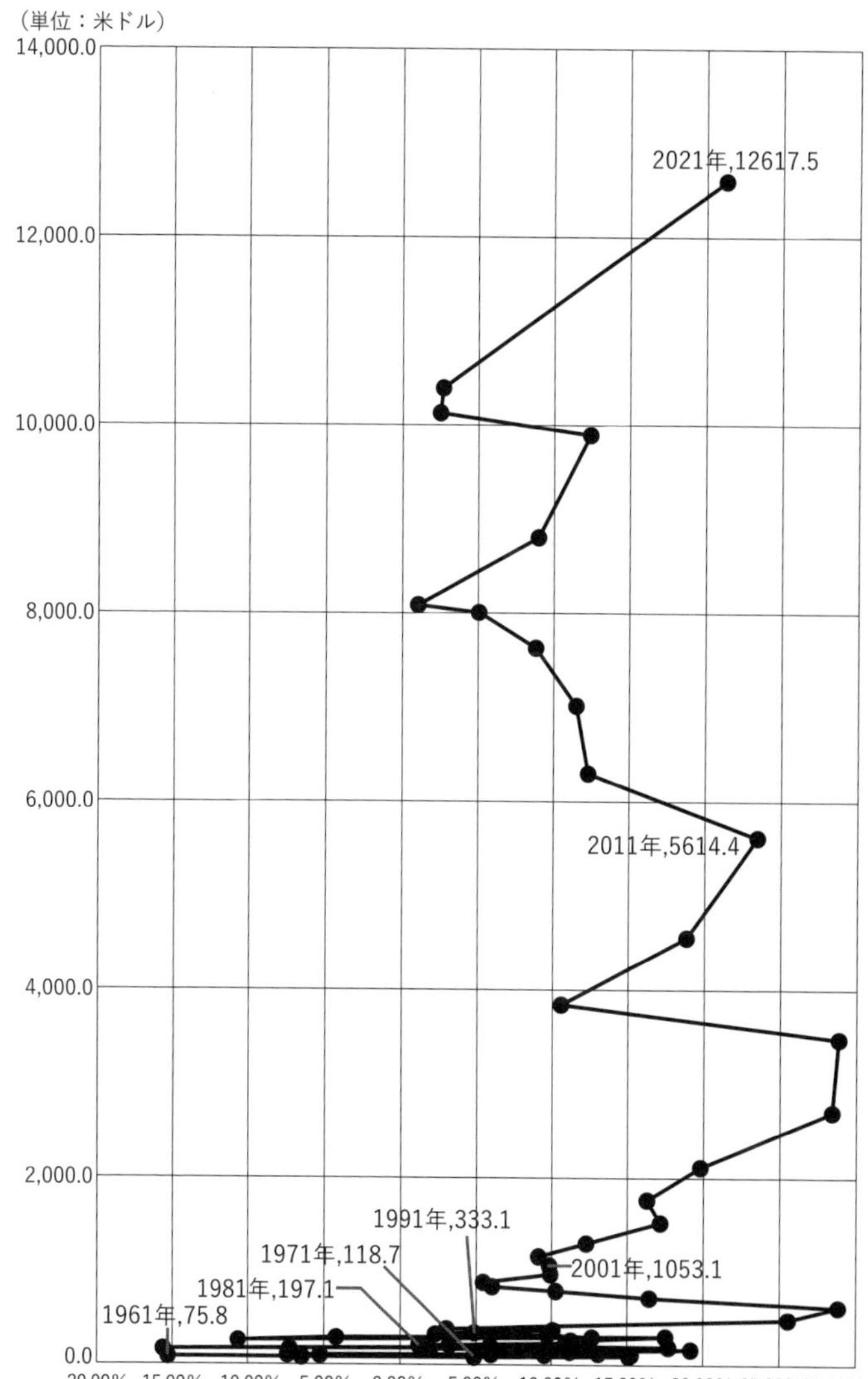

出所：世界銀行 datalog.worldbank.org より作成
（ダニー・ドーリング『Slowdown 減速する素晴らしき世界』、p.334を参照）

く経済成長を遂げた中国にしても、2010年以降相対増加率が10％を大幅に下回っている[10]（**図表6-5**）[11]。

他方、ドーリングは、ウィキペディアの成長率を取り上げてイノベーション率がスローダウン傾向にあることを指摘する[12]。

2001年に生まれたウィキペディアは、開始から僅か1ヶ月足らずで1000件の記事が追加されて、2003年には10万件、2006年には100万件と幾何級数的に成長を遂げたが、そのペースは徐々に減速している。また、インターネット上で入手できる情報の増加ペースは緩やかになっているし、コンテンツの成長率も年10％に止まりインターネット全体の拡大も時間とともに減速しているのである[13]。過去に比べて技術革新そのものは進んでいるが、そのスピードは緩やかになっている。こうしたことから、テクノロジー全体が減速しているとドーリングは指摘する[14]。

だからといって、彼は、スローダウン現象が人類にとってマイナスなものであるとして、否定的に捉えるべきであると主張しているわけではない。いかなる事象であったとしても、それがスローダウンすることなく加速し続けるとすれば、破壊に向かって突き進むことになるが、スローダウンが進めばそうした心配をせず済むという警鐘が込められている。すなわち、新しい製品をどんどん生み出し続けて人間の心理を巧みに操って新しい市場をつくりだして、新しい需要やニーズを掘り起こすことによって成立してきた資本主義の限界を指摘し、社会の遷移の必要性を肯定的に捉えているのである。

「人口が増加せず、物質的成長も、経済的成長も止まれば、資本主義はなにか別のものに姿を変える。[15]」

この言に従えば、スローダウンは、当たり前の状態に戻ることであり、安定へと向かうことである。人類の長い歴史プロセスからいうと、大加速時代が異常な時代であり、スローダウンの時代はむしろ正常な時代である。スローダウンした世界は、ディストピアでもユートピアでもないが、それ以前とはまったく異なる新しい世界なのである。

2 大加速時代からの失速

第2次世界大戦後に日米欧の先進諸国の多くが経験してきた経済活動の急成長時代と、それに伴って飛躍的に環境負荷が高まった時代とを併せて、「大加速（Great Acceleration）時代」と呼ばれる。[16]この時代に共有される常識は「技術革新が将来も急速に進み経済成長が永遠に進む」という認識をベースにしており、社会、経済、政治、人口動態の変化が加速することによって市場は拡大し続ける。[17]つまり、大加速時代は、化石燃料を大量に使用することで経済的急成長が維持され環境負荷が飛躍的に高まる「ジェボンズのパラドックス」に支配された世界とも言い換えることもできる。[18]そこで、こうした常識や認識を共有する人々や企業など社会的主体の多くは、連続性のある技術革新が進む過程で、時宜に応じて効率性を追求して規模の経済の実現を念頭に行動するのである。

辺境の極東アジアの小国に過ぎなかった日本は、逸早くこの大加速時代の波に乗って、世界の檜舞台を上り詰めると先進国の地位を射止めた。順調な人口増に伴って拡大する国内需要を武器に経済成長を達成し、世界市場を席巻するまでに成り上がったのである。

しかしながら、世紀末が近づくにつれて、従前から続いてきた常識や認識の通用しにくい状況が広がりつつあった。もっとも、大多数がそれに気づいたわけではない。一部の偏屈なペシミストを除いて、多くの人々は、大量生産・大量消費型社会が果てしなく発展し繁栄すると確信していた。[19]

ところが、選りに選ってわが国は、世界に先駆けてスローダウン社会へと変容を強いられた。そのタイミングは、偶然にもバブル経済崩壊と同時期であった。「減少ではなく、増加のペースの減速」を意味するスローダウン現象は、本来ゆっくりと始まって、時として数世代の時間をかけて進むこともあるために甚く気づきにくい現象である。[20] 確かに、日本社会を襲ったその現象もはじめは控えめであった。しかし、バブル崩壊の強烈な後押しで、すぐさま牙を剥き出しにして凶暴さを露わにした。その衝撃は、「猛スピードで走っているとき、急ブレーキがかかってすごいスピードで走っていたことに気づく」と形容されるほど強烈であった。[21]

これを契機にして、日本繁栄の程度を示す指標のほとんどがスローダウンに転じ、それは平成時

図表6-6 | 日本の人口と前年比増加の推移

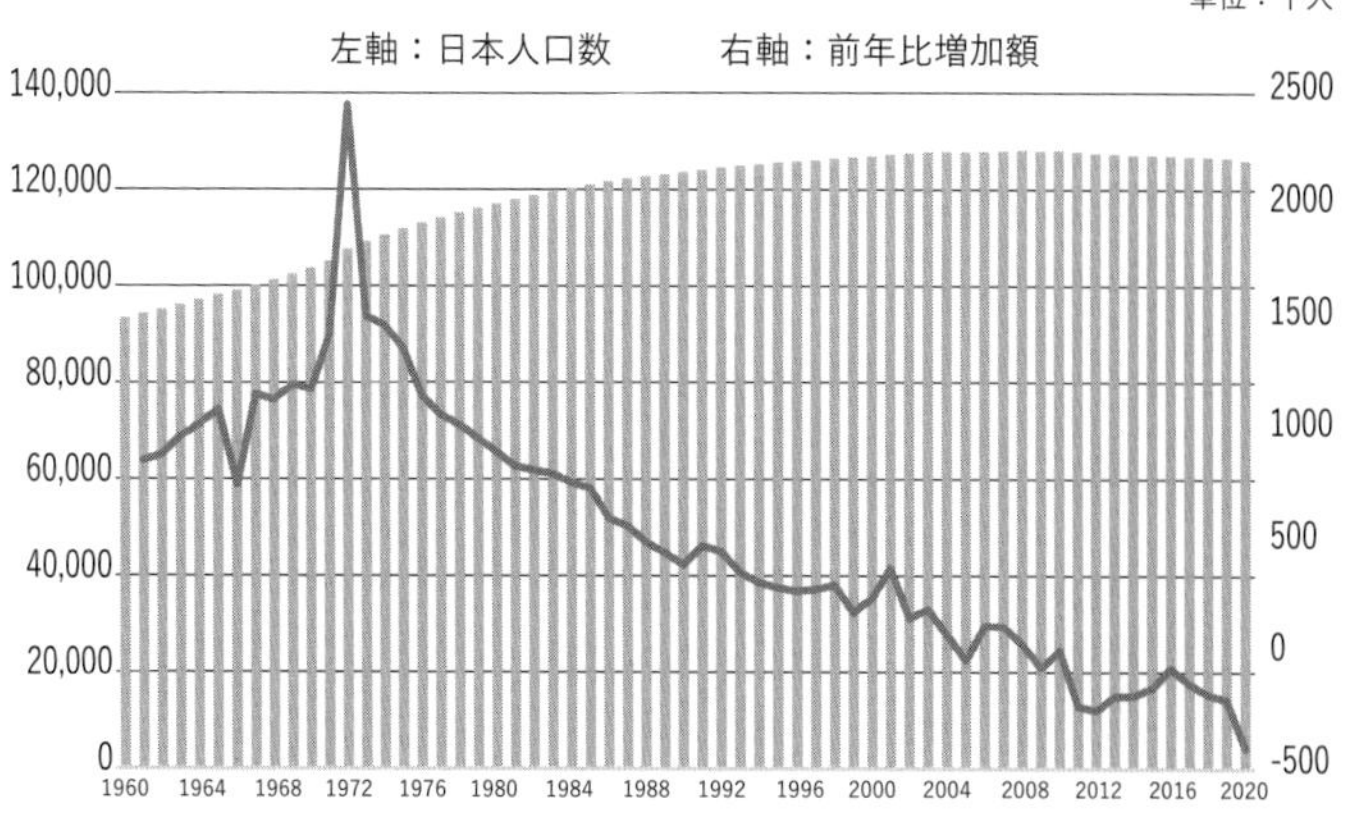

出典：内閣府　人口動態統計より作成

図表6-7 | 日本の人口と前年比増加の推移（1960～2020年）

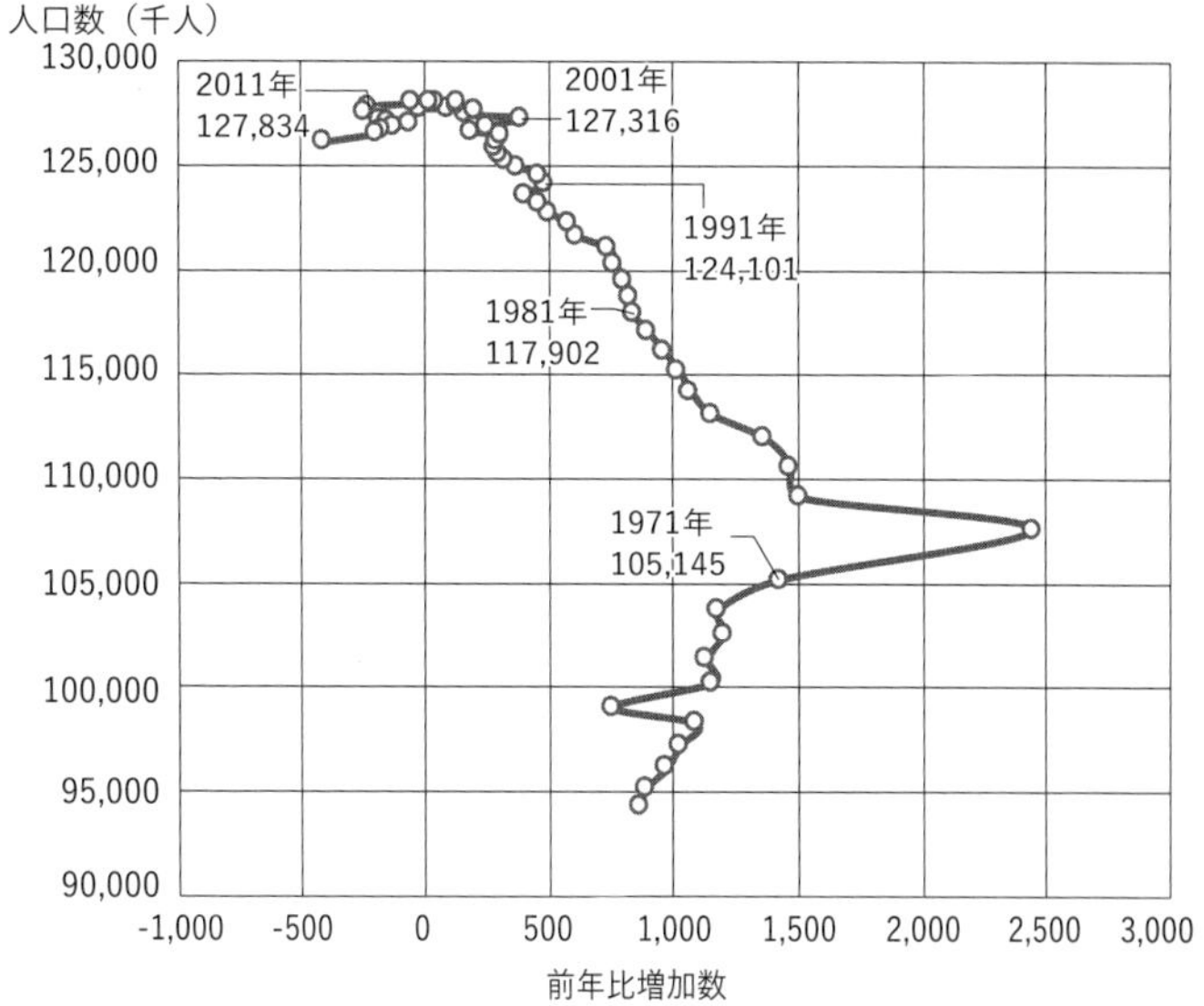

出典：内閣府　人口動態統計から作成

図表6-8｜日本の出生率の推移（1960～2020年）

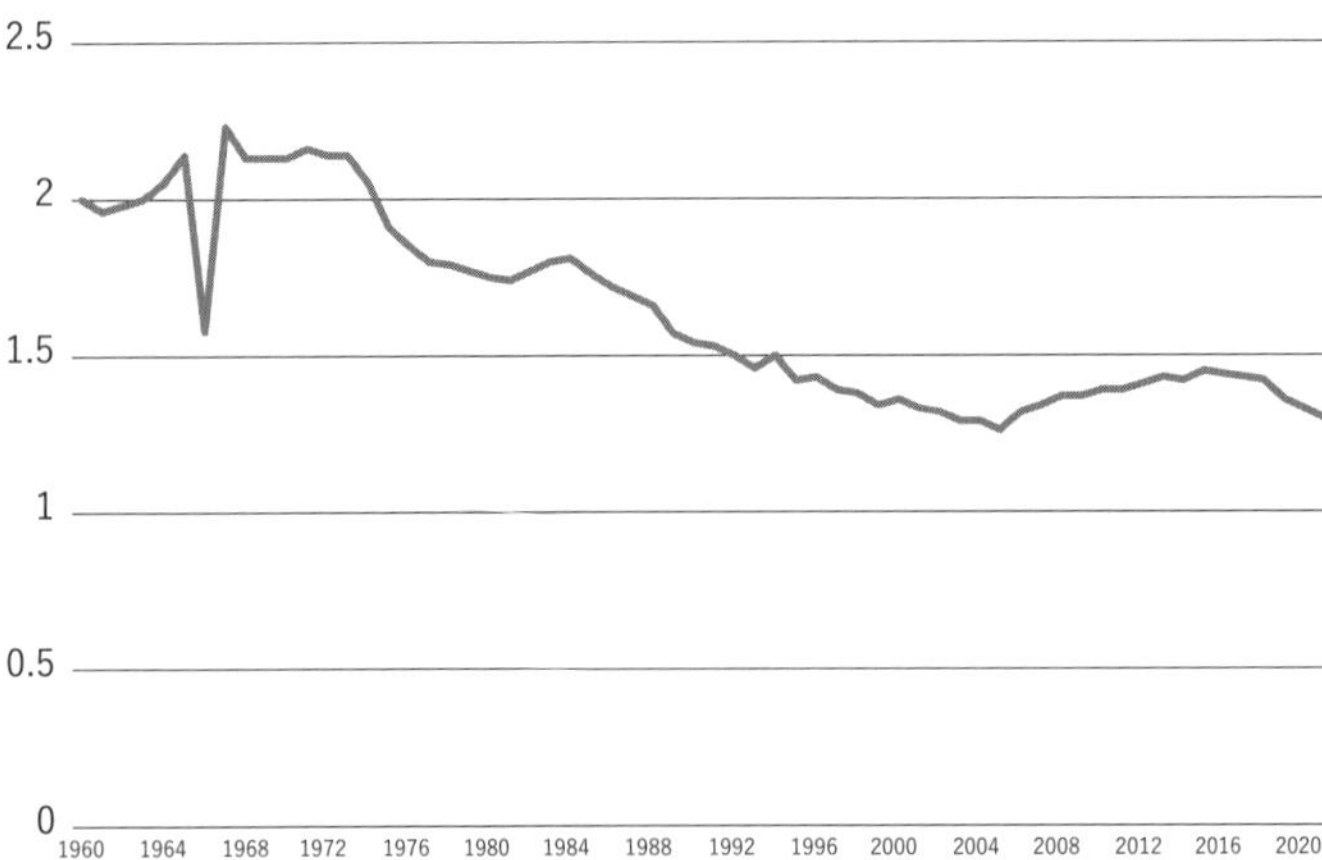

出典：世界銀行　datacatalog.worldbank.org

代を通して続いたのであった。

3 世界初のスローダウン現象

「日本は世界の大国の中で、最初にスローダウンした国である。[22]」とドーリングはいう。

実のところ、その兆候は高度経済成長終焉期の１９７０年代初頭頃には、すでに発現していた。[23] 日本社会で、人口増加数がピークを迎えて出生率が低下し始めたのは１９７２年前後である。しかしながら、そうした人口減少の危機の蓋然性があったにもかかわらず、積極的に対処し始めたのはつい最近のことであるから、まったくもって遅きに失している。

以下では、そうした日本社会のスローダウン現象のプロセスをみていくことにしよう。

図表6-9｜日本の平均寿命の推移

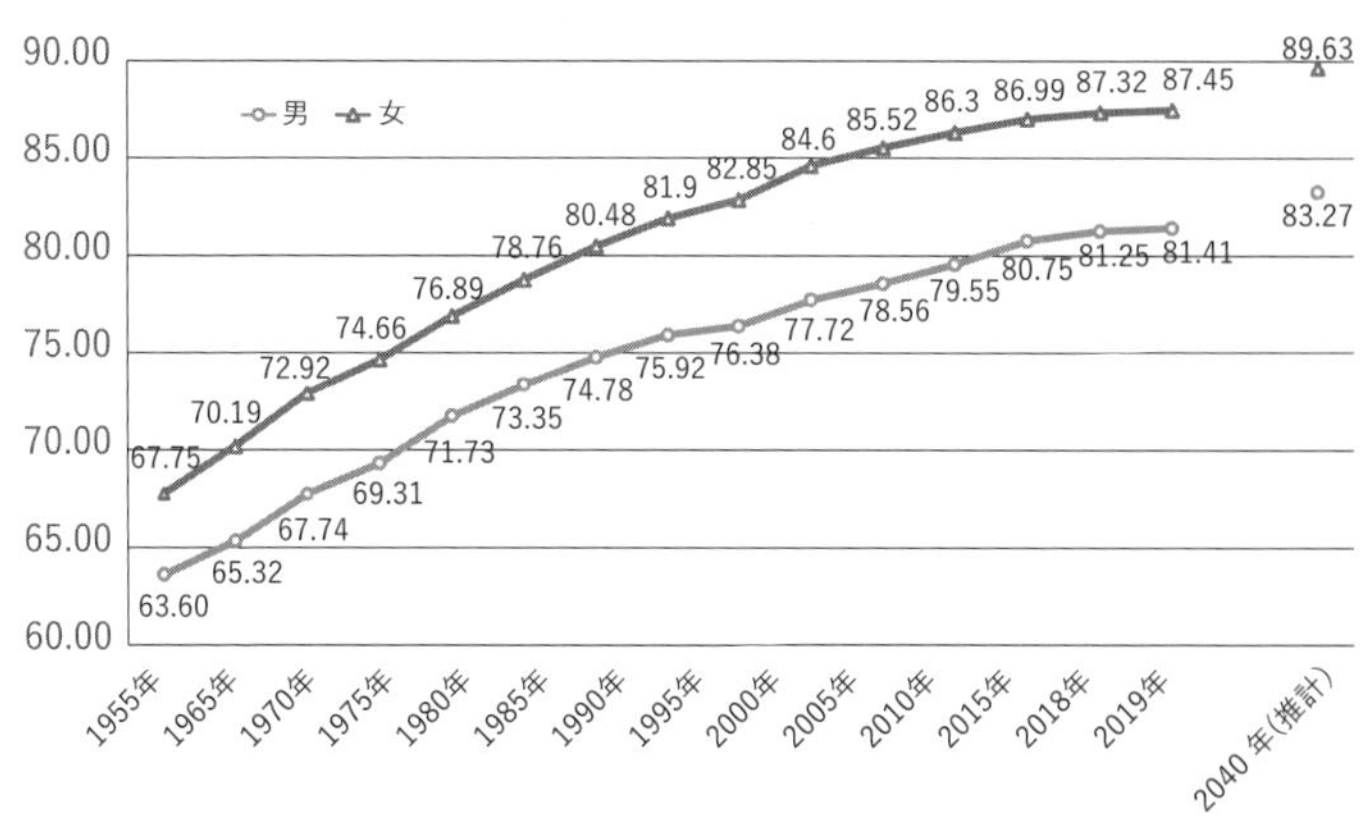

出典：令和2年版　厚生労働白書

はじめに、スローダウン現象を示す代表的指標である人口動態をみると、戦後50年以上にわたって日本の総人口は右肩上がりで増加してきた。1972年から出生率が低下傾向になり始めたが（**図表6-8**）、1947～49年生まれのベビーブーマー「団塊の世代」が子供を持つようになって、その後も人口増が継続した。2008年にピークを迎えると、以後、総人口が減少に転じた（**図表6-6**、**図表6-7**）。それまでの人口増の最大の要因は、食生活改善と医療技術進歩による寿命の伸張であった。1990年時点で男性75・92歳、女性81・9歳であった平均寿命が、パンデミック直前には男性81・41歳、女性87・45歳になった（**図表6-9**）。もっとも、この長寿化現象が、「少子高齢化」という大問題の一因である。

他方、1億2000万人を超える現在の人口

図表6-10｜日本 GDP と前年比増加額の変化

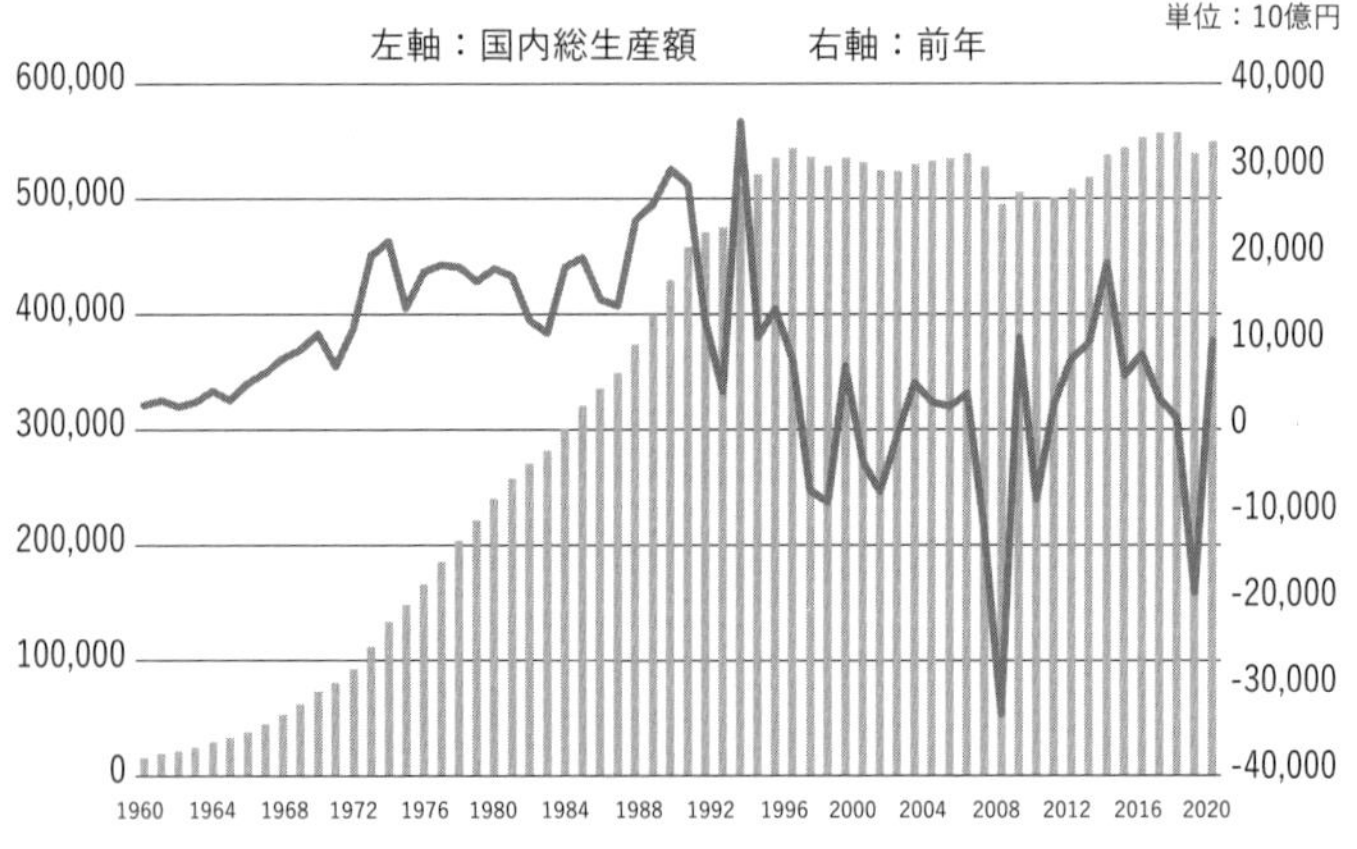

出所：内閣府　国民経済計算より作成

図表6-11｜日本 GDP と前年比増加率の変化

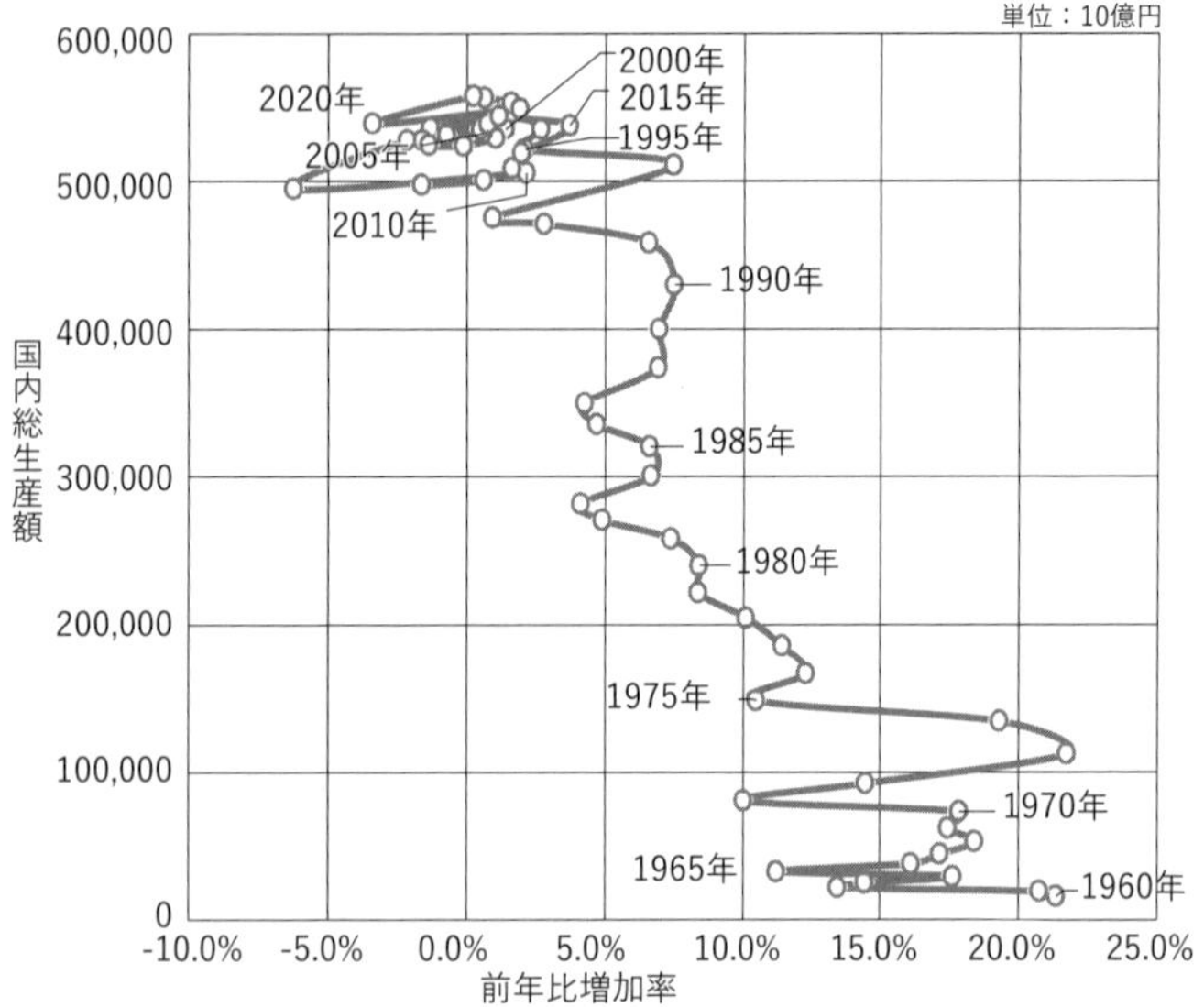

出所：内閣府　国民経済計算より作成

図表6-12｜日本の一人当たり GDP と前年比増加額の推移

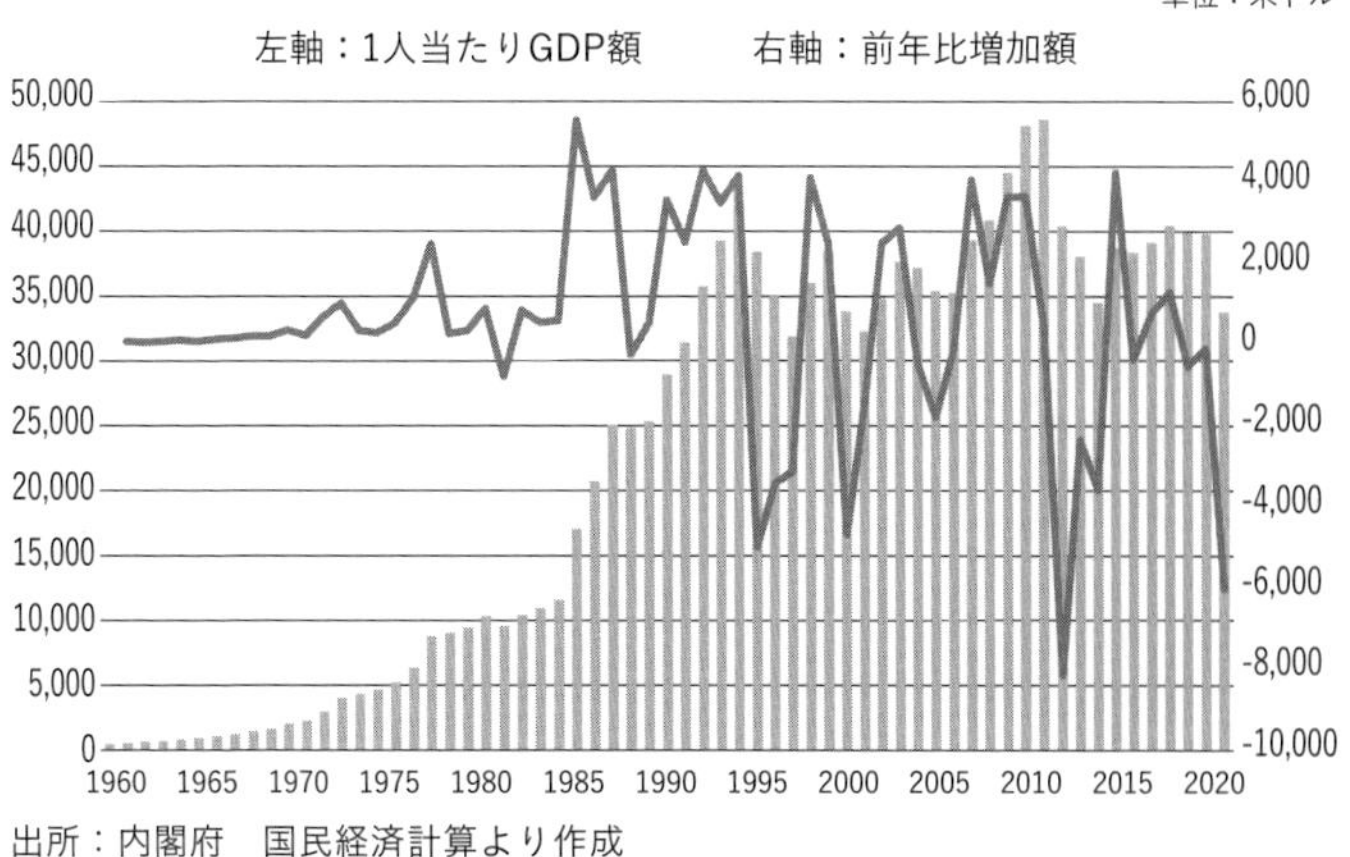

出所：内閣府　国民経済計算より作成

図表6-13｜日本の一人当たり GDP と前年比増加率の推移

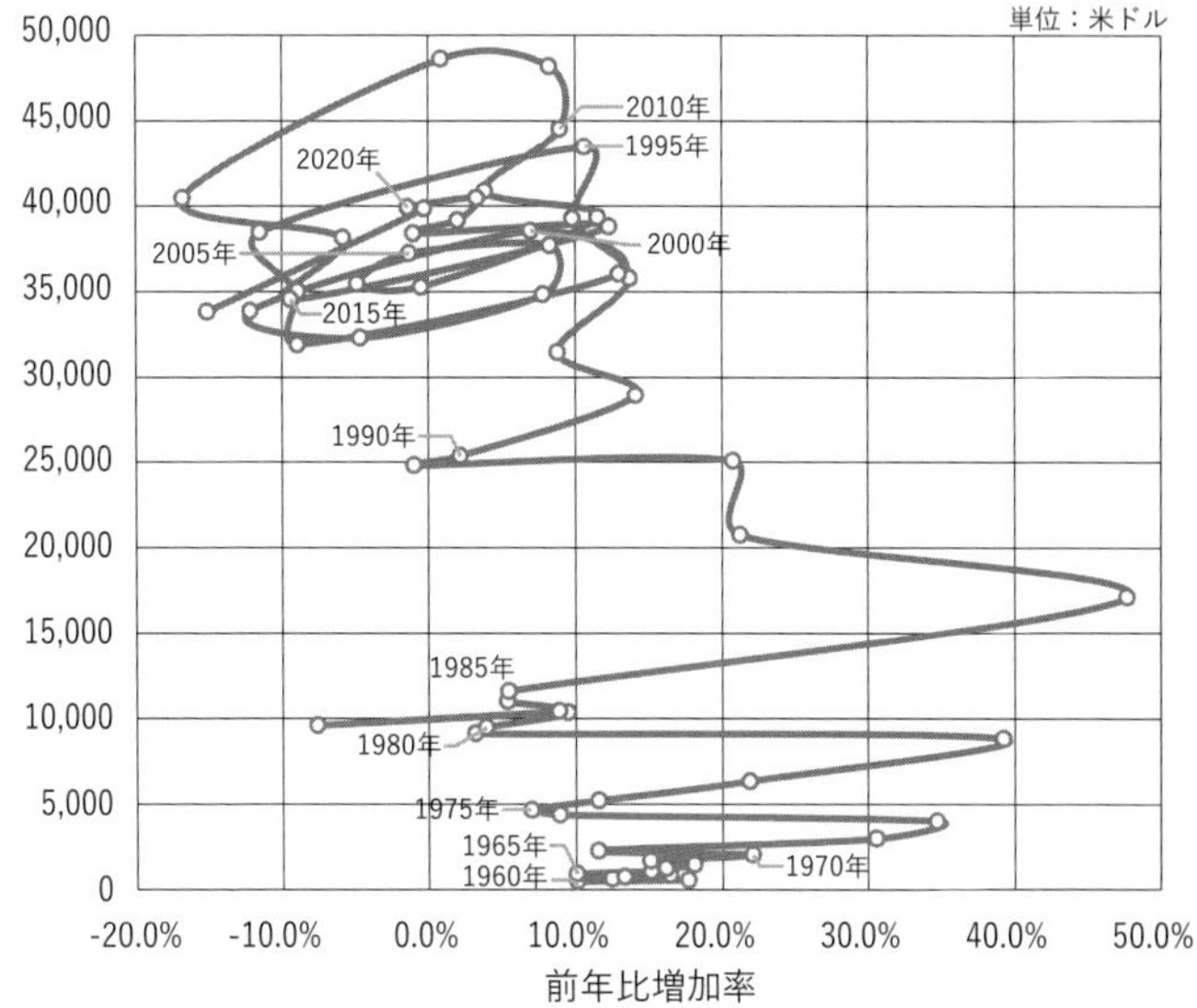

出所：内閣府　国民経済計算より作成

図表6-14｜国債残高の推移（1965～2021年）

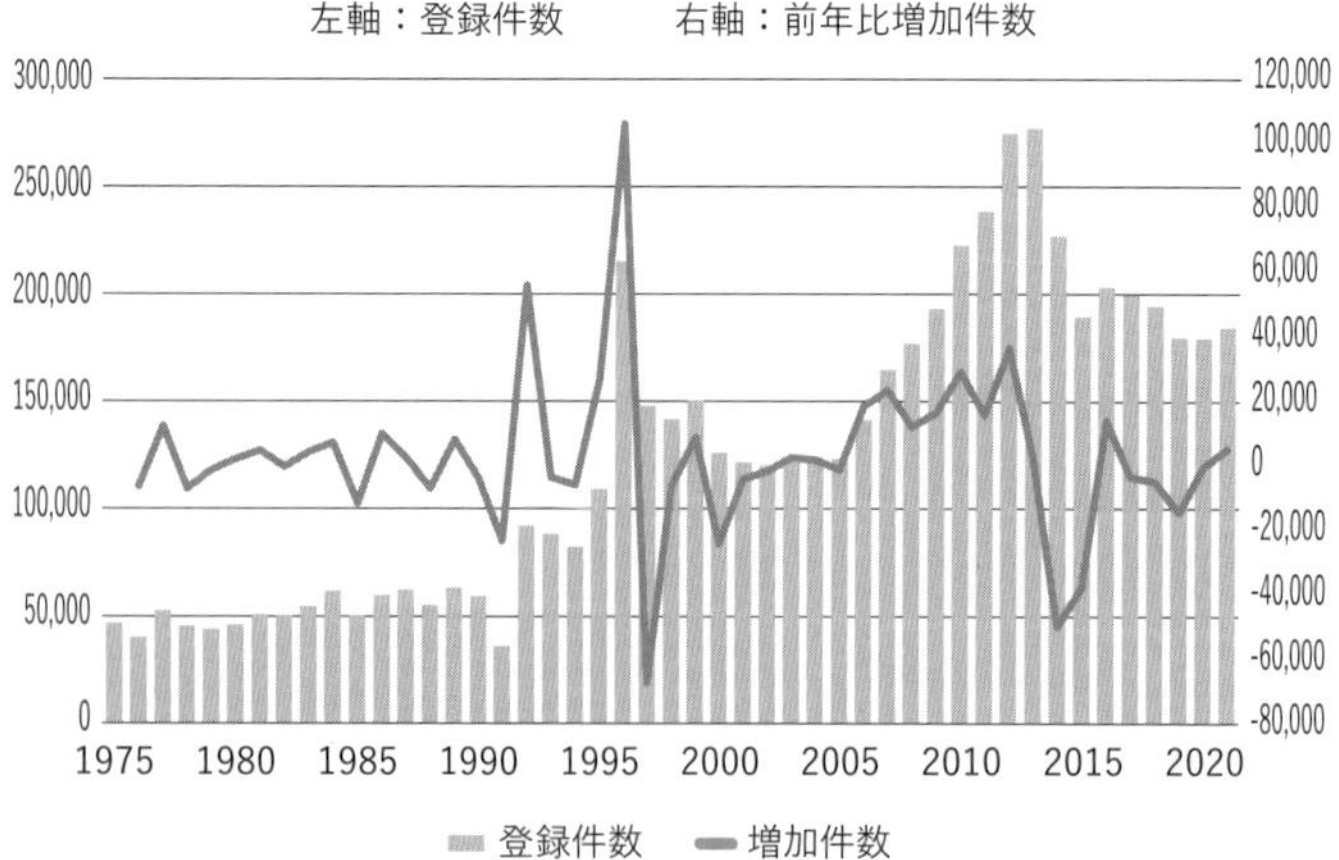

出所：内閣府　国民経済計算より作成

が、２０６５年には1億人を割り込んで、22世紀を目前にして８５００万人にまで減少すると予測されている。労働人口が減少して労働力不足になることが将来問題になることに、出生率低下が始まった１９７０年代初頭に気付かなかったのであろうか。首を傾げざるを得ない。このままだと、近い将来、世界中の企業にとって日本は、生産拠点としても消費市場としても魅力の薄い地域になってしまうといわざるを得ない。

日本社会の経済状況の推移について、ＧＤＰおよび一人当たりＧＤＰの推移とそれらの前年比増分を示したのが**図表6-10**と**図表6-11**と**図表6-12**と**図表6-13**である。

１９６０年代の高度経済成長期を経て、わが国は米国に次ぐＧＤＰ世界第2位の経済大国に成長した。また、一人当たりＧＤＰでも世界第2位と

図表6-15｜日本の特許登録件数と前年比増加数の推移

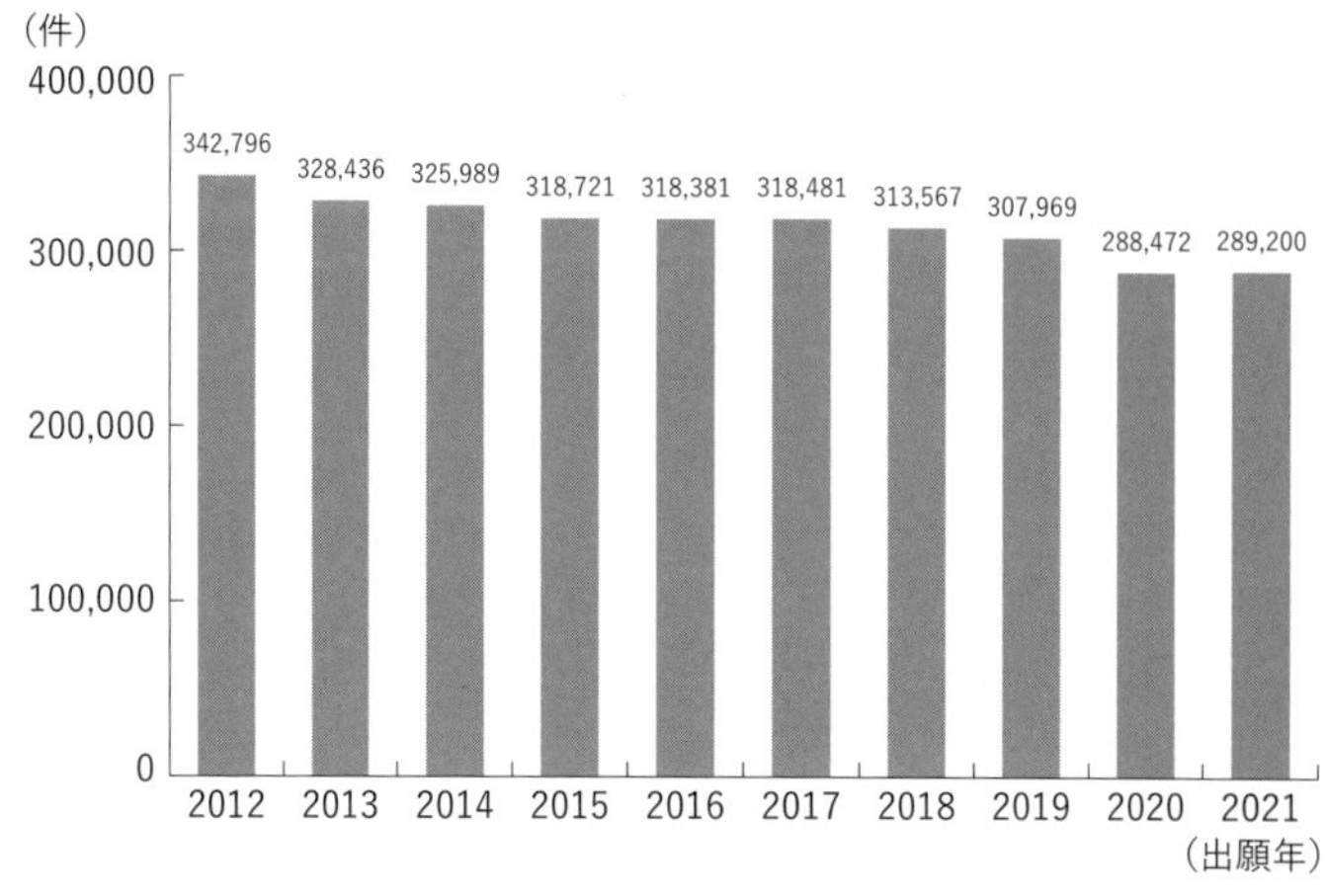

出所：特許庁特許合成年次報告書　2022年

なり、欧米先進国を尻目に「1億総中流社会」を標榜するようになった。その20年後になって、バブル経済が崩壊すると経済状況は急激に悪化した。2008年にアジア地域でトップの座にあった一人当たりGDPでシンガポールに追い越されると、2010年には経済成長著しい中国にGDPで抜かれて世界第3位になった。さらに、一人当たりGDPでは2022年台湾に、2023年に韓国にまで追い越された。このように国際的な相対的収入減に加えて、30年前の収入を下回るといった絶対的収入減となっているのが日本の現実である。しかも、債務残高が1000兆円を超過して世界最大の債務保有国となった（**図表6-14**）。2020年を前後して、もはや日本は、経済大国の面目を完全に失している。

加えて、日本経済と日本企業のかつての国際競争力の源泉ともいうべき技術力についても、スローダウン現象は顕著である。現在、世界の市場シェアの50%以上を日本企業が占有していた半導体事業では、完全に台湾や韓国企業の後塵を拝している。また、米国と並んで世界の上位に名を連ねていた特許登録件数も見る影がない程低迷している（**図表6-15**）。情報通信技術を活用した事業分野で時価総額トップクラスの企業は米国企業ばかりで、日本企業の姿はない。自動車産業にあってもEV分野での出遅れが顕著である。

経済と同様に、かつての技術大国としての面目もすっかり失してしまったといわざるを得ない。

2. 時代の遷移とリーダーシップ

世界で最初にスローダウンの時代に突入したといわれる日本社会の今後は、衰退期に突入した高齢者同様、まもなく訪れる末期を待つだけなのであろうか。

「それ（スローダウン現象）は歴史の終わりではなく、むしろ新しい歴史の始まりである[24]」というドーリングの言を字義通りに受け容れるとすれば、日本にも再スタートのチャンスがあるはずである。もちろん、それを成功させることは容易ではないだろう。スローダウンを伴った遷移プロセスの30年余、日本社会や日本企業は、あの手この手を熟慮して再生に向けてさまざまな手を講じてきた。しかし、その多くはほとんど成果を上げることができなかったばかりか、スローダウン現象にまったく抗うこともできず、必然として受け入れるばかりであった。

平成時代が終幕し、二度目の東京オリンピックを無観客で乗り越えて、パンデミックもようやく終息した。間もなく昭和１００年を迎えようとしている今日、新しい時代に向けた機運も高まりつつある。令和という新元号にも馴染みはじめ、新しい歴史を受け入れる体制も整いつつある。まさに、日本社会は時代遷移の過渡期の中で、新しい歴史をスタートさせるタイミングを計っているのである。

以下では、スローダウン現象を必然とした来るべき時代に、日本社会や企業がリスタートするに当たって勘案すべき変革のポイントについて考えていくことにしよう。

1 リーダーシップの基本機能

日本社会がリスタートして復活を遂げるためには、イノベーションを駆使して新たなビジネスデザインを創造することによって、グローバルな競争優位性を構築することが必要である。確かに、20世紀後半の大加速時代、力漲（みなぎ）る日本社会と日本企業は、イノベーション創出に挑戦していた。ところが、平成時代を迎えた途端に、挑戦に向けたエネルギーが瞬く間に減衰した。最大の要因は、大加速時代のパラダイムの下で確立し強化されてきたはずの革新志向のリーダーシップが発揮されなくなったことにある。

とはいえ、時代が遷移する中で、リーダーシップの基本機能が変異したわけではない。大加速時代であったとしても、あるいはスローダウン時代であったとしても、企業や組織など社会の活動主体は、ビジョンを仮設して、その達成に向けて道筋を示すことが必要である。また、その仮説的ビジョンの実現に向けて賛同し協力してくれる人々や機関に対して進むべき方向性を伝達するとともに、彼らの関心や行動を引き出すことが必要である。そのために、彼らのニーズを配慮・勘案しながら意欲を喚起し支援行動を動機づけるためには、何らかの誘因を提供することが不可欠となる。ここで示した、(1)ビジョン構築、(2)モチベーション促進、(3)アーキテクチャー構築のリーダーシップの3つの基本機能は、公式組織の構成要素である「共通の目的」「誘因の経済」「コミュニケーション」と同義である。[25] つまり、リーダーシップの基本機能は、組織の構成要素そのものなのである。

さらにいえば、リーダーシップの基本機能自体は基本的に状況に応じて変わるものではないが、それを機能させる人材の能力やスタイルは変容するし、それらが時代にフィットしているかどうかはパフォーマンスに直結するのである。蛇足ながら、環境や技術、成熟度といった要因によって組織の経済的成果が左右されることについては、リーダーシップに関わる伝統的研究で明らかにされている。

2 昭和のリーダーシップ・スタイル

「技術革新が将来も急速に進み、経済成長が永遠に進む」といった大加速時代の常識や認識を共有している人々や企業では、ステイクホルダーの言動とずれや不協和が生じないように、同質性や画一性を維持確保し、確実性と秩序を確立するリーダーシップ・スタイルが求められてきた。

そのため、技術革新のプロセスに連続性があった大加速時代にリーダーシップを発揮するためには、以下の能力が求められる。第一に予定された成果を達成するためのステップを事前に決定し、それを遂行するのに必要な資源を割り付ける計画立案と予算設定といった能力、第二に人材を適切に配置するとともに一定方向に導くための方針や規則、それをモニターする方法やシステムを構築する能力、第三に計画からの逸脱を解消する計画化・組織化能力、第四にコスト削減や技術革新に取り組んで付加価値を創出する能力である。

終戦直後の「団塊世代」から昭和・平成時代に引き継がれた「しらけ世代」「新人類世代」「バブル世代」（**図表6-16**）など大加速時代の主役たちは、既述の4つの能力に長けており、市場や競争、技術や制度の複雑性に対する対処能力や秩序を維持する、所謂、「秩序維持型」リーダーシップ・スタイルを発揮することが求められた。彼らは、供給者サイドに有利な秩序を如何に維持するかに専ら注力するとともに、目標やビジョンに直接関わる事象や職務に精通して、より直接的・限定的

図表6-16｜昭和時代以降の世代名

世代名	生まれ年		
団塊世代	1947	～	1951
しらけ世代（ポパイ・JJ世代）	1952	～	1960
新人類世代	1961	～	1965
バブル世代	1966	～	1970
団塊ジュニア世代	1971	～	1974
ポスト団塊ジュニア世代	1975	～	1982
さとり世代	1987	～	1995
ゆとり世代	1983	～	1995
X世代	1965	～	1984
Y世代（ミレニアル世代）	1981	～	1994
Z世代	1995	～	2010
α世代	2011	～	2025

出所：原田曜平『Z世代』より作成

かつ明確な範囲に力点を絞って行動し先導してきたのである。

これが「昭和のリーダーシップ・スタイル」である。

3 平成のリーダーシップ・スタイル

ところが、スローダウン現象が進みつつあった平成時代になっても、依然として昭和のリーダーシップが幅をきかせていた。フォロワーシップが少なからず変化する一方で、リーダーシップ・スタイルに変化の兆しはほとんどなかった。というのも、過去の成功体験に裏打ちされた昭和のリーダーシップへの信奉者の数が驚くほど多く、それを是とする盤石なシステムが圧倒的な優勢を勝ち得ていたからである。

当然のことながら、時が経つにつれて、社会の動勢とリーダーシップ・スタイルの間のミスマッチはますます広がった。時代にそぐわないシステムから打ち出された施策は、尽く失敗し何ら成果を上げることもなく、時間だけが無為に過ぎて、事態は悪化の一途を辿った。そうした間にも、1990年代半ばのアジア通貨危機や2000年代初頭のITバブル崩壊、2008年のリーマンショックなどグローバルレベルで経済危機が頻発して、変われない日本社会は度々打撃を与えられた。その結果、デフレ経済下の株価・地価の下落、ゼロ金利と低賃金の固定化、少子高齢化、実体経済とは不釣合いな円高、研究開発力の著しい低下、債務残高の膨張などの問題に直面せざるを得なかった。そうした景気低迷状況から抜けだすことができなかった大きな要因は、平成時代においてもなお、昭和のリーダーシップ・スタイルが支配的であったことにあるといえよう。

時を経て令和が訪れる頃になって20世紀を引き摺るリーダーシップが表舞台から退き、わずかながら産業社会にも変化がみられるようになったことはその証左といえよう。

4 Z世代とリーダーシップ・スタイル

中長期的な報酬の予測を可能にする伝統的雇用ルールをベースとした経済体制が未だ続いているために、リーダーシップ・スタイルが完全に変身を遂げるまでにはもう少し時間が必要かもしれない。しかし、わが国でも、Z世代（Gen. Z）やα世代（Gen.α）へと主役を演じるリーダーシップの世代交代が進みつつあり、新時代への開扉が大いに期待される。

平成時代を活動基盤にしてきたX世代やY世代を親に持つ、新時代の主役のZ世代やα世代は、生まれながらにしてインターネットやスマホに触れてきたデジタル・ネイティブである。はっきりした記憶があるかどうかは別にして、Z世代はリーマンショックや東日本大震災など21世紀前半の大きなイベントをリアルで見聞した世代であり、パンデミック下でリモートで学校教育を受けた最初の日本人である。[26]

彼らの中に、最新テクノロジーを操って自由に世界をつなげる能力をもつ者も少なくないし、自己アピールをしたいという強い「同調志向」と「発信意識」が強いこともあって、[27]ツイッターやインスタグラム、フェイスブック、ティックトックなどのSNSメディアを活用した生活や仕事にもまったく抵抗感がない。また、マイペースでプライベートを大切にする彼らは、ギグワークなどの新しい働き方に対する抵抗も少ない。[28]さらに、コスト（価格）に対してどれだけの性能や利便性が得られるかといった効率性に重点をおく一方で、[29]脱成長志向で量（成長）から質（向上）に価値基準を転換しつつある。

Z世代は、一般的に、人々の繁栄や生活の質に重きを置く傾向にあり、環境問題、社会的不平等、人権などへの関心が高く、個々の個性や多様性を尊重し受け入れる傾向にあるといわれる。また、変化に適応しやすく新しいアイデアやテクノロジーにオープンな姿勢を持ち、柔軟性が高いともいわれている。そのバックグラウンドに、「アベノミクス経済」の下で雇用状況が改善されたことや、ワークライフバランスなどのキーワードが普及する中で育ってきたことがあることは否定できない。[30)]

いうまでもなく、スローダウン時代に主役を演じるZ世代を先導していく際には、そうした彼らの特性を考慮することが重要である。経済的繁栄や成長を基本的指標とした昭和ベースのビジョンや方向性が示されたとしても、彼ら自身の存在意義をそこに見いだすことは難しいかもしれない。というのも、スローダウン時代には経済的指標で示され得る成果の量的減少を回避できないであろうし、与えられる経済的誘因（外発的動機づけ）も従前よりも小さくなる可能性は否定できない。また、彼らにとって、経済的便益をもたらす仕組み仕掛けの構築への寄与や貢献は、然程大きな問題ではないに違いない。経済的便益以上に、身体的・精神的幸福感や社会的関係、自然環境から得られる充実感、あるいは自己実現や自己追求の達成感を重視することになれば、非経済的便益をもたらす仕組み仕掛けの構築が重要となる。[31)]

組織や集団全体を俯瞰すると同時に、それを構成する諸要素の関係を考慮し、効率性や能率という従来の経済的指標では測ることのできないビジョンを構想して、その達成に向けて人材を動機づけることが、スローダウン時代に求められるリーダーシップ・スタイルである。

要するに、令和のスローダウン時代には、平成時代に支配的であった昭和由来のそれとは異なる、新しいリーダーシップ・スタイルが必要なのである。

3．時代の遷移とリーダーシップの要諦

本章をむすぶに当たり、時代遷移のシンボルの実相を再考するとともに、それを経てスローダウン現象が世界に広がる中で必要とされるリーダーシップ・スタイルの要諦について考えていくことにしよう。

1 遷移のシンボル

2023年5月5日、世界保健機関（WHO）のテドロス事務局長は、新型コロナについて「緊急事態から、他の感染症への対応と並行して制御する局面に移った」と発表した。[32] 2020年1月の「国際的に懸念される公衆衛生の緊急事態」の終息宣言である。3年3ヶ月に及んだパンデミックの期間中、世界各地で7億人近い人々が感染しおよそ700万人が死亡したといわれる。もっとも、緊急事態終息が宣言されたからといって、新型コロナウィルス感染の懸念が完全に払拭されたた

わけでない。再び緊急事態が宣言される可能性がゼロではないものの、すでに多くの国々でコロナ対策を大幅に緩和した。世界的規模で「ニュー・ノーマル（新しい日常）時代」への扉が開き始めたのである。

パンデミックがもたらした最大の社会変化は、対面を前提としていたコミュニケーションや人間関係構築の方法に、新しい選択肢が加わったことである。リモート勤務やリモート授業などに対する抵抗がなくなっただけでなく、対面関係でなければ構築が困難であるといわれた分野でも、その必然性が薄まりつつある。また、対面を前提としないコミュニケーションが浸透して従来とは異なる人間関係構築の新たな方法が模索されるようになった。もっとも、こうした変化は新型コロナ・パンデミックだから始まったというわけではない。むしろ、グローバル化や情報化をキーワードにして、この時期を前後して生じた様々な社会構造の変化の結果である。言ってみれば、ニュー・ノーマル時代の幕明けとパンデミックとは、偶然時を同じく起こったのである。つまり、パンデミックは、新時代のスタートにとって、シンボル的出来事の一つにすぎないといえる。

またパンデミックの最中、それに匹敵するほどシンボリックな出来事が起きた。２０２２年2月24日のロシアによるウクライナ侵攻である。この出来事も後年になって新時代到来のシンボルとして取り上げられることは確実である。２０００年以来20年に亘ってかつての大国ソ連の末裔に当たるロシアを率いてきたプーチン大統領によって、ウクライナへの軍事侵攻が断行された。２０１４

年のクリミアの一方的併合という予兆があったとはいえ、それは国家間の直接的な戦闘が本格的に展開されることを万が一にも予期していなかった世界を大いに驚かせた。東西冷戦崩壊後、著しく低下していた世界戦争の可能性が再び高まった。旧ソ連を構成していた「東」の国同士の長期戦が、冷戦時代を想起させる「NATO v. ロシア」の対立の構図の下で展開されたのである。そして、かつて同胞だった「東」の国々は、ロシアの覇権的行動と暴力に強い脅威を抱いている。

21世紀を跨いで進展したグローバリゼーションによって、ボーダレス化やフラット化はさらなる進化を遂げると思われていた。しかし、それが幻想であったことを世界は知らされることになった。各国が疑心暗鬼に支配されて資源やエネルギー、食料を巡る競争と協調を繰り広げる中で、世界はさらに不安定さを増しつつある。日米欧という既存の先進諸国に対抗して、著しい経済成長が期待されるインドや経済成長に暗雲が立ち込め始めた中国が、覇権争いに積極的に参戦するようになった。その周辺では、グローバル・サウスと呼ばれる新興国が存在感を誇示するようになって、世界は新たな秩序形成に向けて動き出しそうな様相である。

ユーラシア大陸での分断と同時進行で、パンデミック下であまり表立ってこなかった地域にも火がついた。ハマスの武装蜂起をきっかけにしてイスラエルとパレスチナの間で戦闘が勃発すると、イランやシリアが絡んで中東全体が一触即発状態になりつつある。50年以上に亘るパレスチナ問題は、ノーベル平和賞に輝いたオスロ合意（1993年）を完全に無にしただけでなく[33]、世界の先行きをいっそう不透明なものにしている。ニュー・ノーマル時代を目前に、世界の分断と対立の溝がいっそう深まり複雑になりつつある。

パンデミックと地球規模の分断といった出来事に加えて、時代の遷移を象徴する3つ目の出来事が起こった。生成人工知能ChatGPTの登場である。２０２２年11月米オープンＡＩ社が公開してわずか2カ月で世界の利用者数が1億人を超えたChatGPTのインパクトは、パンデミックや分断に比して劣らぬほど大きなものである。[34]ディープラーニング（深層学習）技術の飛躍的進歩によって進化を遂げてきたＡＩ技術は、ビジネスモデルや仕事のやり方を変えるだけでなく、教育や芸術の分野にも影響を及ぼすようになりつつある。

現段階では人間の仕事の補助など用途は限定的であるが、人間を凌ぐ高度な言語能力を獲得し幅広い知的作業を担うようになることは確実である。米インディアナ大の推計では、１２６の専門職のうち開業医やマーケティング専門家、翻訳者など75％に相当する95職種がChatGPTによって業務が代替される可能性があるという。これは、工場勤務者や小売店員の業務が代替される割合の5～9％に比べて格段に高く、大規模言語モデルの登場が幅広い知的労働分野で雇用の減少につながる可能性もある。[35]しかも、今後サイバー攻撃や軍事目的に利用されるなど倫理上の課題についても指摘されている。[36]

こうなると、米国の未来学者カールワイツが予言するシンギュラリティの到来は、もはや絵空事ではない[37]。過去10年のＡＩの急速な発達によって、これまで人類が踏み入れたことのない聖域にまでマシンが足を踏み入れようとしているのである。

ここでみてきた3つのシンボル的出来事は、偶然にもほぼ同時に発現したが、それらに共通の起源や原因があるわけでも、相互に関連があって起きたわけでもない。これらは、時代の転換点で、ただ偶然に同時に発生しただけである。しかも、これらの出来事を前後して、世界中の多くの国々が大加速時代からスローダウン時代へと時代の遷移が始まりつつあるのは事実である。

これらを起点とした時代の遷移の結果、企業や組織、社会を先導するリーダーシップ・スタイルに大きな変化が求められることは確実である。事実、スローダウン先進国として世界をリードした日本ではすでにリーダーシップの変容が始まりつつある。しかもそのことはスローダウン現象に直面する国や地域に先んじていることからいうと、日本にとって大きなチャンスとなるかもしれない。

最後に、そうした新しい時代を先導するリーダーシップ・スタイルの要諦について触れておくことにしよう。

2 スローダウン時代のリーダーシップの要諦と強化すべき能力

繰り返しになるが、世界規模でスタートしつつあるスローダウン時代に先んじている日本社会と日本企業にとって、この状況でのリスタートは有利な状況をもたらすはずである。つまり、既述のようにスローダウン時代のリーダーシップ・スタイルには、組織や企業の全体を俯瞰してそれを構成する諸要素を考慮しながら、経済的指標では測ることのできないビジョンを構想することが求められる。また、そうして構想されたビジョン実現のためには、多様で多彩な利害関係者を納得させ動機づけていくことだけでなく、それを円滑に機能させるための仕組み仕掛けを構築することがリーダーシップには期待されるのである。

そのため、新時代のリーダーシップは以下の諸点に留意すべきである。

第一は、総合的包括的な視点に立ってリーダーシップを発揮することである。ビジョンを策定する時に短期的な成果だけでなく、中長期的展望を重視することが必要であることはいうまでもない。スローダウン時代の企業や組織は、「深化と探索」、「効率性と適応性」のように一見矛盾する組織要因を止揚的に解消することに焦点をおき、それを達成することによって組織や企業の存続可能性を総括的包括的視点から見据えていくことが必要である。

第二は、リーダーシップが柔軟性と適応力を発揮することである。技術革新に連続性を欠くスローダウン時代への遷移では、組織や企業が直面する変化が複雑で予測困難となる。そのため、リーダーシップは、柔軟で適応力のある姿勢を維持し、組織の機動性を高めなければならない。

新たな時代のリーダーシップに求められる視点の第三は、人間中心主義の視点を持つことである。株主のみならず従業員を含むすべてのステイクホルダーとの良好な関係構築に向けて、リーダーシップには人間性や共感力を発揮することが求められる。経済的指標によってのみ示される成果だけでなく、幸福感や充実感など人間中心主義のアプローチが不可欠となるのである。

第四は、学びと成長の促進である。スローダウン時代にあっては、継続的な学びと成長の文化を育成していくことが不可欠である。リーダーシップは、組織全体が時代の遷移に対応できるように、従業員のスキル向上や能力開発をサポートすることに務めるべきである。第五は、地球環境への配慮である。ビジネスの持続可能性を高めることが重要なスローダウン下の世界において、地球環境に対して十分配慮し、それを前面に打ち出して、具体的成果につながる施策を企業活動の中に組み込み、CSR（企業の社会的責任）を果たしていくことが重要である。

これらの5つの点に力点をおくことに加えて、新時代のリーダーシップがもっとも注力すべきことは、発想力とコミュニケーション力の体得と強化である。というのも、複雑かつ多様で多義的な情報や価値の創造にとって、経済的指標や明確な数値目標だけでは表現されることのない知恵や知識を統合し、それをメッセージとして伝達することは容易なことではないからである。つまり、斬

図表6-17｜強化すべき能力

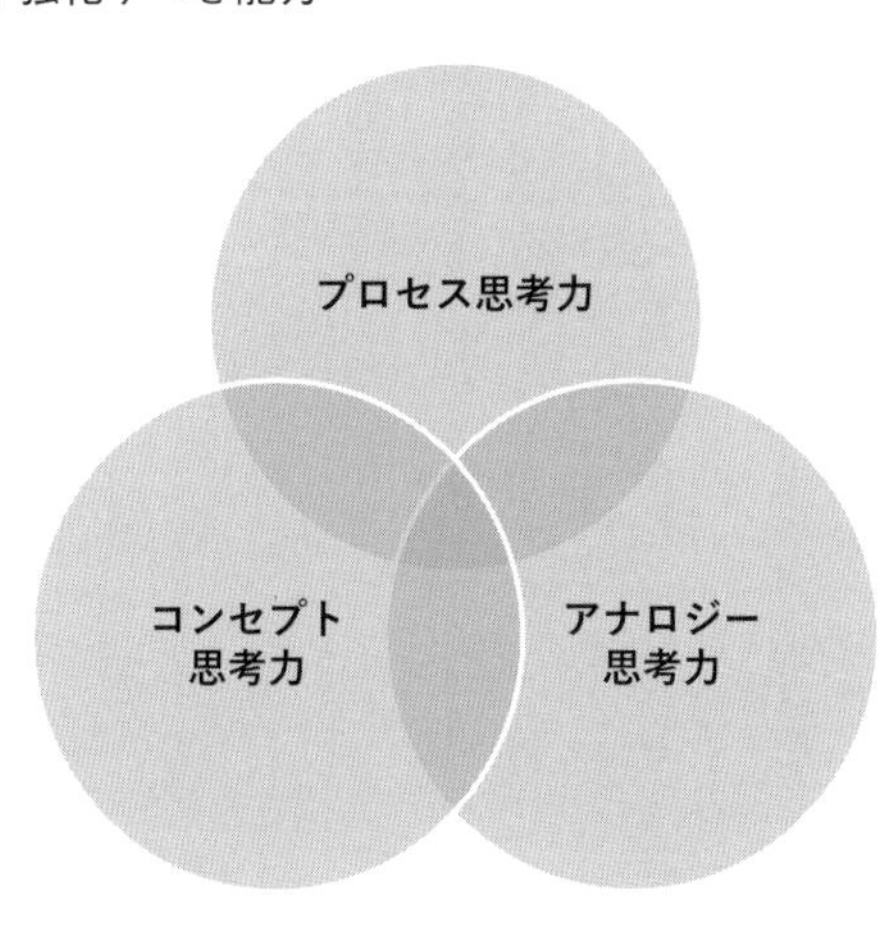

新な発想力と共に、高度で緻密なコミュニケーション力が、スローダウン時代のリーダーシップにおいてきわめて重要となる。

そのためにも、新時代のリーダーシップには、プロセス思考、コンセプト思考、アナロジー思考の3つの能力開発が不可欠となる。

というのも、コンテクストや因果関係に力点をおいて事象をプロセスで捉える能力（プロセス思考力）を強化することは、遷移する時代の問題解決において欠かせない能力である。また、事象を理論的に捉えて概念化することによってその意味を体系化する能力（コンセプト思考力）を体得することは、多義的で複雑な事象を理解分析する上で重要な能力である。さらに、複雑な仕組み仕掛けを伝える上で応用や適用を具体的に落とし込むためには概念的枠組み（フレームワーク）を広げ多元的視点から事象を捉え直す能力（アナロジー思考力）が、不可欠である（**図表6-17**）。
これまで述べてきたように、スローダウン現象が常識となった新しい日常の下で、Z世代やα世代が主役を演じる社会では、従前と異なるリーダーシップ・スタイルが求められ、それを強化するための能力開発を進めなければならないのである。

注

1）西暦2025年は「昭和100年」にあたり、昭和天皇が存命していればそれにあたる。
2）ドーリング D、『スローダウン：減速する素晴らしき世界』、東洋経済新報社、藤真美訳、山口周解説、2022年、p.460（Dorling Danny "Slowdown：The End of Acceleration – and Why It's Good for the Planet, the Economy, and Our Lives", Yale University Press, 2020）
3）前掲書、p.16
4）ドーリングは、変化を示す方法として、時系列でみていくことが最も良いとして、時系列線を描くことによって、変化の二次導関数、つまり、変化の速さの変化を示している(前掲書、p.20を参照)。その手法は、西欧社会科学で取り入れられることはめったにないとしているが、本稿では、ドーリングの主張との整合性を測ることを目的に、時系列線グラフに加えて、われわれにとって馴染み深いグラフを併記した。なお、時系列線グラフについては、前掲書pp.486-492に詳しいので参照。
5）前掲書、p.204

6) 前掲書、p.205
7) 前掲書、p.316
8) 前掲書、p.325
9) 前掲書、p.331
10) 前掲書、p.334
11) ドーリングが著書で用いた時系列線グラフについては、注8)9)10)に該当するので参照。ただし、著書では2020年までしか表示されておらず、本書のグラフと若干異なった傾向を示している。
12) 前掲書、pp.110-111
13) 前掲書、pp.112-113
14) 前掲書、p.132
15) 前掲書、p.16
16) 斎藤幸平、『人新世の資本論』、集英社、2020年、p.24
17) 前掲書、p.73
18) 「ジェボンズのパラドックス」とは、効率化すれば環境負荷が減るのではなく、技術進歩は環境負荷を増やすといった逆説。1865年、イギリスの経済学者ウィリアム・スタンレー・ジェヴォンズが、著書『石炭問題』の中で、技術の進歩によって石炭をより効率的に利用することができるようになっても、逆に技術の進歩が燃料消費量の減少をもたらすとは限らないと唱えた。
19) 「指数関数的成長が有限の世界において永遠に続くと信じているのは、正気を失っている人か、経済学者かどちらかだ。」といったK.ボールディングは、そうしたペシミストの一人であるにちがいない。(斎藤幸平、前掲書、p.38に詳しいので参照)
20) ドーリングD、前掲書、p.84

21）　前掲書、p.39
22）　前掲書、p.591
23）　前掲書、p.240
24）　ドーリング D、前掲書、p.590
25）　1938年に『経営者の役割』を著した実務家であり、経営学の世界では「組織論の父」といわれるバーナード（C. I. Barnard）は、公式組織の構成要素3つの要素を指摘している。
26）　義務教育か高等教育のいずれか、あるいはその両方でデジタルデバイスを活用した遠隔授業を経験した初めての日本人である。
27）　Z世代の行動特性などの特徴については、原田曜平、『Z世代』、光文社新書、2020年、pp.47-91に詳しいので参照。
28）　ギグワーカーとは、インターネットを経由して単発の仕事を請け負う労働者のことであり、そうした労働者をベースにした経済をギグエコノミーという。
29）　Z世代の行動特性を示す用語として、「コスパ（コストパフォーマンス）」「タイパ（タイムパフォーマンス）」が代表的である。
30）　原田曜平、前掲書、pp.47-91に詳しいので参照。
31）　マイペースで居心地良く過ごすことであり、会社などの組織の論理で彼らを動かそうとすることが困難になっている。
32）　日本経済新聞、2023年5月6日朝刊
33）　『世界史の中のパレスチナ問題』（2013　講談社現代新書）によれば、ノルウエーの外相の仲介でイスラエルとパレスチナ解放機構（PLO）との和平に関する交渉がオスロで進められ、1993年9月に合意に達した。ワシントンでイスラエルのラビン首相、パレスチナのアラファトPLO議長が握手し、パレスチナ暫

定自治に関する原則宣言に調印、オスロ合意として確定した。この合意によって、1948年のイスラエル建国以来、多くの犠牲者をだしてきたパレスチナ問題が解決の方向に動き出した。

34) 米オープンAI社によって開発された文章生成AI。質問を投げかけると自動で文章を生成し返答する性能を備えており、専門家でない個人でも利用可能である。

35) 日経新聞デジタル、「AI進化、人類の真価問う　秩序揺るがす存在に」、2023年4月18日

36) 日経新聞デジタル、「AIと描く雇用の未来」、2023年12月21日

37) カールワイツ R、『シンギュラリティは近い』、NHK出版、2016年、p.15 (Kurzweil Ray, "The singularity is near", Loretta Barrett Books inc. 2005)

あとがき

本書は、成城大学経済学部学術図書出版助成を受けた出版物である。

本書の刊行に当たって、成城学園及び成城大学の教職員、そしてすでに退職された教職員の方々に心から感謝を申しあげたい。1993年本学に奉職して以来30年以上に亘って経済学部の教員として研究・教育活動に専念することができたのは、学長の杉本義行先生（成城大学経済学部教授）をはじめとして、支えてくれる職場の仲間の存在があったからこそである。

早稲田大学大学院商学研究科博士課程を修了して、桜美林大学経済学部の専任講師として初めて教壇に立ったのは、昭和62（1987）年4月であった。以来、昭和、平成、令和の3つの時代に亘って、経営組織論、経営戦略論、経営管理論、国際経営論など経営学関連分野を主要な領域として、ゼミナールや講義を担当してきた。この間に、岩﨑ゼミ所属として、学部生およそ500名が卒業し、留学生8名を含め大学院生17名が修了している。あと数年もすれば、還暦を迎える学部卒業生も登場する。まさに「光陰矢の如し」である。大学院博士課程後期修了者の都留信行君（産業能率大学教授）や黄賀君（経済学博士）、松尾茉子さんをはじめ、卒業生・修了生とは今でも定期的な交流があり、酒を酌み交わしながら昔話に花を咲かせている。教師冥利に尽きる。頼りにならない「先生」で申し訳ないと思いつつ、教え子たちには感謝している。

此の度、これまで取り組んできた経営学研究の一定の締めくくりとして本書を刊行することができたのは、恩師の故山川博慶先生（早稲田大学名誉教授）の指導の後、研究者として薫陶を受けた寺本義也先生（ハリウッド大学院大学教授）や大滝精一先生（東北大学大学院名誉教授）、さらに、神田良先生（明治学院大学名誉教授）、髙井透先生（新潟国際情報大学教授）、相原章先生（成城大学教授）との共同研究や共同作業があったからこそである。

とりわけ、30年来の研究仲間で親友の神田先生とは、企業研修や講演活動、企業コンサルティングなど実務の世界にも足を踏み入れて、互いに切磋琢磨しながら長年に亘ってさまざまな仕事を共に熟してきた。心から感謝したい。敢えてここで社名をあげることは控えるが、お世話になった多くの企業および関係者の方々にも、この場を借りてお礼を申しあげたい。机上の空論に陥ることなく、経営学研究を進めることができたのも、実務界と触れ合う機会を与えてくださった企業や関係者の方々のおかげである。

また、同窓で同僚の相原先生には、研究や学内行政で力添えいただいただけでなく、20年近くに亘って国家試験の中小企業診断士試験の出題委員としても協力していただいた。抜群の調整力とバランス感覚をもった相原先生の手助けなしに、国家試験の委員としての重責を果たすことはできなかった。感謝したい。

加えて、本書の出版を快諾いただいた日本能率協会マネジメントセンター（ＪＭＡＭ）の方々にも感謝申しあげる。（社）日本能率協会時代から研究会や講演会でのお付き合いを通じて（株）日本能率協会マネジメントセンター（ＪＭＡＭ）となってからも、書籍の刊行だけでなく、ムービー教材やｅラーニング教材の作成などレアな経験もさせていただいた。本書の刊行では、東寿浩氏と甲斐荘秀生氏に大変お世話になった。初出原稿の整理から最終稿に至るまで、いろいろとご迷惑をおかけした。筆者の予期せぬ長期入院によるスケジュール変更等にも臨機応変に対処していただき、予定通り本書の刊行に漕ぎ着けることができたことに心からお礼を申しあげたい。

最後に、事あるごとに病床に伏す病弱な著者を日々献身的に世話してくれる家族にも、この場を借りて感謝の意を表させていただきたい。家人の励ましや助力なくして、日々の研究活動や教育活動はもちろん、本書の刊行も実現しなかった。

末筆ながら、「明日への希望とともに、一人ひとりが大きな花を咲かせられる日本でありたい」との意味と願いが込められた令和時代が、真にそうした時代になることを衷心より祈念して、本書を結ぶことにしたい。

岩﨑尚人

参考文献一覧

安宅和人、『シン・ニホン―AI×データ時代における日本の再生と人材育成―』（News Picksパブリッシング）、ニューズピックス、2019年
間宏、『経済大国を作り上げた思想』、文眞堂、1996年
伊丹敬之、『平成の経営』、日本経済新聞社、2019年
伊丹敬之他編、『日本的経営の生成と発展』、有斐閣、1998年
今西錦司、『進化とはなにか』、講談社学術文庫、1976年
岩尾俊兵、『日本〝式〟経営の逆襲』、日本経済新聞出版、2021年
岩﨑尚人、「国際化の企業組織」、『国際化社会の経営学』、八千代出版、1990年
岩﨑尚人、「ホンダのグローバル戦略」、『国際化社会の経営学』、八千代出版、1990年
岩﨑尚人、「Global Strategies of Japanese Middle-Sized Companies」、『桜美林大学産業研究所年報』9号、1991年
岩﨑尚人、「グローバル時代の日本企業」、『桜美林エコノミックス』第28号、1992年
岩﨑尚人、「半導体産業の規制緩和と半導体メーカーの戦略」、『現代の規制緩和と経営戦略』、中央経済社、1994年
岩﨑尚人、「グローバル戦略のニュー・パラダイムを求めて―アジア企業の戦略行動に学ぶ―」、『国際ビジネス研究学会第3回全国大会報告要旨』、1996年
岩﨑尚人、「国際化と情報化」、『オフィスオートメーション』Vol.17、No.4-1、1997年
岩﨑尚人、「日本企業のグローバル戦略行動に関する探索的研究」、『オフィスオートメーション』第83号(Vol.18、No.5)、1998年

岩﨑尚人、「グローバル・ラーニングを推進する組織戦略態勢」、『オフィスオートメーション予稿集May1998』、1998年
岩﨑尚人、「欧州市場の日系メーカーに学ぶ「日本企業のグローバル化の課題」、『JMAジャーナル』Vol.4、No.8、1998年
岩﨑尚人、「グローバル化とローカル化の両立は可能か」、『マネジメントの論点―25の最先端経営課題―』、生産性出版、2000年
岩﨑尚人、「歴史に学ぶCS経営のヒント：時代を伝え、文化を創る」、『経営活力応援マガジンDo』2001年1月号、pp.8-10、2001年
岩﨑尚人、「ITによる本業革新のためのビジネスモデル」、『企業と情報化』（現代経営学講座4）、八千代出版、2003年
岩﨑尚人、「ケーススタディトヨタ自動車」、『成城大学経済研究』第171号、2005年
岩﨑尚人、「戦略総体としてのビジネスモデル」、『経営戦略論』、学文社、2006年
岩﨑尚人、「活路を開く老舗の知恵」、『フォーブス日本版』2007年11月号、pp.55-62、2007年
岩﨑尚人、『コーポレートデザインの再設計』、白桃書房、2012年
岩﨑尚人、「ニューノーマル前夜の情景」、『成城大学経済研究』第231号、2021年（本書第1章は本稿を大幅に加筆修正したものである）
岩﨑尚人、「コーポレートデザイン再設計のエッセンス」、『成城大学経済研究』第232号、2021年（本書第2章は本稿を大幅に加筆修正したものである）
岩﨑尚人、「老舗の新時代」、『成城大学経済研究』第233号、2021年（本書第5章は本稿を大幅に加筆修正したものである）
岩﨑尚人、「日本的経営を再考する」、『成城大学経済研究所年報』第35号、2022年（本書第4章は本稿を大幅に加筆修正したものである）

に加筆修正したものである）
岩﨑尚人、「グローバリゼーションの進化と日本企業」、『成城大学経済研究』第２４０号、２０２３年（本書第３章は本稿を大幅に加筆修正したものである）
岩﨑尚人、「平成からのメッセージ」、『成城大学経済研究所年報』第２４４号、２０２４年（本書第６章は本稿を大幅に加筆修正したものである）
岩﨑尚人編、『ビジネストレンド速習講座』、日本能率協会マネジメントセンター、２００３年
岩﨑尚人編、『経済社会動態のグローカル研究』、成城大学グローカル研究センター、２０１６年
岩﨑尚人、神田良、「老舗経営に学ぶ（上）」、『ＪＭＡマネジメントレビュー』Vol.2、No.2、pp.34-37、１９９６年
岩﨑尚人、神田良、「バリュー・フォー・クオリティ」を生み出す人づくりを目指す」、『人材教育』Vol.8、No.7、pp.52-65、１９９６年
岩﨑尚人、神田良、「企業間ネットワーク構築による戦略的革新の実現」、『成城大学経済研究所研究報告』No.19、１９９８年
岩﨑尚人、細野央郎、「メガコンペティション時代のグローバル戦略—日本自動車メーカーの欧州戦略—」、『成城大学経済研究』第１４２号、１９９８年
岩﨑尚人、海保英孝、「グローバルな視点で関係性のマネジメントの構築を」、『ＪＭＡマネジメントジャーナル』８月号（Vol.5、No.8）、１９９９年
岩﨑尚人、神田良、『経営をしっかり理解する（実務入門）』、日本能率協会マネジメントセンター、２００５年
岩﨑尚人、黄賀、「グローバリゼーションの新潮流—グローバル社会の変容と企業行動—」、『成城大学経済研究』第２０６号、２０１４年
岩田龍子、『日本的経営の編成原理』、文眞堂、１９７７年

岩田龍子、『現代日本の経営風土』、日本経済新聞社出版、1983年
岩田龍子、『「日本的経営」論争』、日本経済新聞社出版、1984年
梅田望夫、『ウェブ進化論―本当の変化はこれから始まる―』、ちくま新書、2006年
尾原和啓、『ITビジネスの原理』、NHK出版、2014年
加谷珪一、『貧乏国ニッポン』、幻冬舎新書、2020年
海保英孝、岩﨑尚人、「日本企業がグローバルに賞賛されるために」、『JMAマネジメントジャーナル』8月号(Vol.5、No.8)、1999年
株式会社ベイカレント・コンサルティング、『3ステップで実現するデジタルトランスフォーメーションの実際』、日経BP社、2017年
神田良、岩﨑尚人、『老舗の教え』、日本能率協会マネジメントセンター、1996年
神田良、岩﨑尚人、「経営戦略と持続的な競争力」、『経済研究(明治学院大学)』第105号、pp.59-85、1996年
神田良、岩﨑尚人、「老舗経営に学ぶ(下)」、『JMAマネジメントレビュー』Vol.2、No.3、pp.34-38、1996年
神田良、岩﨑尚人、「美とともに文化的価値の創造をめざす資生堂」、『人材教育』Vol.9、No.2、pp.60-71、1997年
神田良、岩﨑尚人、「老舗企業に学ぶ6回：虎屋―伝統は革新の連続(上)―」、『製菓製パン』2000年7月号、pp.154-156、2000年
神田良、岩﨑尚人、「老舗企業に学ぶ7回：虎屋―伝統は革新の連続(下)―」、『製菓製パン』2000年8月号、pp.156-158、2000年
神田良、清水聰、北出芳久、岩﨑尚人、西野正裕、黒川光博、『企業不老長寿の秘訣[老舗に学ぶ]』、白桃書房、

2000年
楠木健、杉浦泰、『逆・タイムマシン経営論』、日経BP、2020年
黒川光博、藤峰明、『老舗の流儀虎屋とエルメス』、新潮社、2016年
小池和男、『「非正規労働」を考える』、名古屋大学出版会、2016年
小泉悠、『ウクライナ戦争』、ちくま新書、2022年
厚生労働省編、『令和2年版厚生労働白書』、2020年
此本臣吾、森健、日戸浩之、『デジタル資本主義』、東洋経済新報社、2018年
金剛利隆、『創業一四〇〇年世界最古の会社に受け継がれる一六の教え』、ダイヤモンド社、2013年
斎藤幸平、『人新世の「資本論」』、集英社新書、2020年
齋藤和紀、『シンギュラリティ・ビジネス―AI時代に勝ち残る企業と人の条件―』、幻冬舎新書、2017年
坂村健、『ユビキタスとは何か―情報・技術・人間―』、岩波書店、2007年
資生堂、『資生堂百年史』、資生堂、1972年
老舗経営研究会、「伝統と革新の〝矛盾〟を乗り越える長寿経営の秘訣」、『商業界』第49巻第5号、pp.64-67、1996年
老舗経営研究会、『コンシステンシー・マネジメントに向けて―資生堂の新・成長戦略―』、資生堂企業資料館、1998年
老舗経営研究会、「欧米企業の長寿を支える「拘る、関わる、挑む」の根本精神」、『商業界』第52巻第5号、pp.80-83、1999年
老舗経営研究会、『中小企業の事業継続性に関する調査研究』、中小企業総合研究機構、2010年
清家篤、神佐知子、『労働経済』、東洋経済新報社、2020年
高井透、岩﨑尚人、神田良、「グローバル戦略のニュー・パラダイムを求めて―アジア企業に学ぶ―」、『国際ビジネス研究学会年報』1997年

中小企業庁、『2020年版中小企業白書』、日経印刷、2019年
土屋守、『日本的経営の神話』、日本経済新聞社出版、1983年
都留信行、岩﨑尚人、「「ネオ・ニューエコノミー時代」の企業の戦略行動」『成城大学経済研究所研究報』No.87、2020年
寺本義也、神田良、宮下幸一、岩﨑尚人、『日本企業のグローバルネットワーク戦略』、東洋経済新報社、1990年
寺本義也、岩﨑尚人、『ビジネスモデル革命競争優位のドメイン転換』、生産性出版、2000年
寺本義也、岩﨑尚人、近藤正浩、『ビジネスモデル革命　第2版　競争優位から共創優位へ』、生産性出版、2007年
寺本義也、岩﨑尚人、近藤正浩、『ビジネスモデル革命　第3版　グローバルな「ものがたり」への挑戦』、生産性出版、2011年
寺本義也、岩﨑尚人編著、『新経営戦略論』、学文社、2012年
虎屋文庫、岩﨑尚人、神田良、加藤博夫、『虎屋の五世紀―伝統と革新の経営―』、虎屋、2003年
中藤玲、『安いニッポン』、日経プレミアシリーズ、2021年
永井保、高居昌一郎、『福原有信伝』、(株)資生堂、1966年
夏野剛、『iPhone vs.アンドロイド日本最後の勝機を見逃すな!』、アスキー新書、2011年
野口悠紀雄、『「産業革命以前」の未来へ―ビジネスモデルの大転換が始まる―』、NHK出版新書、2020年
ハーズバーグ、F.、『仕事と人間性―動機づけ―衛生理論の新展開』、北野利信(訳)、東洋経済新報社、1968年
原田曜平、『Z世代』、光文社新書、2020年
福原義春、文化資本研究会、『文化資本の経営―これからの時代、企業と経営者が考えなければならないこと―』、

ダイヤモンド社、1999年
藤井彰夫、『シン日本経済入門』、日本経済新聞出版、2021年
ベンチャー・リンク、「特集老舗に学ぶしなやかに時代を生きる柔軟経営」、『月刊ベンチャー・リンク』通巻149号(第11巻第1号)、pp.6-24、1996年
ボストンコンサルティンググループ編著、『日本的経営の探求』(企業戦略の展望1)、東洋経済新報社、1970年
マーサージャパン、『ジョブ型雇用はやわかり』、日本経済新聞社出版、2021年
山川博慶、岩崎尚人、「高度情報社会のグローバル戦略」、『現代の経営』、白桃書房、1992年
労働政策研究・研修機構編、『これからの雇用戦略―誰もが輝き活力あふれる社会を目指して―』(プロジェクト研究シリーズNo.3)、労働政策研究・研修機構、2007年
労働政策研究・研修機構編、『多様な働き方の実態と課題―就業のダイバーシティを支えるセーフティネットの構築に向けて―』(プロジェクト研究シリーズNo.4)、労働政策研究・研修機構、2007年
労働政策研究・研修機構編、『日本の企業と雇用―長期雇用と成果主義のゆくえ―』(プロジェクト研究シリーズNo.5)、労働政策研究・研修機構、2007年

Anderson, Chris "Long Tail", Hyperion Books, 2006(篠原ゆり子訳、『ロングテール―「売れない商品」を宝の山に変える新戦略―』、ハヤカワ・ノンフィクション文庫、2014年)
Barnard, C. I. "The functions of the executive", Cambridge, MA: Harvard University Press. 1938(山本安次郎・田杉競・飯野春樹訳、『新訳 経営者の役割』、ダイヤモンド社、1968年)
Bartlett, C. A. & Ghoshal, S., "Managing Across Borders: The Transnational Solution", Harvard Business School Press, 1989(吉原英樹監訳『地球市場時代の企業戦略』、日本経済新聞、1990)

Bergson, Henri-Louis "L'Evolution Creatrice"、1907（真方敬道訳、『創造的進化』、岩波書店、１９７９年）
Botsman, R. & Rogers, R, "What's Mine Is Yours: How Collaborative Consumption is Changing the Way We Live", 2010年、（関美和訳、『シェア―〈共有〉からビジネスを生みだす新戦略』、ＮＨＫ出版、２０１０年）
Brian, Arthur W. "The Nature of Technology", Free Press,2009（有賀裕二監訳、『テクノロジーとイノベーション』、みすず書房、２０１１年）
Christensen, Clayton M. "Disruptive Technologies Changing the Waves", Harvard Business Review [Clayton M. Christensen on Innovation], 2011（ダイヤモンド・ハーバード・ビジネス・レビュー編集部訳、『クリステンセン経営論』、ダイヤモンド社、２０１３年）
Dorling, Danny "Slow down –The end of the great acceleration–", Yale University Press, 2020（遠藤真美訳、『減速する素晴らしき世界』、東洋経済新報社、２０２２年）
Frey, Carl, B. "The Technology trap", Princeton University Press, 2019（村井彰子・大野一訳、『テクノロジーの世界経済史』、日経ＢＰ、２０２０年）
Friedman, Thomas L., "The World Is Flat: A Brief History of the Twenty-first Century Further Updated and Expanded Edition", Farrar, Straus and Giroux, 2005（邦訳『フラット化する世界〔増補改訂版〕（上）（下）』、伏見威蕃(翻訳)、日本経済新聞出版社、２００８年）
Hamel, Gary & Prahalad, C. K. "COMPETING FOR THE FUTURE", Harvard Business School Press、1994（一條和生訳、『コア・コンピタンス経営』、日本経済新聞社、１９９５年）
Hammer, Michael & Champy, James "Reengineering Corporation : A Manifesto for Business Revolution", Linda Michaels Literary Agency, 1993（野中郁次郎訳、『リエンジニアリング革命』、日本経済新聞社、１９９３年）
Harari, Y. N., "21 Lessons for the 21st century", Random House, 2018（『21Lessons: 21世紀の人類のための21の思考』柴田裕之訳、河出書房新社、２０１９年）

Harari, Y. N., "SAPIENCE: A Brief History of Humankind", Kinneret, Zmora-Bitan, Dvir、2011（柴田裕之訳、『サピエンス全史 文明の構造と人類の幸福』、河出書房新社、２０１６年）

Harari, Yuval Noah "HOMODEUS: A Brief History of Tomorrow", RAMDOMHOUSE, 2015（邦訳『ホモ・デウス(上)(下)―テクノロジーとサイエンスの未来』、柴田裕之(翻訳)、河出書房新書、２０１８年）

Iwasaki Naoto, Gerry J. Gannon, 'How Can Japanese Companies Realize New Global Strategies', 成城大学経済研究第１４１号、１９９８年

Iwasaki Naoto,Kanda Makoto,'Sustainability of the Japanese Old Established Companies'、成城大学経済研究第132号、pp.1-32、成城大学、１９９６年

Kaiho Hidetaka, Iwasaki Naoto, 'Changing Global Strategies through Business Development of Electronic Component Companies into Asia'、成城大学「経済研究」第136号、成城大学、１９９７年

Kirkpatrick, David "The Facebook Effect", Teri Tobias Agency, 2010（滑川海彦・高橋信夫訳、小林弘人解説、『フェイスブック 若き天才の野望』、日経ＢＰマーケティング、２０１１年）

Kuhn, Thomas S. "THE SRRUCTURE OF SCIENTIFIC REVOLUTIONS", The University of Chicago Press、1962（中山茂訳、『科学革命の構造』、みすず書房、１９７１年）

Kurzweil, Ray "THE SINGULARITY IS NEAR: When Humans Transcend Biology", Loretta Barrett Books, 2005（小泉公二訳、『シンギュラリティは近い[エッセンス版]人類が生命を超越するとき』、NHK出版、２０１６年）

Kurzweil Ray, "The singularity is near", Loretta Barrett Books inc,2007（『ポストヒューマン誕生』、ＮＨＫ出版、２０１６年）

Moore, Geoffrey A. "LIVING ON THE FAULT LINE", Harper Business, 2000（高田有現・齋藤幸一訳、『企業価値の断絶』、翔泳社、２００１年）

O'Reilly A. C., Tushman M., "Lead and disrupt", Stanford Business Books, 2016,（入山章栄監訳、『両利きの経営』、

東洋経済新報社、２０１９年）
Perry, Lee Tom "OFFENSIVESTRATEGY", Haper Business, Division of Haper Collins Publishers, 1990（恩蔵直人・石塚浩訳、『攻撃戦略―競走の試練で企業力を鍛える経営―』、ダイヤモンド社、１９９３年）
Peters Tom, "Handbook for a Management Revolution", Exel/, a California Limited Partnership, 1987（『経営革命』平野勇夫訳、ＴＢＳブリタニカ、１９８９年）
Peters, Thomas J. & Waterman, Robert H. "In search of Excellence"（邦訳『エクセレント・カンパニー』、大前研一（翻訳）、講談社、１９８３年）
Reich Robert B., "The Future Success", Random House Inc., 2000（清家篤訳、『勝者の代償』、東洋経済新報社、２００２年）
Ricado David, "On the Principles of Political Economy, and Taxation", John Muray, 1817（羽鳥卓也吉沢芳樹訳『経済学および課税の原理』、岩波書店、１９８７年５月）
Ridley Matt, "How innovation works", 4th East, 2020（大田直子訳、『人類とイノベーション』、ニューズピックス、２０２１年）
Rifkin, Jeremy "THE ZERO MANAGINAL COST SOCIETY: THE INTERNET OF THINGS AND THE RISE OF THE SHARING ECONOMY", Einstein Thompson Agency、2015年、（柴田裕之訳、『限界費用ゼロ社会〈モノのインターネット〉と共有型経済の台頭』、ＮＨＫ出版、２０１５年）
Smith Adam, "An Inquiry into the Nature and Causes of the Wealth of Nations", W. Strahan & T. Cadell, 1776年,（山岡洋一訳、『国富論：国の豊かさの本質と原因についての研究』、日本経済新聞出版社、２００７年３月）
Teramoto. Y, Iwasaki. N, Richter. F, Takai. T, Wakuta. Y, 'Global Strategy in the Japanese Semiconductor Industry', Japanese Multinationals", Routeledge, 1994
Teramoto. Y, Iwasaki. N, Takai. T, 'How Strategic Alliances Change: The Case Study of the Japanese Semiconductor

Business', Malaysian Management Journal, Voi.2, No.2、1997
Toffler, Alvin "Previews & premises", Curtis Brown, Ltd.、1983（徳岡孝夫訳、『大変動』、中央公論社、１９８３年）
Vaclav, Smill "Growth", Massachusetts Institute of Technology, 2019,（田中嘉成監訳、三輪ヒナタ訳、『グロース「成長」大全』上・下』、ニュートンプレス、２０２２年）
Vernon, Raymond "STORM OVER THE MULTINATIONALS The Real Issues", Harvard University Press、1977年、（古川公成訳、『多国籍企業を襲う嵐―政治・経済的緊張の真因はなにか―』、ダイヤモンド社、１９７８年）
Vogel Ezra F., "Japan as number one", Harvard University Press, 1979（『ジャパン・アズ・ナンバーワン』、広中和歌子・木本彰子訳、１９７９年）
Vogel Ezra F., "Come Back", Harvard University Press, 1984（『ジャパンアズナンバーワン再考』上田惇生訳、ＴＢＳブリタニカ、１９８４年）

【著者紹介】

岩﨑　尚人（いわさき・なおと）

成城大学経済学部教授、1956年、北海道札幌市生まれ。早稲田大学大学院商学研究科博士課程後期単位取得満期退学。東北大学大学院経済学研究科修了、経営学博士。
経営学の研究に加え、企業のコンサルティング活動に従事。
主な著書に、『老舗の教え』『よくわかる経営のしくみ』（ともに共著、日本能率協会マネジメントセンター）、『コーポレートデザインの再設計』（単著、白桃書房）などがある。

日本企業は老いたのか
失われた30年を振り返り、未来を展望する

2024年5月10日　初版第1刷発行

著　者——岩﨑　尚人

発行者——張　士洛
発行所——日本能率協会マネジメントセンター
〒103-6009 東京都中央区日本橋2-7-1 東京日本橋タワー
TEL 03(6362)4339(編集)／03(6362)4558(販売)
FAX 03(3272)8127(編集・販売)
https://www.jmam.co.jp/

編集協力——甲斐荘秀生
装丁——IZUMIYA(岩泉卓屋)
本文DTP——株式会社RUHIA
印刷——広研印刷株式会社
製本——東京美術紙工協業組合

ISBN 978-4-8005-9209-5　C2034
落丁・乱丁はおとりかえします。
PRINTED IN JAPAN